新疆煤制天然气行业
绿色发展前景探索

万 征 主 编

郭蕙荣 王 磊 马金荣 副主编

U0361587

清華大学出版社

北京

内 容 简 介

新疆煤制天然气行业的绿色发展是保障国家能源安全、加快建设能源强国的重要支撑力量,本书以煤制天然气行业所处关键历史性机遇期开启前瞻性思考,通过挖掘新疆煤制天然气行业绿色发展后发优势来展示未来行业发展的战略性布局,并以新疆新业集团为典型案例阐述新疆煤制天然气行业绿色发展的整体方案,旨在为中国煤制天然气行业绿色发展提供科学依据,为保障国家能源供应安全贡献行业力量。

本书适合煤炭及煤化工行业的政府监管部门、行业协会等相关工作人员,煤炭及煤化工行业产业链企业的管理者、从业人员、技术人士以及煤炭及煤化工行业研究机构、咨询机构、设计服务机构从业人员、研究人员等参考阅读。

图书在版编目(CIP)数据

新疆煤制天然气行业绿色发展前景探索 / 万征主编 .

北京 : 清华大学出版社 , 2024. 11. -- ISBN 978-7-302-67682-9

Ⅰ. F426.22

中国国家版本馆 CIP 数据核字第 2024PW9630 号

责任编辑:王巧珍
封面设计:傅瑞学
版式设计:方加青
责任校对:宋玉莲
责任印制:刘海龙

出版发行:清华大学出版社
    网 址:https://www.tup.com.cn,https://www.wqxuetang.com
    地 址:北京清华大学学研大厦 A 座   **邮 编:**100084
    社 总 机:010-83470000   **邮 购:**010-62786544
    投稿与读者服务:010-62776969,c-service@tup.tsinghua.edu.cn
    质 量 反 馈:010-62772015,zhiliang@tup.tsinghua.edu.cn
印 装 者:三河市春园印刷有限公司
经 销:全国新华书店
开 本:170mm×240mm **印 张:**13.25 **插 页:**1 **字 数:**218 千字
版 次:2024 年 12 月第 1 版 **印 次:**2024 年 12 月第 1 次印刷
定 价:78.00 元

产品编号:108067-01

本书编委会

主　编：万　征
副主编：郭蕙荣　王　磊　马金荣
编委会成员（按汉语拼音排序）：

蔡彦涛　陈　丽　陈　伟　程延峰　党燕青　范多强
高宏伟　高云普　郭学会　韩玉峰　蒋亚峰　李天佑
刘根康　刘　庆　罗　山　宁朋歌　任晓杰　孙乐治
孙　峙　王　峰　徐伟超　阎文艺　杨　博　张爱民
张　笛　张　鑫　赵　迪　赵　赫　郑文文

前　言

　　面对复杂多变的国际环境和能源转型发展的新形势、新要求，新疆煤制天然气行业的绿色发展是保障国家能源安全、加快建设能源强国的重要支撑力量，新疆煤制天然气行业的长足发展必须全面统筹绿色、低碳、安全及创新等多重目标，形成一个内在统一、逻辑严谨、内涵丰富的科学发展体系。本书以煤制天然气行业所处关键历史性机遇期开启前瞻性思考，以挖掘新疆煤制天然气行业绿色发展后发优势来权衡未来行业发展的战略性布局，并以新疆新业集团为典型案例阐述新疆煤制天然气行业绿色发展的整体方案，力争为中国煤制天然气行业绿色发展提供科学依据，为保障国家能源供应安全贡献行业力量。

　　本书的主要内容围绕以下章节展开：第一章基于煤制天然气行业所处的关键历史机遇期展开前瞻性思考，阐述目前煤制天然气行业发展所处的国内外环境，并分析行业发展的市场空间；第二章和第三章主要突出中国煤制气行业发展中的新疆力量，从而说明新疆煤制气行业绿色发展的后发优势，借此阐明新疆煤制天然气行业发展的主要进程、政策环境、配套基础、目前的行业规模及发展亮点等；第四章主要分析新疆煤制天然气企业绿色发展的驱动机制，深入探讨市场驱动机制、创新驱动机制、数字化驱动机制及投资驱动机制在新疆煤制天然气企业绿色发展中的理论基础与实践建构；第五章主要解析新疆煤制天然气全产业链绿色技术研发体系与发展路径；第六章主要是以新疆新业集团作为新疆地区煤制天然气行业发展的典型案例进行全产业链绿色技术研发体系及集团千亿级产业体系构建研究，并且着重梳理了集团在产业规划、技术创新、产业发展、产业规模、高质量发展上贡献的"新业力量"，以及集团在核心装备及设备国产化研发中的重要贡献；最后的第七章展望未来新疆煤制天然气行业发展的重要趋势，为新疆煤制天然气行业绿色发展前景探索提供重要支撑。

编　者

目　　录

第一章

煤制天然气行业迎来历史性发展机遇期

能源是工业的粮食、国民经济的命脉，关系到国计民生和国家安全。作为世界能源消费大国，中国的能源发展必须建立在有效保障国家能源安全，有力保障国家经济、社会发展基础之上，能源保障和能源安全事关国计民生，是须臾不可忽视的"国之大者"。在新时代，煤制天然气行业要实现高水平自立自强，必须把握新一轮科技革命和产业变革机遇，赢得创新发展主动权，切实提高能源安全保障能力。

1.1 天然气在构建新型能源体系中的全新定位

1.1.1 中国新型能源体系的内涵

为应对全球气候变化，努力实现碳中和，2019 年，国际可再生能源署发布《全球能源转型：2050 年路线图》，提出全球能源系统需要加快转型，从而在 2050 年之前将与能源相关的碳排放量减少 70%，以实现《巴黎协定》中应对气候变化目标。在"碳达峰"目标和"碳中和"的愿景下，全球社会经济系统，尤其是能源系统，亟须进行低碳转型，以应对更加紧迫和具有挑战性的环境。因此，绿色和低碳转型成为构建新型能源体系不可或缺的要求。

2023 年《BP 世界能源展望》（British Petroleum，英国石油公司，简称 BP——编者注）针对能源转型"快速转型情景""净零情景"和"新动力情景"对未来碳排放进行预测，全球能源系统转型存在诸多不确定因素，上述任何一种情景完全按照描述的情形实现的概率微乎其微。但预测趋势有助于形成未来 30 年能源系统可能如何演变的核心理念，有助于展现 2050 年之前能源市场主要不确定性因素：在"快速转型情景"下，到 2050 年之前将二氧化碳（CO_2）排放量减少约 75%（相较 2019 年水平）；在"净零情景"下减少 95%；"新动力情景"下，二氧化碳当量排放将在 21 世纪 20 年代达峰，到 2050 年将比 2019 年的水平低 30% 左右（见图 1-1）。事实上，全球能源需求结构不断发生变化，清洁能源及可再生能源占比增加，以及终端能源电气化程度日渐提高。低碳转型需要一系列其他能源来源和技术，包括低碳氢、现代生物能源以及碳捕集、利用与封存等。随着化石能源直接使用的逐步优化，世界电气化、电力行业持续脱碳化的趋势将越发明显，终端能源消费化石能源的使用将从 2019 年的约 65% 下降到 2050 年的 20% ～ 50%。

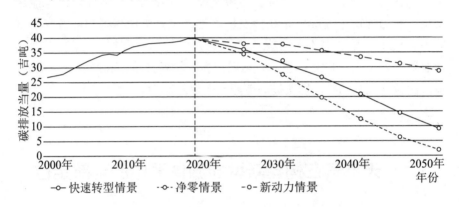

图 1-1　不同情景下全球碳排放量趋势示意图

数据来源：2023 年《BP 世界能源展望》

当前，全球能源系统面临着越来越多的不确定性，新冠疫情导致能源需求急剧变化，突发的公共卫生事件对整个能源产业链造成了巨大冲击。极端高温、极端低温、台风、干旱等极端气候事件影响了全球能源供应，导致能源供需之间的严重失衡。俄乌冲突和中东局势可能会重塑全球能源市场的供应格局。此外，世界的经济力量正在发生重大变革，国际秩序正在深刻调整，中美之间的战略博弈呈现出长期化的趋势，这使得中国的能源安全形势变得更加复杂、严峻，全球能源系统的不确定性进一步增加。

全球能源供需遭遇严重失衡，原因在于极端气候事件，如极端高温、极端低温、台风和干旱，对能源供应造成了影响。为了应对这些挑战，中国提供了战略指引和行动指南。2015 年，党的十八届五中全会首次提出了建设清洁低碳、安全高效的现代能源体系的目标。2021 年的《"十四五"规划纲要》中，重申了推进能源革命，建设清洁低碳、安全高效的能源体系的重要性。在中国能源发展的新时代，清洁、低碳、安全和高效成为指导能源发展方向的根本要求。

国内外能源形势的新变化推动中国能源体系快速变革。总体来看，中国的能源安全形势是可控的。2022 年，中国能源的消费总量达到 54.1 亿吨标准煤，比上年增长 2.9%；天然气消费总量 3 663 亿立方米，同比下降 1.2%。天然气在一次能源消费总量中占比 8.4%，较上年下降 0.5 个百分点；清洁能源发电量 29 599 亿千瓦时，比上年增长 8.5%。全国天然气产量 2 201 亿立方米，同比增长 6%，连续 6 年增产超 100 亿立方米。其中，页岩气产量达 240 亿立方米，全国新增探明储量保持高位水平的 11 323 亿立方米。进口天然气 1 503 亿立方米，较上年下降 9.9%，其中，管道气进口量 627 亿立方米，较上年增长 7.8%；液化天然气（Liquid Natural Gas，LNG）进口量 876 亿立方米，较上年下降 19.5%。近五年来，中国天然气对外依存度在 35% ～ 50% 区间内波动，整体对外依存度可控，但是依然处于较高水平。2022 年国际气价高企，由于进口成本涨幅较大，进口天然气同比下降较为明显，国际地缘政治冲突对中国的能源进口构成了一定的安全风险。中国在能源绿色低碳转型方面取得了一定成效，但仍面临很大挑战。

2022 年，中国可再生能源发电装机容量突破 12 亿千瓦，占全国发电总装机容量的 47.3%，较 2021 年提高 2.5 个百分点。可再生能源发电量达到 2.7 万亿千瓦时，占全社会用电量的 31.6%，相当于减少了约 22.6 亿吨二氧化碳的排放量。清洁能源消费（包括天然气和非化石能源）占比从 2012 年的 14.5% 快速增长至 2022 年的 25.9%。

为了保障国家能源安全并加快推进能源的绿色低碳转型，党的二十大报告首次公开提出了建设新型能源体系的目标。这是党中央针对新时代新形势下全国能源工作进行的再研究和再部署，也是立足新发展阶段、贯彻新发展理念、构建新发展格局的重要举措，旨在确保成功实现"双碳"目标任务。这一新定位、新要求和新任务，为我国能源发展提供了重要指导。

关于新型能源体系的定位，一方面，必须保障中国在常态和极端条件下的能源安全，并积极稳妥地推进实现"双碳"目标；另一方面，在国内支持经济社会高质量发展和实现"美丽中国"建设，在国际上具备足够的影响力和竞争力，并能够在供给和消费领域发挥与中国地位相匹配的话语权。从需求端、生产端、供应端和治理端的角度来看，新型能源体系的内涵可以概括为以下几个方面：生产端要实现绿色低碳；供应端要保持安全可靠；消费端要实现公平合理；治理端要科学高效；整体上要实现智慧协同。

在中国所处的新发展阶段、面临的新发展任务和新发展模式下，新型能源体系以安全为基本前提，以发展为首要任务，并以实现"双碳"目标为战略目标进行统筹协调。从战略意义上来看，新型能源体系的构建必须要满足以下三个条件：第一，要保证能源安全保障能力稳步增强；第二，要保证绿色低碳水平持续提升；第三，要保证技术创新引领作用显著增强。

我国能源转型不同于发达国家的一般规律，在新型能源体系构建中，除寻求"低排碳"的化石能源安全高效、清洁低碳利用之外，在蓄能、智慧化方面也要"补短板"，促进能源供应端多元化和低碳化、用能端高效化和柔性化、枢纽端数字化和智能化，要确保煤炭消费占比保持持续下降的整体趋势，要保证可再生能源装机容量快速增长，占比增加明显快于其他国家。

未来能源结构主要取决于技术进步，尤其是能源利用的经济性；短期看，要加快发展集风、光、水、火于一体的现代能源基地，以电网为枢纽进行能源系统调控，促进电、热、冷、气等能源深度耦合，用户侧电能替代、储能设备、用能负荷需进行多系统协调，以提高能源系统安全性、灵活性和综合效率。

依据国家有关文件精神，"十四五"时期我国将通过实施煤电机组灵活性改造，推进新型储能、抽水蓄能电站建设，力争到 2025 年，煤电机组灵活性改造规模超过 2 亿千瓦；合理配置储能规模，加速新型储能技术规模化运用，抽水蓄能装机容量达到 6 200 万千瓦以上，在建装机容量达到 6 000 万千瓦左右。

总之，我国能源结构组成将不同于发达国家或世界平均的能源组成，也不会重复世界平均的或发达国家曾经历的由煤炭到油气再到可再生能源的升级顺序，而是逐渐有序地从以煤炭消费为主向以可再生能源与电力为主转变。

1.1.2　中国新型能源体系的特征

当前，中国能源结构呈现碳偏重的特点，非化石能源占能源消费总量的 17.5%。未来，能源结构将加快从高碳向低碳转变，其中，新能源和清洁能源占比大幅提升是其显著特点。

新型能源体系将在现有能源体系架构的基础上根据现实场景需求不断升级革新。在物理形态上，新型能源体系以二次能源电力、氢能作为关键枢纽连接化石能源系统与非化石能源系统，实现化石能源与非化石能源、一次能源与二次能源之间的深度融合。其中，化石能源系统着重实现传统化石能源的清洁高效利用，从而对多元新能源的非化石能源系统形成可靠支撑。"能源及输送网络、承载负荷、储能"一体化的能源流及"产供储销"体系化的物质流也是贯穿新型能源体系物理层面的重要特征。新系统形态还体现在传统集中式能源系统与广泛发展的分布式能源系统相融合。

新型能源体系的实现需要新技术体系提供有力支撑，新技术体系主要是能源领域创新技术与数字化技术谱系两方面，以及二者在多产业、多场景下的紧密融合。当前，现有的绿色低碳技术尚不能足够支撑能源行业的快速转型，可再生能源大规模制氢、新型高效储能等技术成本高，支撑可再生能源稳定可靠供能的技术路径尚不明确。在此背景下，需聚焦能源领域关键核心技术研发攻关，例如化石能源的清洁高效利用技术（低成本碳捕集利用与封存技术、天然气掺氢运输技术和燃烧技术等），新型储能技术（氢储能等）及深远海、深层、非常规资源勘探开发技术等。此外，作为应对能源系统不确定性、提升能源系统效率的重要手段，数字化、智能化技术在能源系统中的深度广泛应用至关重要。

形成与新型能源体系要求相适应的更加智能化的调度模式，一方面能提升多种能源网络，例如电网、运输管网、热力网等对于分散化、波动性资源的调度能力，实现供应侧与需求侧之间的高效互动；另一方面能实现多种能源网络间的互相支撑与配合，更好地解决因能源资源分布和需求模式时空差异巨大而导致的区域性、季节性能源供需矛盾。

在新型能源体系的建设过程中，进行分区域、分类别的有效指导，进而形成与能源系统发展需求相匹配的科学合理的法律法规体系，并建立规范完备的市场体制机制。新型能源体系的构建，应该跳出行业看行业，从国家发展全局和生态文明建设的整体框架出发，顺应绿色低碳发展国际潮流，以世界标准、国际眼光全面规划符合中国能源未来发展的目标导向。

1.1.3 天然气在中国新型能源体系构建中的全新定位

中国多煤、缺油、少气的能源资源自然禀赋特点决定了目前国内的能源生产与消费结构。2020 年，中国能源消费总量为 49.8 亿吨标准煤，比上年增长 2.2%，其中煤炭消费总量为 39.6 亿吨，折合成标准煤约为 28.3 亿吨，占能源消费总量的 56.8%；2021 年，中国能源消费总量为 52.4 亿吨标准煤，比上年增长 5.2%，其中煤炭消费总量为 41.1 亿吨，折合成标准煤约为 29.3 亿吨，占能源消费总量的 56%；2022 年，中国能源消费总量为 54.1 亿吨标准煤，比上年增长 2.9%，其中煤炭消费增长 4.3%，煤炭消费增速整体呈现下降趋势。

从以上数据可以看出，近年来，中国现有能源结构不断变化，传统能源尤其是煤炭资源消费占比呈现逐渐下降态势，能源结构调整的步伐十分强劲，能源行业转型升级效果明显，产能出清效果显著，库存出清在供给侧结构性改革和环保约束的双重作用下不断加快，淘汰落后产能、构建绿色高效清洁产能步伐加快，能源行业集中度持续提升，能源结构转型将不断深化，并持续推进。中国现有能源结构不断变化，传统能源尤其是煤炭资源消费增速虽然有所降低，但消费量还是处于不断增加的状态。作为以煤为主的资源型国家，我国的发电能源也是以煤炭为主。按照目前的技术成熟度和成本优势来看，煤电是我国最稳定的配套电源，煤电规模巨大，年均发电量超过 40 000 亿千瓦时。而且，从全球来讲，水电、风电、太阳能光伏、核电等非化石能源发电的间歇性、随机性、稳定性、安全性的问题未从根本上完全克服，因此，煤电在未来一段时间内的发电主导地位不会动摇。

换言之，煤炭无论是在整体能源消费中的主导地位还是在发电中的主导地位在未来很长一段时间内都不会动摇。一些人将能源结构转型理解为关于煤炭消费的替代，认为煤炭将失去在我国的主体能源消费地位的观点是盲目的、错误的。

能源消费与经济增长相辅相成。能源的消耗、利用与促进经济增长高度相关，无论是核心行业耗能还是能源相关行业发展，在推动经济增长的同时，也存在着对能源的消耗与依赖。在我国，煤炭作为传统能源的代表，煤炭资源的合理利用关系着整个国家的命脉。

目前，我国能源产业结构优化升级的步伐不断加快，能源需求刚性增长的同时，能源利用效率稳步提升，能源利用结构更为合理，我国人口规模对能源消费的支撑作用长期存在，城镇化和老龄化助推能源消费电气化、智能化转变，化石能源和非化石能源呈现双增长。2023 年，我国能源消费总量达到 55.9 亿吨标煤，光伏、风电、天然气需求增长驱动我国能源消费规模持续扩张，预计将于 2030—2035 年间达峰，峰值约为 62.6 亿吨标准煤，届时非化石能源占比增至 30% 左右。我国天然气消费稳步增长，2023 年达到 3 820 亿立方米，预计 2040 年前后达峰，峰值为 6 100 亿立方米，占比升至 13%。天然气作为能源转型的重要抓手，可以在全国范围内通过管网统一调配，它不仅是灵活的一次能源，由于启停方便快捷，利于快速调峰，可用于灵活发电和灵活供热，更是重要的载氢能源，自然也是"载光"和"载风"的能源（把风光发电制氢后和煤化工耦合制成甲烷是载氢的理想方式，比现在开发的 NH_3 载氢更有效），其需求前景取决于我国能源安全总体考量。此外，电、氢融合发展加快终端用能绿色低碳转型进程，电力将于"十四五"后期成为终端第一大能源品种。碳排放方面，2023 年我国能源活动相关碳排放 100 亿吨左右。预计我国能源活动相关碳排放总量将于"十五五"期间达峰，峰值为 101 亿吨左右。预计 2060 年，我国能源活动仍将产生 17 亿吨左右的碳排放，需要通过碳捕集、利用与封存（Carbon Capture Utilization and Storage，CCUS）、生态碳汇等方式予以消纳。目前，天然气作为捕碳能源，国内相关研究也在积极推进过程中。

天然气作为一种清洁能源，二氧化碳排放量只有煤炭的 60%、石油的 80%，这在能源利用从高碳向低碳过渡过程中发挥非常重要而又极其特殊的作用。目前，我国重视太阳能、风能等可再生能源发展的同时，重点通过扩大天然气的使用以实现能源结构转型，天然气已经成为能源结构转型调节的重要抓手。作为一种清洁、高效的化石能源，天然气具有丰富的资源储量和广泛的应用领域，可以在能源转型和低碳化过程中发挥重要的支撑和推动作用。

气体清洁能源消费比重的显著提高将是未来能源发展的重要趋势，加快发展包括常规天然气、页岩气、煤层气、煤制甲烷、可燃冰、氢能等在内的气体清洁能源，既能有效缓解能源安全、环境保护、减少排放等多重压力，又能培育新的经济增长点，已经成为我国能源战略的重要选择。

稳妥有序、安全降碳，这是党的二十大报告提出的要求。《2030 年前碳达峰行动方案》中明确提出，"十四五"时期严格合理控制煤炭消费增长，"十五五"时期逐步减少。《"十四五"现代能源体系规划》则提出，要推动煤炭和非化石能源优化组合。虽然我国要控制煤炭、油气等化石能源的消费，但从资源禀赋和能源安全角度出发，只能循序渐进，结构优化涵盖天然气特别是非常规天然气占比提高，未来五年内能源低碳化的优先事务必将转向使用更清洁的能源、提高工业能效、交通部门电气化、利用碳捕获方法加速大气中二氧化碳去除等方面。

1.2　天然气行业处于高景气黄金上升期

1.2.1　天然气行业发展基本面良好

天然气是一种优质的化石能源，约有 85% 左右的成分是甲烷（CH_4），并伴有少量乙烷（C_2H_6）和丙烷（C_3H_8）。含碳量相对较低导致天然气在燃烧之后的主要产物为二氧化碳和水（H_2O），相比于其他化石能源，天然气的燃烧产物会更加清洁，且燃烧热值更高。在能源转型的大背景下，天然气将成为重要的过渡能源。近年来，受新冠疫情和海外天然气价格大涨的影响，2022 年我国天然气总消费量为 3 663 亿立方米，同比下降 1.7%；但是，在 2022 年之前，我国天然气消费量增速均超过10%。然而，我国天然气的消费潜力仍十分巨大，部分行业（如城市燃气、发电、化工等）受供应不足等因素影响，需求并未全面释放。随着经济逐步复苏，海外气价由俄乌冲突引发的暴涨已经逐步恢复至相对理性水平。

我国进入经济发展新常态，能源消费增长减速换挡，结构优化步伐不断加快，煤炭行业供给侧结构性改革政策获得初步成功。在政策引导和市场机制的双重作用下，部分已经失去竞争力的煤炭企业已经平稳退出煤炭市场，煤炭"去产能"使得落后的煤炭产能逐渐被淘汰，过剩的煤炭产能不断被化解。目前，煤炭行业"去产能"总体目标已经实现。传统煤炭行业发展增速呈现不断下降的趋势，这也为天然气和新能源行业打开了发展空间。天然气定位为主体能源之一，未来地位进一步明确，并制定了明确的天然气利用方向。提高天然气市场规模及利用比例是我国能源结构转型的重要支撑。同时，在相关政策及规划中强调了市场体系建设，积极推动体制机制改革，这意味着下一步天然气产业市场化改革力度有望加大；利好政策的不断出台，对我国天然气价格、政策、能源结构等多方面产生重要影响。

从供给格局来看，天然气行业将形成"以四大核心地区的国产气为主，以管道气及液化天然气等进口气为有力支撑"的格局。

我国常规气的国内生产仍然集中在塔里木盆地、四川盆地、鄂尔多斯盆地及海洋天然气等四大核心地区。这四大地区也是常规气供给增长潜力最为集中的地区：塔里木盆地天然气资源主要集中在塔里木油田、克拉玛依油田、吐哈油田、塔河油田；四川盆地天然气资源主要集中在川渝地区的川东气区、川西气区、元坝气区、普光气区等气区；鄂尔多斯盆地天然气资源主要集中在长庆气田、大牛地气田、延长油气田，其中长庆气田和大牛地气田两大气田基本达到稳增、稳产的目标；海洋天然气作为我国四大气区中开发利用时间较早的资源，部分气田逐步进入递减期，目前主要有南海、渤海、东海三大海洋气区。

进口管道气及液化天然气依然是常规天然气供给的有力支撑。其中，进口管道气主要来自土库曼斯坦、缅甸、乌兹别克斯坦、哈萨克斯坦、俄罗斯等国家和地区。哈萨克斯坦主要向我国油气龙头公司中石油供气，年供气 50 亿立方米左右，未来从哈萨克斯坦进口管道气量将呈现不断增长的趋势；中国进口液化天然气主要来自澳大利亚、马来西亚、卡塔尔、印度尼西亚、巴布亚新几内亚等国家。

从非常规天然气来看，目前我国页岩气产量主要来自于涪陵、长宁—威远、昭通三大区块，限制页岩气生产除了技术、成本等影响因素外，外输通道未打开同样影响页岩气资源的外输，进而影响到页岩气资源的正常生产，近年来这类问题逐步有所改善。此外，从中长期来看，中美之间的页岩气贸易也将成为中国页岩气供给增加的主要因素。

近年来，煤层气勘探开发步伐进一步加快，煤层气仍以山西沁水盆地为主，新疆地区也将有一定量的产能增加。根据沁水盆地煤层气示范工程的新近生产情况，以及政策指导情况，考虑到机制、开发技术等多方面因素的制约，产量规模增长存在一定困难。

从总体来看，在市场规模加速扩张与利好政策的不断支持下，在碳减排、区域环境治理、生态文明建设等环保高压态势的要求下，我国天然气行业发展已经正式进入上升通道。随着清洁能源消费比重的不断增加，我国天然气消费占一次能源消费结构中的比重将持续增长，这为我国天然气产业的健康可持续发展提供了战略性及历史性的机遇。

从消费端来看，中国国内天然气市场需求保持良好的增长态势，近年来，虽然天然气产量及进口量均大幅提升，旺季时上游气田满负荷生产，都未能弥补煤改气与取暖季及工业需求增长所带来的供需缺口，天然气价格不断推升，市场行情持续向好，已经突破之前天然气消费增速较低的基本态势。

第一，从具体消费领域来看，四大核心消费中城市燃气需求保持较快速的增长，其中，城镇居民和商业用气保持较为快速的增长。国家发展改革委、国家能源局、财政部等 10 部门联合印发《北方地区冬季清洁取暖规划（2017—2021 年）》，提出"2+26"重点城市要率先实现清洁取暖。近年来，各重点区域持续推进冬季采暖煤改气，发展分户式供暖，采暖用气继续不断增长，淡旺季峰谷差进一步扩大。

第二，工业用气需求受宏观经济增速提振及华东、华南各省份"煤改气"政策的影响，化工、玻璃、陶瓷等行业用气需求增速仍维持中高速增长水平。

第三，发电用气需求稳定增长。新燃气电厂投产以及天然气分布式项目快速推进，带动发电用气需求稳定增加；受环保政策影响，预期东部沿海省份燃气机组发电小时数将有所增加。

第四，化工用气需求小幅增长。2017 年，天然气制化肥和甲醇企业开工率达到历史较高水平，近年来化工用气增长保持相对稳定状态；化肥和甲醇价格受下游需求影响出现回落趋势，受此影响，化肥和化工用气需求呈现增速有所放缓趋势。

在重点区域的主体需求更加稳健的支撑下、在四大核心动能板块的强力推进下，天然气市场需求将继续保持持续增长的趋势，未来中长期更有跨越式发展的可能。

从政策法规层面来看，在城市燃气、工业燃料、发电、化工等四大核心动能的推动下，在《天然气"十三五"规划》《关于深化天然气体制改革的若干意见》《加快推进天然气利用的意见》等三大政策，以及《中长期油气管网规划》《关于开展中央财政支持北方地区冬季清洁取暖试点工作的通知》《京津冀及周边地区秋冬季大气污染综合治理攻坚行动方案》《北方地区冬季清洁取暖规划（2017—2021 年）》等一系列的天然气行业利好政策的鼓励下，加之各省也出台一系列鼓励行业发展的政策法规的支持下，天然气市场化改革红利将不断释放。在国内企业环保力度持续推进的合理预期下，天然气市场放量增长的市场态势非常明确。2023 年 12 月 7 日，国务院印发《空气质量持续改善行动计划》，明确提出要"优化能源结构，加速能源清洁低碳高效发展"，到 2025 年，非化石能源消费比重达到 20% 左右，电能占终端能源消费比重达到 30% 左右，持续增加天然气生产供应，新增天然气优先保障居民生活和清洁取暖需求。政策持续强调天然气要作为清洁能源消费的主力，并纳入居民清洁取暖行列，对于未来天然气消费中枢的上移提供了较为有力的支撑。

从产业链角度来看，天然气产业链上、中、下游改革卓有成效，其中，上游允许符合准入要求并获得资质的市场主体参与常规油气勘查开采，中游国有大型油气企业干线管道已经独立实现并成立了专门的国家管网公司，实现管输和销售分开，向第三方市场主体公平开放。此外，为促进天然气配售环节公平竞争，下游正加大天然气市场开发培育力度。也就是说，天然气产业链的上游多元化、中游独立化、下游市场化的态势已经初步形成。

截至 2022 年，天然气在一次能源消费结构中的占比超过 8%，天然气正逐步成为我国现代能源体系的主体能源。其中，城镇燃气工程、天然气发电工程、工业燃料升级工程、交通燃料升级工程四大重点工程都取得较好的成效。这都确立了天然气在我国能源发展中的定位及地位，将天然气的发展定位于主体能源之一，将天然气的未来地位进一步明确，并制定了明确的天然气利用方向。提高天然气市场规模及利用比例是我国能源结构转型的重要支撑。同时，在相关政策及规划中强调了市场体系建设，积极推动体制机制改革，这意味着下一步天然气产业市场化改革力度有望加大；利好政策的不断出台，对我国天然气价格、政策、能源结构等多方面产生了重要影响。

目前，国内天然气供需依然呈现较为明显的紧平衡状态，进入冬季后，需求侧增量巨大且高峰时期受天气等因素影响波动幅度大，尤其在京津冀地区，由于天然气采暖面积不断增加，燃气热电厂建设速度加快，冬季用气高峰需求大；虽然在供应侧受基础设施建设限制，以及中亚进口天然气受到各种供应不稳定因素影响，气源多元化进程不断加快后，俄罗斯天然气对市场供给形成一定补充，但目前国内天然气资源供应仍然偏紧，市场需求持续强劲，在迎峰度冬期甚至出现"气荒"及进口液化天然气价格连涨的状况。

2023 年以来，随着我国疫情防控平稳转段，经济社会全面恢复常态化运行，宏观政策靠前协同发力，需求收缩、供给受冲击、预期转弱三重压力得到缓解。我国经济增长好于预期，市场需求逐步恢复，经济发展呈现回升向好态势，消费活力逐步释放，外贸显示出韧性和底气。当前我国经济运行好转主要是恢复性的，内生动力还未明显增强，需求仍然不足，经济转型升级面临新的阻力，推动高质量发展仍需要克服不少困难。恢复和扩大需求是当前经济持续回升向好的关键所在。在积极的财政政策加持、消费环境的持续改善以及社会投资的扩增下，我国经济将持续回升向好，并且保持长期向好的趋势。

未来，中国经济有望迎来强劲复苏，这将带动天然气消费量快速增长。近年来，我国天然气消费增长势头强劲，表明我国天然气需求增长显著。2023 年，在国家宏观政策引导下，我国经济展现强劲韧性，一方面，在宏观经济稳增长背景下，GDP 增速回升将拉动用气需求增长；另一方面，随着公共卫生事件影响逐步消退，各用气部门特别是商服用气需求有望增长。2024 年，经济工作将坚持稳中求进、先立后破，有利于稳预期、稳增长的政策将不断出台，在转方式、调结构、提质量、增效益的基础之上不断巩固经济稳中向好的态势。

1.2.2　地缘政治、经济形势导致全球天然气供应格局不断调整

地缘政治反映的是大国的政治权力与其实施的地理范围之间的关系。地缘政治受政治、经济、文化、科学技术等因素的影响，在人类社会发展的不同时期，交往的内容方式不同。不同时期因地理环境不同，地缘政治呈现不同的阶段性。

地缘政治是人类政治和地理环境相互作用的产物，是空间属性和特定社会关系属性的统一。它是行为体之间通过地理空间实现的互动关系，以及互动所构成的政治关系在空间中的存在、分布和运动。为保证经济社会的稳定发展，必须获得稳定的能源供应，能源特别是油气资源已经成为各国谋求政治强大、经济发展、发挥国际影响力非常重要的筹码。一个国家控制和稳定获取能源的总量反映该国的经济、政治的实力和地位。传统的地缘政治中的"地理决定外交"的观点逐渐向"能源决定外交"的观点演进，以"资源论""能源论"为代表的能源地缘政治由此诞生。

在信息自由化和经济全球化浪潮的冲击下，地缘政治的内涵和重心都发生了很大的变化，如何为经济社会发展开创广阔的地缘空间，成为

新地缘政治关注的焦点所在。目前，国家之间的竞争关系大多以地缘经济的形式出现，世界各国都在想方设法维护自身的国家利益，国与国之间的经济利益、世界资源和世界市场成为国家之间争夺的焦点，地缘政治角逐渐渐地向地缘经济角逐转变。

在地缘经济时代，经济资源和经济利益已经成为国家权力对外政策的目标。地缘经济之争的实质是国家和国家之间、政府和政府之间、政策和政策之间的较量。地缘经济之争的主要目标是争夺在世界经济中的主导地位。经济大国凭借现有的经济优势，以各种经济手段，包括人才、资本、市场、贸易、跨国公司、科技信息技术等进行谋划，旨在维护或谋求世界经济大国优势的领导地位，进而赢得来自政治、军事、经济等各方面的主动权，为本国国家利益服务。

因此，世界经济发展的驱动力区域和决定综合国力竞争的关键地区就成为影响世界地缘政治的战略要地，比如作为世界能源产地的中东地区、运输能源的关键海峡和半岛等都成为受到世界各国高度关注的战略性地区。因此，世界各国也展开了围绕支撑世界经济、政治发展的能源集中地的激烈竞争，试图在综合国力竞争中获得主动权，从而能够在世界政治、经济领域发挥主动权。

从 1860 年到目前，世界油气生产从无到有、从小到大，发生了翻天覆地的变化，油气生产地区从美洲扩展到欧洲、亚洲和非洲，油气产业也成为能源产业中最为重要、影响最为深远的产业，同时它也逐步发展成为一个影响世界政治、经济的最重要产业。随着时间的变迁，石油供应板块重心也从最初的美洲转移到中东，进而形成了一条从北非到波斯湾、里海、俄罗斯的西伯利亚和远东地区的巨大的带状区域。

随着世界石油生产从墨西哥湾向波斯湾的转移，世界能源地缘政治竞争也围绕着中东地区展开。1960 年欧佩克（Organization of the Petrolenm Exporting Countries，"石油输出国组织"的简称）成立，标志着油气输出国联合起来，以集权的形式出现在国际油气市场上与跨国油气公司周旋，欧佩克通过第一次和第二次石油危机从跨国石油公司手中夺回了油气定价权和生产权，开始掌握世界油气市场的主动权。随着世界经济的发展，美国、西欧、日本的经济发展稳居世界前列，对油气的需求也不断扩大，成为能源需求板块的重心。

20 世纪 90 年代以来，随着里海能源开发和俄罗斯油气工业的复苏，油气产区的重心在向北偏移，油气供应板块重心由西非沿海湾向西北扩展，横贯里海，直达俄罗斯的西伯利亚，从而形成一条从北非的马格里布到波斯湾、里海、俄罗斯的西伯利亚和远东地区的巨大区域。世界上的油气资源基本上都储藏在这个区域之内，这就是北非、波斯湾、里海、俄罗斯油气供应轴心。世界油气储量排名前十位的国家就有七个位于这一区域之内，自西向东依次是利比亚、沙特阿拉伯、伊拉克、科威特、阿联酋、伊朗和俄罗斯。这一地带对世界油气主要消费国而言，是一个与国家经济命脉高度相关的地带，也是众所周知的油气心脏地带。

在油气心脏地带，海湾地区仍然是全球最大的和最关键的油气输出地区。其中，沙特阿拉伯和伊朗一直是最重要的油气输出国。欧洲对外油气输出的份额逐渐下降，俄罗斯和里海地区的油气产量份额缓慢增加。1974年，美国与沙特阿拉伯达成协议，该协议规定沙特阿拉伯中央银行可购买在竞拍机制之外的美国政府债券，同时，沙特阿拉伯也必须确保以美元作为石油的唯一计价货币。后来，该协议又被扩展到欧佩克其他成员国，这些协议使得美元在国际石油交易计价货币中处于垄断地位。

美国通过建立国际能源合作机制，实现了对国际油气需求的控制，通过对非欧佩克油气产国的投资以及对欧佩克成员国的奖惩措施，拉拢沙特阿拉伯，打击伊拉克和伊朗，实现了对国际油气供给的控制；又通过遍布全球的军事基地网，来实现对油气运输通道的控制；通过能源期货市场来实现对国际油气价格的控制，从而扩大了对整个国际油气市场乃至能源市场的影响和控制。

近年来，能源地缘政治格局出现新的变化。能源金融化日益明显，能源与金融结合成为了能源地缘政治的核心。全球气候变化问题的凸显，给传统的能源地缘政治注入了新的内容。能源地缘政治权力也从单一的维度发展到网络空间式的多维态势，形成一种以金融权为中心的新地缘政治结构，已经成为世界主要大国维护国家安全、推进全球战略的主要工具。

事实上，美国已经把能源战略的重心转移到海湾地区和包括里海地区在内的亚洲和非洲的东部、中部和南部，借反恐为名控制中东和里海这两个世界最大的油气来源地，在石油资源的争夺中占据了优势，操纵了国际市场的油气价格，对世界经济产生重大影响，从而为实现其在亚洲的霸权打下基础。美国依靠其强大的政治、经济、军事实力，尤其是通过其强大的领海权和制空权，抢占能源地缘战略支点，力图在世界能源地缘政治格局中确立主导地位，推进其全球能源战略布局。

　　东亚位于亚欧大陆的东部，主要包括中国、日本、韩国、朝鲜和蒙古国。美国虽然不位于东亚，但其阿拉斯加州在位置上紧靠东亚，作为一个全球性的超级大国，美国在东亚有着巨大的影响力。事实上，只要有国家存在，能源就始终不会成为一种纯粹的商品，因此，在国家之间的能源合作和贸易背后总能看到地缘政治的影子。

　　近年来，美国高调重返亚太，东亚地缘政治风云突变无疑会影响中国在东亚地区的能源关系。美国和英国对油气航路的控制成为海权大国长期主导国际体系的基础。对于美国而言，在当今东亚地区这种不稳定形势中获取巨大利益是其真正的目的。美国的经济利益和战略利益都不允许在东亚地区形成没有美国参与的区域合作组织，因为这将意味着美国在亚洲地区乃至亚太地区统治地位的彻底丧失。因此，美国东亚地缘战略必然就是离强合弱和抑强扶弱，这是美国国家利益所在，不以意识形态或个人意志为转移。

　　从东亚能源需求增长趋势来看，在未来十年，东亚地区很可能成为全球能源需求增长最快的地区。从东亚能源的近距离供给来看，俄罗斯能源储量丰富，其油气资源绝大部分集中在西伯利亚和远东地区。俄罗斯现已探明的石油可采储量为 100 亿吨左右，占全球的 1/10 左右。中国的东北地区，以及蒙古境内也有一定量的能源储量。东北亚的海域也属于含油的区域，面积达到 270 万平方公里。然而日本、韩国和朝鲜由于地质条件复杂，能源储量有限，主要依靠进口。区域内能源需求与供给不平衡。中国、日本和韩国是东亚地区的能源需求大国。

　　俄罗斯是世界油气大国，天然气蕴藏量为 48 万亿立方米，占目前世界可探明储量的 1/3，居世界之首。能源产业是俄罗斯国民经济的支柱产业。近年来，能源出口一直占俄罗斯 GDP 的 20% 以上。目前，俄罗斯每年出口天然气约 2 000 亿立方米，石油近 2 亿吨。事实上，俄罗斯已开始开发东西伯利亚和远东地区的油气资源，吸引投资以发展当地油气田。此外，俄乌战争爆发后，俄罗斯也开始了在中东地区投资油气开发项目的计划与行动。

　　未来，在地缘政治冲突逐渐平息后，俄罗斯西伯利亚与远东地区将成为东亚各国主要油气供应地。淡化区域内部矛盾，加强能源领域合作，是未来东亚各国解决日益紧缺的能源供应、完善本国能源体系的最优选择。

　　我们期待未来东亚地区能源地缘战略新局势应该体现全球共治、互利共赢和区域合作的能源外交思路。此外，海上油气开采是一项高风险、高投入的活动。由于东海大陆架的地势西高东低，中国在东海油气资源的开采上处于相对有利的位置。日本本土距离东海较远，在海底铺设管道，把天然气或石油输送到本土，成本很高，效益有限。日本还有油气专家认为，虽然普遍认为东海大陆架具有良好的能源远景预期，但原油与天然气的实际蕴藏情况无法把握，东中国海大陆架这种小结构、多断层的地质条件下获得商业油气流的难度很大，考虑到天然气高昂的运输成本，很难判断这一地区是否具有商业开采价值。

美国的能源战略对全球特别是对亚洲的能源地缘政治格局影响深远。在中东，美国不惜利用战争手段牢牢控制了中东的石油。在中亚，美国实行"大中亚"计划，即增兵阿富汗，与俄罗斯博弈，修建输油管道，把北约的影响力进一步向东亚推进。在南亚，美国不断加强中亚与南亚的整合力度，进一步提升与印度的关系，一来控制印度洋这一海上关键能源通道，二来以印度制衡中国。

众所周知，美国高调重返亚太，新一轮爆发的巴以冲突使得阿拉伯地区的局势日趋不稳，能源地缘政治因素突出，世界各国的全球能源战略正经历着新一轮的调整。随着亚洲能源地缘政治地位的不断提升，美国在高调重返亚太的基础之上，通过各种渠道，进一步加强了对亚太区域的战略投入和战略控制。在此情况下，如何满足我国经济迅速增长过程中的能源需求，尤其是对于天然气的日益强劲需求，保障能源安全，加快能源战略调整步伐，从而适应迅速变化的国际环境是目前的重要任务。

目前，国际油气格局和国际油气市场正在发生重大而深远的变化。经济全球化的深入发展及地缘政治冲突，致使各个国际能源主体在国际油气格局中的地位和作用发生变化，相互依存度增大，推动着国际油气格局向着多元化方向发展。油气生产国在国际能源格局中的影响力持续上升，在油气生产国政府的大力扶持下，其大型跨国油气公司的竞争力日益增强，西方跨国油气公司垄断国际油气市场的时代一去不复返了。油气生产国和消费国的合作需求扩大，全球油气安全具有明显的不可分割性，中国所倡导的"共建一带一路""在互利共赢中共谋能源合作"理念被越来越多的国家接受，出现竞争被"竞争—合作"并行模式所取代的新趋势。这些对我国能源安全的影响非常巨大。

世界各主要国家都在积极研究国际能源格局的新变化，并积极制定适应本国战略目标的能源战略规划。美国政府已经将能源安全放在美国国家安全的首要地位。俄罗斯正在全面拓展能源外交新布局，加大与亚太国家能源合作力度，加强对里海地区能源开发的影响。俄罗斯政府的重点就是通过能源优势强化能源外交，促进经济复苏，维护地缘政治利益。法国、德国等西欧国家为确保俄乌冲突爆发后获取稳定的能源供应，积极寻求新的能源合作伙伴，并制定了新的能源安全战略，致力于中东产油国的能源投资开发，加强与中东地区的能源合作，积极进军拉美、东南亚、非洲油气资源市场。

日本积极与中东等产油国建立相互依存关系，以确保稳定可靠的油气来源，同时打入非洲油气资源领域，力图实现油气来源的多元化，并充分施展能源外交，利用大规模经济技术合作计划在全球展开油气资源争夺战。

事实上，国际能源格局的变化对我国的影响是重大而深远的。综合考虑国际能源格局和国际油气市场发生的重大变化和我国的实际情况，我国未来面对的油气资源竞争压力将大大增加，对外依存度将越来越大，未来的油气安全形势更加严峻。在日趋激烈的国际能源竞争中，我国长期以来并未占据显著优势，被动性很大，对国际油气市场及能源供应产地缺乏足够的影响力和控制力。今后，随着世界各国对油气消费需求的日益增加，我国在利用中东、里海、非洲等地区石油资源上与美国及其他西方石油消费大国的竞争将不可避免。我国与同处在东亚地区的日本和韩国，虽然在保持地区油气市场稳定方面有着共同利益，但在获取油气资源方面也存在竞争态势。

能源安全的首要原则是来源多元化，目前，中东仍是我国油气进口的主要来源地，当然从周边及其他油气产区进口能源也要提到日程上来，这体现了能源多项选择的必要性与安全性。从目前来看，我国具有利用中东和俄罗斯油气资源的政治和地缘优势，有利用非洲油气资源的历史和合作优势，我国和这些地区的所有国家都保持着良好的外交关系。

作为国际油气消费大国，我国正充分利用自身优势和目前已形成的国际油气利益格局，开展能源外交，加强与油气生产国特别是中东、中亚、俄罗斯、非洲等国的关系，积极参与多种形式的世界和地区性的能源合作组织，进一步加强与世界油气生产国和消费国政府、国际能源组织和跨国油气公司间的交流与合作，建立起全球范围内的油气供应保障体系，确保国家能源供应来源的多元化。

此外，我国正积极参与能源期货和现货交易，将国际市场作为获得能源资源的主要手段，力争在国际油气价格上有更多的发言权。总之，我国已制定与未来经济发展和能源消费大国地位相适应的能源发展战略，以国家油气储备和进口油气来源多源化为重点的国家油气安全供应体系已初步形成，进而在国际能源格局变化中乘机而进，以满足经济高速发展对能源的强烈需求，确保我国的能源安全。

国际能源新秩序在发展过程中无论加入何种新元素，如果能源安全的维护日益受到环境保护等要求的挑战，国家利益永远是关键中的关键。经济压力越大，国与国之间来往中的现实主义考量越会加强，争夺也会愈加激烈。就中国而言，能源资源企业特别是油气企业在海外已有的大规模投资，无论这些投资是短期的抑或是中长期的，政府和企业自身都应该根据现实的数据基础对这些投资进行成本—收益的科学比较和评估。因为供给和需求的差距以及人们对不可再生的能源资源心理上的不安全感，导致能源资源地缘政治、经济形势变得更为复杂动荡，稍不小心就容易导致投资受损甚至化为乌有。走出国门的中国能源企业特别是油气企业必须重新审视国际合作战略实施中的政治风险，特别是地缘政治风险。能源资源企业特别是油气企业的国际合作战略需要在对国际政治经济格局、国际主要地区和重点国家能源发展战略以及国际能源公司对外拓展战略进行比较研究的基础上不断调整并加以完善，才能适应新时期国内和国际形势变化的需求。

目前，液化天然气贸易增量占全球液化天然气贸易增量八成以上。全球能源供应格局另一个重要变化是美洲大陆油气生产的崛起。受页岩气等非常规能源开发等先进技术因素的影响和推动，美国的天然气产量持续增加，仅次于沙特阿拉伯和俄罗斯，居于世界第三位，其天然气产量约为7 000亿立方米。此外，非洲的油气开发力度也在与日俱增，很多国家的大型能源跨国公司在非洲都投入了大量的资本、人力、技术等全力开发非洲能源。众所周知，非洲位于东半球的西南部，东临印度洋，西濒大西洋，面积约占世界总面积的1/5，是世界第二大洲。在非洲大陆及其周边海域蕴藏着丰富的石油、天然气资源，是世界油气资源开发增长最快的地区，成为全球油气勘探活动最活跃的新区，是国际能源竞争的新热点，在国际能源新秩序中居于重要地位。非洲巨大的油气储量和产量吸引着世界各国的注意，引起世界各国的广泛关注和一轮又一轮的勘探开发热潮，其在世界能源市场的重要性正与日俱增，在国际能源新秩序中的战略地位凸显，成为影响世界油气生产国力量对比的重要角色和国际石油巨头角逐的新战场。随着油气勘探技术的不断提高以及非洲国家颁布一系列优惠政策支持外国公司进驻非洲，非洲能源的战略地位发生了新的变化，其在国际能源领域发挥着独特作用。美国、俄罗斯、中国、印度、日本和欧盟等都采取一系列重大举措密切同非洲关系，中国与非洲的新型战略伙伴关系也取得了重大进展。

在当今社会，资源价值与地缘价值在时间和空间上合二为一，并以前者为主要矛盾的主要方面，是现代地缘政治理论的鲜明特色。世界各国越来越深刻地认识到，必须采取油气多元化战略来规避风险，以确保本国能源安全。因此，为了确保能源来源渠道的多元化，除天然油气资源开发与生产之外，煤制油气也成为富煤国家满足油气资源供应的战略选择。

受俄乌冲突影响，欧洲地区天然气供需缺口持续扩大，2021 年及以前进口依赖俄管道气。随着英国和荷兰控制的北海气田枯竭，欧洲地区天然气产量逐年下降，而需求的稳步上涨使欧洲天然气供需缺口不断放大，据 BP 数据，欧洲地区天然气供需缺口从 2017 年的 2 961 亿方扩大至 2021 年的 3 606 亿方，欧洲地区天然气进口量主要来自俄罗斯。虽然2020—2021 年进口俄管道气数量有所缩减，但欧洲仍对俄管道气有较高程度的依赖，据 BP 数据，2021 年俄罗斯管道气进口量达到 1 670 亿方，仍占欧洲全部进口气量（3 410 亿方）的 49%。从气源结构看，2021 年欧洲地区进口管道气和液化天然气占比分别是 68.3% 和 31.7%，管道气为主要天然气进口形式，其中以俄罗斯、非洲、中东地区进口管道气为主。

2022 年俄乌冲突背景下，欧洲为应对冲突造成的全球能源市场混乱和能源安全问题，加速能源系统变革以结束对俄罗斯化石能源的依赖，由此全球液化天然气贸易格局开启结构性转变。当前，主要有四条管道可供俄罗斯向欧盟输送管道气，分别为北溪管道一号线、亚马尔线（途径波兰）、乌克兰中转线以及土耳其溪管道线。北溪管道一号线由穿过波罗的海全长 1 224 公里的双管道组成，起点是俄罗斯的维堡，终点是德国的格赖夫斯瓦尔德，每条管道每年可输送 275 亿方天然气，合计 550 亿方/年；亚马尔线经白俄罗斯、波兰到达德国，管道全长约 2 000 公里，输气能力为 330 亿方/年；乌克兰中转线，由包括兄弟管道等多条管道构成，气源为伏尔加—乌拉尔油气区的奥伦堡气田，经乌克兰分叉，一条去斯洛伐克、捷克、奥地利等，一条进入摩尔多瓦、罗马尼亚等，其中兄弟管道、联盟管道年输送能力分别为 240 亿方和 260 亿方，合计约 500 亿方 / 年；土耳其溪管道线于 2020 年建成，每年输送能力为 315 亿方，向土耳其和南欧供应俄罗斯天然气。

作为对欧洲制裁的反击，俄罗斯于 2022 年 6 月起开始缩减北溪一号管道供气量，且于 9 月宣布无限期关闭北溪一号管道，同期北溪两条管道线发生爆炸，欧盟进口俄管道气大幅下降。据国际能源机构（International Energy Agency，IEA）数据，2022 年俄罗斯供应欧洲地区（含欧盟）的管道天然气大约削减了 820 亿方，同比减少 49%。

2022 年，欧洲为弥补俄管道气进口的减少，开始大幅采购液化天然气，天然气贸易格局出现结构性转变。从结构上看，2022 年全球液化天然气前五大主要进口国家和地区分别为欧盟、日本、中国、韩国以及印度，前五大主要出口国家和地区分别为澳大利亚、卡塔尔、美国、俄罗斯以及马来西亚。2022 年 3 月，美国和欧盟发表欧洲能源安全联合声明，为拓展欧洲天然气供应来源，摆脱对俄能源依赖，美国 2022 年向欧洲供应 150 亿立方米液化天然气，计划在 2027 年前帮助欧洲摆脱对俄罗斯的能源依赖，保证到 2030 年前欧洲每年可以得到 500 亿立方米的液化天然气，由此 2022 年美国液化天然气出口结构出现明显转变。

1.2.3 全球供需紧平衡驱动天然气市场量价齐升

近年来，北美页岩气的开发和产业化进程使美国作为能源主要的进口国，增加了页岩气资源的出口，但它仍然是全球能源的消费大国。这种变革所造成的涟漪效应正在波及中东、俄罗斯和中国、日本、韩国等东亚国家。

新的天然气供应来源以及日趋激烈的能源需求竞争，将会重塑全球地缘政治的格局。全球范围的油气投资者都在关注北美大陆，这是因为在几年前美国页岩气出现难以想象的蓬勃发展。美国在页岩气开采上的突破，满足了其国内不断增长的能源需求，提升了美国的经济独立性和竞争力。美国的能源战略对全球特别是亚洲的能源地缘政治格局影响深远。特朗普执政期间，美国利用超级大国的地位，高调重返亚太。拜登政府着重推行印太再平衡策略。随着美国页岩气开采工业化的突破，美国能源信息署预测，未来美国会结束天然气进口的地位，而成为天然气净出口国，这种变化驱使能源产业逐渐"回流"美国。

此外，因成本更低，几年前在中东国家投资的石油化工业也正在逐步回归美国国内。美国化学理事会最近发表的信息表明，由于国内天然气价格具有成本竞争力，美国宣布启动 1 000 亿美元以上的投资，建设 150 项石油化学工业项目，这将进一步减少导致美国贸易赤字的出口导向型项目，过去几十年来一蹶不振的制造业，有望迎来由于能源变革推动的复苏。

按照页岩气的发展趋势，如果自身能源的产量超过其自身需求量的话，美国就会很自然地减少对中东能源供应的依赖。由于全世界的油气市场与中东油气的联系非常紧密，一旦中东的油气供应中断，美国的国内市场也会受到波及，因为中东地区当今还是美国进口油气的主要来源。为了牢牢控制中东地区的油气，美国先后发动了对伊拉克、利比亚、叙利亚的战争。干涉中东事务。即便美国自身对中东油气的依赖减少，但它仍会在该地区维持其力量的均衡，一方面那里有其欧洲重要盟友的利益和支持，另一方面还有其自身的其他目标。从近期爆发的巴以冲突来看，美国还会继续干涉中东事务。

在亚太区特别是东亚地区，中日韩三国经济总量大，经济社会的发展对天然气的需求也在不断增长。中国是全球发展最快的新兴经济体，2010 年中国的 GDP 总量已超过日本，跃居世界第二位。由于能源消费结构中，煤炭占的比例高，致使我国温室气体二氧化碳的排放量逐年上升。中国的发展面临着资源和环境的双重压力。从近年能源消费构成来看，中国会逐年减少煤炭的比重，而天然气作为清洁能源消费的比重会逐年上升。

日本由于福岛核电站严重的堆芯熔毁事故，放射性物质大量泄漏，造成环境的严重污染。此后，日本政府要求国内 54 座核电站全部停堆，进行安全测试和评价。福岛核安全事故，对全球正在运转和准备建设的核电计划是一个很大的震动。不夸张地说，福岛核事故所引发的中长期影响是全球性的。日本核能发电停止以后，能源份额中的近 30% 基本上以石油、天然气补充，造成对油气资源需求的大量增长，但是日本陆地能源资源贫乏，天然气资源对外依赖度非常高。韩国的能源结构中也大量依靠海外油气资源进口，以满足国内的能源需求。

亚太国家，特别是中国，目前是欧佩克的主要客户。从需求方面分析，亚太区油气市场在过去的十年中已占据了大部分的增长量，并有不断上升的势头。这就使亚太国家具有重要的战略意义，亚太地区吸纳新的供应能力，会对全球地缘政治格局和国家贸易产生重大的影响。

中国经济的高质量发展必须要确保能源安全，一方面要保证稳定的多元化的能源来源，另一方面要保证稳定、合理的市场供应价格。中国要在国内加大新油气田和海洋油气的勘探开发力度，开发页岩气资源，还要发展其他可替代油气资源，着力开发核能和水力发电，推进风能和太阳能的产业化进程，实现能源结构的多样化。中国努力使油气供应来源多样化，寻求新的海外供应来源。目前，中东和俄罗斯仍然是中国主要的油气进口地。中俄实现了天然气管道的能源合作，形成东线和西线两条管道。此外，中国和中亚三国签订协议，规划建设四条天然气管线，土库曼斯坦、乌兹别克斯坦和哈萨克斯坦既是天然气的过境国，又是天然气的供应国，确保了天然气的多元渠道。中亚管线的建设对外实现了供气方的多赢，对内实现了用气的多元化，为能源安全提供了保障。

从长远发展的趋势分析，传统能源生产国即中东及俄乌局势动荡，欧盟碳排放交易体系中二氧化碳价格下降，以及可再生能源在欧洲和亚洲的指数级增长等，这些全球化事件对能源供需的影响有可能催生能源的新时代出现，这个新时代将确定在全球化能源结构中新燃料的引领者。一方面，在西方，北美页岩气和南美盐下油田和重油田的发现，扩大了全球油气可开采资源的总量，并持续推动着产量的增长；另一方面，可再生能源和天然气等清洁能源在全球能源消费中的增长，也在改变着能源供求关系。为了防止全球气候变暖，要执行严格的排放目标，欧盟会继续在其能源供应组合中增加替代燃料的份额。美国等发达经济体正处在实现能源自给自足的起步阶段，也会专注于环境可持续发展的政策，促进能源效率的提高和推广可再生能源，倡导在物流运输领域普及使用清洁燃料，从而降低对石油的依赖。作为新兴经济体的金砖国家也在承担着对碳排放的积极而有分别的责任。中国已宣布计划，到 2030 年将煤炭占能源组合的份额削减至 46%，同时增加清洁能源的使用量。归根结底，技术的进步和技术的成熟度将决定竞争格局。

决定全球竞争格局另一个重要的因素是技术的跨地区复制和技术转移能力。从目前的状况来看，全球能源组合开始青睐天然气等清洁燃料。在北美洲，天然气日渐用于发电、制造业和运输业中。日本也计划增加天然气在能源组合中的份额，以弥补福岛第一核电站事故后被迫中断使用核能的能源空缺。欧洲也将增加天然气在其能源组合中的份额，同时通过增加液化天然气进口，建设中亚到北非的天然气管道，来消除依赖俄罗斯供应所带来的风险，这必然与我国天然气供应形成有力竞争。

　　欧佩克组织和俄罗斯主导全球的油气出口环境已长达半个多世纪之久，北美能源的变革造成了新的能源供应国挑战欧佩克和俄罗斯霸主地位的趋势，这种趋势和演变过程使全球的地缘政治格局也在悄然发生着变化。全球的油气需求中心转向亚太地区。长远来说，争夺控制权的竞争正在被争夺客户的竞争所取代，这种供需结构的变化增加了油气进口国供应的多样性，减少了进口国中断油气的风险，对进口国是受益的。

　　虽然欧佩克仍然是全球油气市场的主要力量，美国和其他地区由于产量不断增加，将有可能通过控制边缘产量来限制欧佩克影响原油价格的能力。其中美国页岩气的高速发展，将会是对这种力量转变的最大影响因素。以往欧佩克通过降低其成员国的整体出口上限，解决供应过剩的状况和低落的价格。尽管美国对利比亚的战争，对伊拉克和伊朗的制裁等严重影响了上述国家的出口，但欧佩克的产量始终徘徊在约定的3 000万桶/天的限额之上。这是因为沙特阿拉伯、阿联酋和科威特等油气生产国富裕的生产能力，弥补了利比亚、伊拉克和伊朗的产量损失，然而伊朗等具有有限富裕生产能力的国家与具有富裕生产能力的油气产国之间的意愿不完全统一，他们希望降低总体产量以维持高价格。这次全球能源供需结构的变化可能会制约欧佩克整体决策，欧佩克成员国之间的博弈可能会更加激烈。

　　另一个全球主要的油气出口国是俄罗斯，但是俄乌冲突爆发后，其在欧洲的天然气供应霸主地位受到了很大挑战。目前，一方面挪威通过有竞争力的天然气价格，逐步取代俄罗斯成为欧洲的主要供应国。同时，多个欧洲国家正全面减少对俄罗斯能源供应的依赖，芬兰和爱沙尼亚等国均建成液化天然气再气化工厂，以填补从俄罗斯进口天然气的缺口。另一方面，来自中东国家的供应，也正取代俄罗斯天然气在欧洲的供应。此外，美国的液化天然气也是欧洲目前的主要天然气进口来源之一。

　　能源供需现状的恶化，加剧了地缘政治的震荡。为抵销欧盟需求骤减和竞争加剧的局面，俄罗斯正将合作目光转向亚太区域，尤其是中国，希望通过管道天然气和液化天然气的建设锁定这一市场。总之，新的天然气供应结构，预示着在下一个十年之中全球碳氢化合物的市场将会发生新的变化。美国国内天然气产量的增加，以及加拿大、墨西哥、巴西和哈萨克斯坦等国产量的增长，正在重塑全球油气市场及地缘政治格局。传统的油气生产国的霸主地位将面临挑战，而这些国家将被迫积极投入竞争，以保持其市场份额和影响力。

事实上，发达国家的化石能源消费结构中天然气的占比较高，20 世纪末以来，西方发达国家大力推广天然气发电，提高天然气的消费比例，降低煤和石油的消费量和消费比例，天然气为发达国家实现"碳达峰"作出了卓越贡献。未来，全球天然气市场仍处于紧平衡状态，欧洲将继续使用液化天然气以弥补俄罗斯管道气的减少，全球天然气市场供给仍将持续紧张。全球天然气供需紧平衡状态或将持续，海外天然气价格有望维持历史上中高位价格中枢水平。

1.3 煤制气行业绿色发展市场空间广阔

1.3.1 中国煤制气行业绿色发展大有前途

党的十八大以来，习近平总书记对中国煤化工行业满怀期待、寄予厚望，多次作出重要指示、批示，多次亲临煤化工企业考察，为煤化工行业发展把脉定向、擘画蓝图。

2021 年 9 月，习近平总书记在陕西榆林考察时强调，煤化工产业潜力巨大，大有前途，要提高煤炭作为化工原料的综合利用效能，促进煤化工产业高端化、多元化、低碳化发展，把加强科技创新作为最紧迫任务，加快关键核心技术攻关，积极发展煤基特种燃料、煤基生物可降解材料等。

2021 年 12 月，习近平总书记在中央经济工作会议上发表重要讲话时指出，实现"碳达峰""碳中和"目标要坚定不移，但不可能毕其功于一役，要坚持稳中求进，逐步实现。要立足国情，以煤为主，实现"碳达峰"必须立足这个实际。习近平总书记的殷殷嘱托和重要指示、批示，进一步明确了"煤炭作为我国主体能源"的战略定位，赋予了煤炭行业"能源的饭碗必须端在自己手里"的光荣使命，为煤炭行业奋进新时代、走好新征程指明了前进方向、提供了根本遵循、注入了强大动力。

新疆维吾尔自治区作为中国煤炭和煤化工行业生力军，时刻谨记习近平总书记的殷殷嘱托，完整、准确、全面贯彻新发展理念，以推进能源革命为主题主线，以煤炭绿色低碳为主攻方向，加快建设"九大产业集群"。煤炭煤电煤化工产业集群作为其中之一，发展驶入快车道，在深化供给侧结构性改革的同时，加快推进煤炭安全、高效、智能化开采和清洁、高效、集约化利用，加快推进发展模式由生产型向生产服务型转变，加快推进煤炭由传统能源向清洁能源转型，开创了各项事业蓬勃发展的新局面，煤炭和煤化工行业整体面貌发生了历史性变化。

具体来讲，煤制天然气是把煤炭气化后生产合成气，然后通过甲烷化加工，制造出热值满足要求的替代天然气。煤制天然气作为煤炭清洁高效利用的新兴力量，符合中国能源利用要求，更加符合煤化工产业转型和中国天然气供应的需要。作为"国家能源战略技术储备和产能储备"，煤制气在保障国家能源安全方面意义重大。煤炭先气化比直接燃烧处理后的硫、氮、粉尘等排放都要少，煤制天然气是煤清洁转化中实现资源经济化的最佳途径。

2017年国家发展改革委发布的《加快推进天然气利用的意见》中指出"推进煤制气产业示范"，"支持煤层气、页岩气、煤制天然气配套外输管道建设和气源就近接入"等内容。2021年11月29日，国家能源局、科技部发布了《"十四五"能源领域科技创新规划》，作为我国"十四五"期间推进能源技术革命的纲领性文件，在煤化工方面涉及的创新包括：开发适宜于油气联产的大型柔性气化炉技术，提高甲烷产率，减少污水排放量，实现低阶煤的清洁高效利用；突破煤化工高盐、高浓、难降解有机废水深度处理工艺技术，形成煤化工转化过程中废水协同净化技术。

2023年7月27日，国家发展改革委、工信部、自然资源部、生态环境部、水利部、应急管理部六部门联合印发《国家发展改革委等部门关于推动现代煤化工产业健康发展的通知》，强调加快绿色低碳技术装备推广应用，引导现有现代煤化工企业实施节能、降碳、节水、减污改造升级，提高资源能源利用效率，稳步提升现代煤化工绿色低碳发展。同时，围绕新型催化剂体系、高效大型技术装备、首次应用材料及装备、高性能绿色环保产品、首次工控软件系统等共性关键领域提出了现代煤化工科技创新的方向。一是新建现代煤化工项目需要承担上述领域相关的技术创新示范任务，尽快改变目前终端产品同质化、产品碳足迹高、竞争力不足的局面，并加快形成现代煤化工领域绿色低碳技术装备的国内市场。二是新建现代煤化工项目要优化产品结构，提升产品档次，重点发展新型合成材料、先进碳材料、可降解材料，加快开发无毒环保、易回收、低排放的绿色化工产品。三是新建现代煤化工项目要强化产业耦合发展水平，推动煤炭、煤电、煤化工与天然气、气电、风光电等能源多能融合、多能互补、协同减碳、耦合发展；结合区域条件，开展CCUS、二氧化碳制高值化学品等负碳技术的产业化示范应用。这些都表明国家在积极推进煤制天然气产业发展。

目前，我国天然气消费量每年约3 700亿立方米，每年自供短缺1 500亿立方米，预计到2030年对外依存度将超过50%，立足于我国"富煤贫油少气"的能源结构特征和新疆丰富的煤炭资源优势，在新疆发展煤制天然气有利于实现资源清洁高效低碳利用，有利于实现新疆资源就地转化高附加价值增加效益，也解决了新疆外运能力瓶颈问题，有利于极大地减少我国对外油气资源的依赖，端牢自主可控的能源饭碗。

近十年来，我国煤化工产业实现了一系列的重大突破与稳健发展，关键技术水平已居世界领先地位，但是现代煤化工五大方向中的煤制油因高额燃油税导致成本售价倒挂；煤制烯烃下游需求减弱；煤制乙二醇产能过剩，盈利能力堪忧；煤制芳烃尚未完全实现规模化、工业化生产；只有煤制天然气同时具备技术成熟、规模化、产业化、市场缺口大、盈利能力强和产品输送便捷的条件和优势。截至目前，我国煤制气行业主要经历了2010年之前国家支持、2010至2012年国家严控以及2012年之后国家适度支持三个阶段，国家发展煤制天然气行业要求起点高、标准高，不支持现有技术水平的大规模产能扩张，不设定约束性产能和产量目标，对现有煤制气项目从环保和水资源两个关键条件上严格把控。但从主要的几个煤制天然气项目来看，大唐内蒙古克旗40亿立方米/年煤制天然气示范项目一期工程、内蒙古汇能16亿立方米/年煤制天然气示范项目一期工程、新疆庆华能源集团有限公司（简称新疆庆华）55亿立方米/年煤制天然气示范项目一期工程、新疆伊犁新天煤化工有限责任公司（简称伊犁新天）20亿立方米/年煤制天然气项目，煤制气实际的完全成本（体积以标准状态计）基本在1.5元/立方米至2.5元/立方米之间，明显高于市场上包括常规天然气及页岩气、煤层气等非常规天然气产品的成本。

随着技术创新不断更迭，煤制天然气项目成本呈现下降趋势。目前，我国在役煤制气项目均已实现安全稳定运行，技术、装备水平世界领先。长期亏损的主要原因之一就是遭遇高煤价、低气价'两头压'，成本与售价长期倒挂。但是，近两年，随着国家管网公司组建，入网价格市场化改革逐步推进，入网均价逐步提高，煤制天然气行业呈现出扭亏为盈的发展态势。而且，由于煤制天然气具有市场空间大、煤炭转化量大、产品适合远距离输送等特点，政府和企业的投资积极性明显提升。此外，国家管网公司的成立打通了输气通道，提供了更加公平的经营环境，煤制气入网价格有所上扬。持续亏损一度羁绊全行业发展，部分已获批的项目放缓节奏，有些项目甚至被迫停了下来。随着形势好转，不少企业的生产动力又回来了。

煤制天然气已被列为我国现代煤化工示范工程之一，获得先行示范和产业化推广。我国天然气需求空间较大，煤制天然气可作为常规气的有益补充，城市民用燃气将作为主要目标市场，具有很好的发展空间。随着产能的扩张，近年来，我国煤制气产量增幅明显，2020 年我国煤制气产量达 46.9 亿立方米，同比增长 8.6%。相关技术的发展进步，不仅有力推动了我国煤制气产业的发展，并且为煤炭化工行业提供了新的发展契机。

事实上，出于国家能源安全之考虑，发展煤制天然气既可作为无天然气供应地区的气源，又可作为管道天然气的补充气源和调峰气源。一旦多联产开发成功和应用，将最终实现跨行业、多联产、集团化发展之路。自煤制油的新项目叫停后，煤制天然气项目相继出现。随着我国工业化、城镇化的发展和人民生活水平的提高，对清洁能源天然气的需求量迅速增长，天然气供不应求的局面将会长期存在。利用我国煤炭资源相对丰富的特点发展煤制天然气产业，补充天然气资源的不足，是一条缓解我国天然气供求矛盾的有效途径，有着广阔的发展前景。

新疆煤制气行业坚持"绿色、高端、数字、集群"的产业发展方向，延伸煤制气上下游产业链条，积极培育战略性新兴产业，着力抢占产业链、价值链制高点。从产业链上游来看，大型现代化煤矿已经成为我国煤炭生产的主体，智能化煤矿建设从无到有，多种类型煤矿机器人在煤矿井下示范应用，推动了煤矿质量变革、效率变革、动力变革。目前，煤制气产能发展到 60 亿立方米 / 年。新疆煤制气行业坚持"绿水青山就是金山银山"的发展理念，坚定不移走生态优先、绿色发展之路，全力打好煤炭绿色低碳开发和清洁高效利用攻坚战。此外，新疆煤制气企业坚持共商共建共享原则，主动融入共建"一带一路"，全球配置资源能力不断增强，国际影响力显著提升。

1.3.2　煤制气行业存量产能结构性升级打开行业市场空间

2023 年 7 月，国家发展改革委、工信部、自然资源部、生态环境部、水利部、应急管理部六部门联合印发《国家发展改革委等部门关于推动现代煤化工产业健康发展的通知》，强调加快绿色低碳技术装备推广应用，引导现有现代煤化工企业实施节能、降碳、节水、减污改造升级，提高资源能源利用效率，稳步提升现代煤化工绿色低碳发展水平。大型煤化工项目新增产能将受到较为严格的审核，行业将进入有序运行阶段。《国家发展改革委等部门关于推动现代煤化工产业健康发展的通知》着重强调确需新建的现代煤化工项目，应确保煤炭供应稳定，优先完成国家明确的发电供热用煤保供任务，不得通过减少保供煤用于现代煤化工项目建设。

事实上，我国现存的煤制气起步于"十二五"期间，虽然借鉴了美国大平原的部分经验，但仍然属于探索和示范性质，经过近 10 年的运行总结，相关从业者的认识逐步提升，加之我国煤化工相关技术不断进步，尤其是煤制气关键技术的突破，必然对改造提升现有装置的技术水平和在新一轮示范项目中起到关键作用，实现国家升级示范的目标，一旦升级示范成功，必将打开煤制气的产业空间。

也就是说，存量产能需要结构性升级，落后产能淘汰有望进一步改善煤制气行业格局，推动存量现代煤制气项目加快实施先进技术装备改造升级，拟建、在建项目应全面达到能效标杆水平，能效水平达到先进值以上，能效低于基准水平的已建项目必须在 2025 年年底前完成改造升级，达到行业基准水平以上，届时能效仍在基准水平以下的项目予以淘汰退出。有望进一步实现煤制气行业的格局改善，减弱部分行业的供给过剩压力。同时，该通知也鼓励通过上大压小、煤炭用量置换等方式实施新建项目，避免同质化、低水平重复建设，意味着对于有着优质成本和能耗管控能力的煤制气生产企业，有望通过存量替代，来实现产能替换，并非一刀切的限制优质煤制气企业的成长空间。从长期发展的角度看，领先的企业一方面可以享受行业落后产能退出带来的格局改善，另一方面有望通过产能替换实现自身成长空间的延伸，获得进一步业绩增长。

我国的煤制气行业经过长时间的产业升级、技术创新、工艺改进和实操完善，部分产品在多种工艺中已经具有相对明显的竞争力，未来煤制气行业发展格局相对改善，现有企业有望维持长期的发展竞争力，且较难被复制。在我国特殊的资源背景下，煤制气已经成为主流工艺且主导煤化工行业发展，未来伴随行业格局的改善，有望明显降低产品的周期属性，提升产品的盈利中枢。我国未来煤制气行业发展将更为有序，新增产能审批更为严格，行业内部落后产能将逐步淘汰，行业格局逐步优化，盈利中枢有望上行，而其中头部企业有望通过行业整顿和科技创新提升盈利中枢，通过行业整合实现存量替换，煤制气行业绿色发展市场空间广阔，有望实现长足发展。

第二章

中国煤制天然气行业发展中的新疆力量

2.1 国内煤制天然气行业发展现状

中国能源结构具有"富煤、贫油、少气"的特点,煤炭占全国已探明的化石能源资源储量的94%左右,占一次能源消费的比重达到约57%。作为全球最大的能源生产和消费国,短期内我国煤炭的"压舱石"地位很难改变。

天然气中主要成分为甲烷、乙烷、丙烷、二氧化碳、一氧化碳（CO）、氮气（N_2）和氢气（H_2）等,占天然气含量的90%以上,具有高热值、对环境无污染等优点,是一种优质高效的清洁燃料。同时,其燃烧排放的二氧化碳量远低于煤炭,可促进我国"双碳"目标的实现。因此,天然气开始逐渐取代煤炭的使用。

但是我国的天然气进口量保持快速增长,对外依存度过高。虽然天然气进口量从2018年开始增速趋于平缓,但2021年我国天然气消费量达到3 690亿立方米,进口天然气达到1 680亿立方米,对外依存度仍超过40%（图2-1）。目前,利用天然气来替代煤炭的主体地位,不利于把能源的饭碗牢牢端在自己手里。

根据国家能源局《中国天然气发展报告（2021）》,2020年全国天然气产量为1 925亿立方米,同比增长9.8%。其中,煤层气产量为67亿立方米,同比增长13.5%;页岩气产量超过200亿立方米,同比增长32.6%;煤制天然气产量为47亿立方米,同比增长8.8%。我国近几年煤制天然气产量呈现逐年攀升趋势（图2-2）,是煤炭高效清洁利用的有效途径,可优化煤炭的深加工产业结构,丰富煤化工的产业链,也是我国天然气产量的重要补充,对保障我国能源安全具有重大意义。

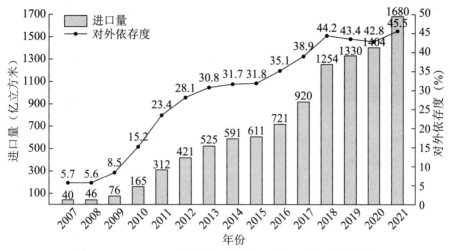

图 2-1 2007—2021 年我国天然气进口量及对外依存度走势

数据来源：贾媛 . 我国煤制天然气项目水风险评估及对策建议 [J]. 煤炭经济研究，2020，40（09）：58-65；《中国天然气发展报告（2022）》；《中国天然气发展报告（2021）》

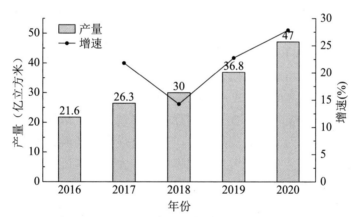

图 2-2 2016—2020 年我国煤制天然气产量及增速

数据来源：国家能源局、华经产业研究院整理，https://www.huaon.com/channel/trend/791250.html

2.1.1 煤制天然气的概念、基本原理及典型的工艺流程

20 世纪 60 年代，美国为了应对天然气使用量逐年增加的能源问题，开始对合成天然气技术进行研究，1973 年 10 月"第一次石油危机"爆发，加快了甲烷化技术的研究。1984 年美国 Great Plains 公司建设了世界上第一座煤制天然气工厂，并生产出合格的天然气产品，年产天然气 14 亿立

方米，总成本约 20.3 亿美元，目前已稳定运行超过 30 年。2006 年，美国宣布分别在南印第安纳州、肯塔基州和伊利诺伊州建立年产 11 亿立方米、14 亿～19 亿立方米和 14 亿立方米的煤制天然气项目。德国、日本、澳大利亚、英国等均进行过煤制天然气研究，但都没有商业化。

我国对于甲烷化技术的研究开始于 20 世纪 80 年代，中国科学院大连化物所开发了 M348-2A 型具有甲烷化—变换双功能的甲烷化催化剂和有关工艺技术，并依托该成果在上海建立了我国第一座甲烷化煤气示范装置。

1. 煤制天然气定义

根据国家统计局印发的《新产业新业态新商业模式统计分类（2018）》的通知，煤制天然气作为"三新"产业，是指以煤为原料，采用气化、净化、甲烷化等技术制取合成天然气的过程，产品主要成分为甲烷，不包括煤炭地下气化。煤制天然气主要用于工业燃气、民用煤气、化工合成和燃料油合成原料气、联合循环发电燃气、煤炭制氢等。

煤制天然气促进煤炭的清洁利用。我国煤炭转化为能源产品主要包括煤制油、煤制甲醇、煤制天然气等方式，单位产品能耗由低到高为：煤制天然气 1.81tce/t，煤制甲醇 2.00tce/t，煤直接液化制油 2.07tce/t，煤间接液化制油 2.44tce/t，煤制烯烃 3.75tce/t。煤制天然气的单位产品能耗最低，促使其逐渐成为煤质能源产品的最优方式。从单位产品取水量来看，煤制天然气 8.6 立方米 / 千标方、煤制油 9.4 立方米 / 吨、煤制甲醇 10 立方米 / 吨、煤制烯烃 20 立方米 / 吨。煤制天然气单位产品取水量较低，作为一种最为节水的能源产品，对于富煤少水的西部地区具有非常大的意义。此外，在煤制气生产过程中副产大量的高压蒸汽，减少了锅炉和燃料煤的使用量，可降低二氧化碳排放量。

目前，我国煤炭资源在地理上呈现西多东少、北富南贫的分布特点，且多集中在山西、内蒙古、陕西、新疆、贵州、宁夏等中西部地区。而天然气的使用主要集中在沿海地区，这就造成我国天然气供求不平衡现象。此外，煤炭是大宗散装货物，长距离、大规模的煤炭运输，运输难度大、费用高。发展煤制天然气可以利用管道运输的方式实现西气东输，相比煤炭直接运输，降低了运输成本，减少了运输过程的能源消耗和污染排放。

据美国大平原公司的经验介绍，煤制天然气规模只要在 20 亿立方米 / 年以上，1 立方米天然气的煤炭消耗可控制在 4 千克以内。未来几年，如果进口天然气到达中国口岸的价格维持在 2 元 / 立方米，用于生产天然气的煤炭价格不超过 300 元 / 吨，或者进口天然气到达中国口岸的价格攀升至 2.5 元 / 立方米，用于生产天然气的煤炭价格不超过 370 元 / 吨，煤制天然气就能与进口天然气竞争。内蒙古东部及新疆地区煤炭储量丰富、价格低廉，尤其是褐煤的价格更低，具有较强的竞争优势。此外，煤制天然气的热值普遍比普通天然气高 15% 以上，同时生产过程中可回收副产物获得额外收益。因此，煤制天然气产品竞争优势明显。

2. 煤制天然气基本原理

煤制天然气工艺可分为一步法和两步法。"一步法"是指煤通过催化气化技术、加氢气化技术直接合成天然气技术。"两步法"则是先将原料煤气化生产合成气后再制取天然气。目前，我国使用的均是"两步法"技术。

（1）煤气化基本原理

煤的气化是指煤与气化剂反应转化成气体产物（即煤气）的热化学过程。通过煤气化可将组分复杂、难以加工利用的固体煤转化为易于净化及应用的气体产品，通常是以氧气（空气）、水蒸气或氢气等作为气化剂，在高温条件下经化学反应将煤或煤焦中的碳和氢等转化为气体产物，其有效成分包括氢气、一氧化碳及甲烷等。

煤气化的总过程有两种类型的反应，即非均相反应和均相反应。前者是气化剂或气态反应产物与固体煤或煤焦的反应；后者是气态反应产物之间的相互作用或与气化剂的反应。生成气的组成取决于所有反应的综合，因此煤气化可用下列的简式表示。

$$煤 \rightarrow C+CH_4+CO+CO_2+H_2+H_2O$$

（2）甲烷化基本原理

甲烷化是指将合成气中的 H_2、CO 和 CO_2 在一定温度、压力和催化剂条件下合成 CH_4 的过程。一般为了提高 CO 甲烷化的反应速率需选用合适的催化剂。

粗煤气通过 CO 部分变换反应，得到 H_2/CO 略大于 3 的合成气。

$$CO+H_2O=H_2+CO_2$$

合成气经过净化，即脱硫脱碳后，CO、CO_2 和 H_2 发生下面的甲烷化反应，绝大部分 CO 和 CO_2 转化成甲烷。

$$CO+3H_2=CH_4+H_2O$$

$$CO_2+4H_2=CH_4+2H_2O$$

3. 煤制天然气工艺流程

煤制天然气是指把煤炭转化为能量密度更高的天然气的化工过程，即把煤经过气化、除尘、变换、脱酸脱碳后，再通过甲烷化技术化学合成清洁的合成天然气。

典型煤制天然气工艺流程见图 2-3。原料煤在煤气化装置中与空分装置得到的高纯氧气和中压蒸汽进行反应制得粗煤气；粗煤气经耐硫耐油变换冷却和低温甲醇洗装置脱硫脱碳后，制成所需的净煤气；从净化装置产生富含硫化氢的酸性气体送至克劳斯硫回收和氨法脱硫装置进行处理，生产出硫磺；净化气进入甲烷化装置合成甲烷，生产出优质的天然气；煤气水中有害杂质通过酚氨回收装置处理，废水经物化处理、生化处理、深度处理及部分膜处理后，得以回收利用。除主产品天然气外，在工艺装置中同时产生石脑油、焦油、粗酚、硫磺等副产品。

主工艺生产装置包括空分、碎煤加压气化炉；耐硫耐油变换装置；气体净化装置；甲烷化合成装置及废水处理装置。辅助生产装置包含硫回收装置、动力、公用工程系统等。最核心的技术是煤气化和甲烷化，这两项技术目前都已经打破国外技术垄断，实现了完全国产化。

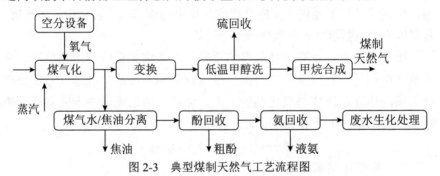

图 2-3　典型煤制天然气工艺流程图

煤制天然气的主产品为天然气，产品中含有两个或两个以上碳原子的烃类硫化物、氧气等经过净化、甲烷化工序后基本被转化或吸收，残留微量的 CO_2 和惰性气体。其组成与传统天然气类似（见表 2-1），可以同输同用，具有互换性，品质能够满足管输气国家一类天然气标准。

表 2-1　典型煤制天然气项目设计产品组成

成分	含量（%）
CO_2	0.35
N_2+Ar	2.93
H_2	1.04
CH_4	95.67

2016 年国家质量监督检验检疫总局和中国国家标准化管理委员会（简称国标委）发布了 GB/T 33445—2016《煤制合成天然气》，对煤制合

成天然气的技术指标等进行了规定，使得煤制天然气在管道运输、混合运输及终端消费过程中有章可循，促进了煤制合成天然气行业的发展。随着煤制天然气产业的发展，为了满足煤制合成天然气进入长输管线的技术要求，促进煤制合成天然气产业的健康发展，2023 年对 GB/T 33445—2016 进行了修订，更新发布了 GB/T 33445—2023《煤制合成天然气》。

上述标准将煤制天然气按高位发热量分为了一类和二类，其技术指标要求应符合表 2-2 中的规定。

表 2-2　煤制天然气技术常规要求

技术指标	技术要求	
	一类	二类
高位发热量 /（MJ/m³）≥	34.0	31.4
氢（H₂）含量（摩尔分数）/% ≤	3.0	供需商定
二氧化碳（CO₂）含量（摩尔分数）/% ≤	3.0	供需商定
硫化氢（H₂S）含量 /（mg/m³）≤	1.0	
一氧化碳（CO）含量（摩尔分数）/% ≤	0.10	
氧（O₂）含量（摩尔分数）/% ≤	0.10	
本文件中气体体积的标准参比条件是 101.325kPa，20℃		

2.1.2　煤制天然气技术发展现状

经过多年的发展，我国现代煤化工已经形成了包括煤制气、煤制油和煤制化工品在内的技术体系。从"九五"计划时期开始，我国在产业关键技术及核心装备自主化研制方面均取得了重大突破，以煤制油、煤制烯烃、煤制乙二醇、煤制气为主的现代煤化工技术均实现了工艺流程的关键突破。其间先后开发了"多喷嘴对置式水煤浆气化""航天粉煤加压气化"等先进技术，并成功研发出"航天炉""神宁炉""晋华炉"等先进装置。"十三五"以来，中国现代煤化工产业取得了一系列显著的成就，一批关键技术装备打破了国际垄断，达到或接近世界先进水平；相继攻克了大型先进煤气化、合成气变换、大型煤制甲醇、煤制油、煤制烯烃、煤制乙二醇、煤制乙醇等技术难题，并实现了关键技术装备的产业化。这些技术突破和产业化成果使中国现代煤化工产业走在了世界煤化工产业创新发展的最前列。

1. 煤气化技术现状

按照流体力学状态分类，煤气化技术主要分为固定床、流化床和气流床技术。国外典型的气化技术包括鲁奇碎煤加压气化技术、BGL碎煤熔渣气化技术、德士古气化和壳牌粉煤气化技术。国内气化技术已基本实现工业化，典型气化技术包括赛鼎碎煤加压气化技术、西北院多元料浆加压气化技术和多喷嘴对置式水煤浆气化技术等。

（1）固定床气化技术

固定床气化技术是最早开发的气化技术。在煤气化过程中，以块煤或煤焦为原料从气化炉顶部进入，与底部进入的气化剂逆流热交换，含有残碳的灰渣从炉底排出。原料在气化炉内分层气化，并呈现清晰的反应层：干燥层、干馏层、还原层和氧化层，其中氧化层的温度最高。目前，应用较为广泛的固定床气化炉有鲁奇加压气化炉、BGL液态排渣鲁奇炉、3M-21型混合煤气发生炉、Wellman-Galusha煤气发生炉等。鲁奇炉是典型的固定床加压气化炉，于20世纪30年代由德国发明，主要由气化、冷凝冷却、油洗、水洗等工序组成，采用固体排渣，可实现连续化生产，煤种适应性强，适用于大部分煤种（高黏性烟煤除外）。炉内的温度通常可达1 300℃，因此在选择气化原料时不宜选用灰熔点较低的煤种。我国起步较晚，20世纪50年代建立了实验装置，60年代引进了捷克制造的鲁奇炉。目前，鲁奇炉已在我国河南晋煤天庆煤化工有限责任公司、新疆广汇实业投资有限责任公司、河南省煤气有限责任公司义马气化厂等均已实现工业化应用，运行鲁奇炉146台。

BGL液态排渣鲁奇炉应用的是英国煤气公司将鲁奇炉改为液态排渣的方式。液态排渣气化炉只向炉内通入水蒸气，将炉温控制在煤的灰熔点以上，使灰渣以熔融状态排除。由于炉内气化层的温度大大提高，可提高水蒸气分解率、降低水耗，同时提高碳转化率、气化效率和热效率，但排渣系统复杂，对气化炉设备的要求更高。该技术已应用于云煤集团云南先锋化工有限公司、中煤鄂尔多斯能源化工有限公司和云南瑞气化工有限公司等，目前我国在建和运行的BGL气化炉有33台。

（2）流化床气化技术

自固体流态化技术发展以后，温克勒首先将流态化技术应用于小颗粒煤气化，开发了流化床气化技术。流化床技术原料煤颗粒较细，粒度一般为0～10mm。在反应过程中，煤粒在自下而上的气化剂作用下呈现悬浮（流化）状态，可以迅速实现混合和热交换，使整个床层的温度和组成均一，因此气固相接触较好，从而有利于提高气固反应速率。

温克勒气化工艺是最早的常压流化床气化工艺，在德国莱纳建成第一座工业炉。该工艺可气化的原料煤粒度较宽，炉体结构简单，可不设炉箅，因此操作费用低，炉子使用寿命长。但为了防止煤粒中的灰分在高温条件下软化结渣，破坏流化状态，该工艺操作温度通常较低（900℃左右），仅适用于褐煤、次烟煤等反应活性高的煤种为原料，排渣含碳量高，出炉煤气带出物较多，粗煤气质量较差。为了克服以上缺点，人们发展了高温温克勒（High Temperature Winkler，HTW）气化法。

高温温克勒气化法工艺是在温克勒炉基础上，提高了气化压力，增加了出炉煤气细粉循环入炉系统，从而大大提高了气化强度和碳转化率。同时，提高气化温度，煤气中的甲烷含量虽有所降低，但有效成分（CO和H_2）增加，提高了煤气的总体质量。在原煤中可添加石灰石等，提高含碱性灰分的软化点和熔点的同时，可脱除煤气中硫化氢等。

U-GAS灰熔聚气化法是美国煤气工艺研究所（I.G.T）在研究煤灰熔聚过程的基础上开发的流化床灰熔聚煤气化工艺。该工艺的气化过程主要是煤的破黏、脱挥发分、气化以及灰的熔聚，并使团聚的灰渣从半焦中分离出来。因此，该工艺的特点是团聚排渣。从2007年起，该工艺先后在山东海化煤业化工有限公司、河南义马煤业集团股份有限公司、内蒙古综能协鑫有限公司等企业得到应用。我国目前已运行的U-GAS气化炉有10台。

ICC灰熔聚气化法是20世纪80年代初由中国科学院山西煤炭化学研究所开发，并于1990年建成了24吨/天的中试装置。该工艺对煤种的适应性强，对褐煤、无烟煤、石油焦均可适用，对应高灰、高灰熔点、高硫等劣质煤也可进行较好的气化。中国科学院山西煤化所针对处理能力不高和飞灰损失大的问题，进行了加压气化和后续燃烧技术的研发集成。但该工艺的单炉处理能力、操作压力、运行周期等问题仍需进一步提高。2009年晋煤集团天溪煤制油分公司年产10万吨煤基合成油示范工程，采用了灰熔聚粉煤循环流化床气化法，设计了6台气化炉，无烟煤处理量可达1 600吨/天，但由于投产后气化技术与煤种不匹配，导致处理量只能达到设计的75%，炉渣残碳量高达40%，实际运行效果不佳。

（3）气流床气化技术

气流床气化技术是目前世界范围内应用最为广泛的煤气化技术，该技术最早发展于20世纪50年代。该技术通常是将气化剂夹带着煤粉或煤浆，通过喷嘴高速喷入气化炉内，射流引起卷吸并高度湍流，在高温辐射下，迅速发生燃烧和气化反应生成粗煤气及熔渣。由于气化过程煤粒悬浮于气流中，煤粒间的相互影响较小，基本上煤粒单独进行膨胀、软化、燃尽及形成熔渣等过程。因此，该工艺对煤的黏结性、机械强度、热稳定性无特定要求，原则上可适用于所有煤种。根据原煤进料状态，该技术可分为干粉气化技术和水煤浆气化技术。

干煤粉气化技术可以采用多烧嘴结构设计对气化炉负荷进行均匀分布，减少煤粉对喷嘴的磨损程度，延长烧嘴的使用寿命，更有利于气化炉的大型化。煤粉气化技术采用水冷壁代替耐火砖对气化炉炉壁进行隔热和保护，水冷壁内侧覆盖一层碳化硅抗高温材料，在气化过程中，部分融熔态灰渣运动到水冷壁内侧的碳化硅耐火层上冷却凝固形成稳定的高热阻渣层，对水冷壁起到以渣抗渣的保护作用，降低高温合成气对水冷壁的热冲击作用。另外，通过水冷壁可以实现与气化炉的热交换副产低压蒸汽，从而提高能量利用效率。目前干粉气化技术主要包括 Shell 煤粉气化技术、GSP 干煤粉加压气化技术、航天炉粉煤加压气化技术和科林粉煤气化技术等。

Shell 煤粉气化技术是由 shell 公司于 20 世纪 70 年代初开始开发，并于 1993 年建成第一套大型工业化生产装置。该工艺属于加压气流床气化，以干煤粉为原料，采用液态排渣。原料干煤粉须经过干燥后达到水分质量分数小于 2%，避免了湿法进料时水分汽化加热消耗能量。炉壁采用膜式水冷壁结构，可大幅提高气化温度，副产低压蒸汽。但是该技术仍存在气化炉渣池堵渣、气化周期短等问题。我国 1995 年开始引进该技术，目前已运行 shell 气化炉超 28 台。2021 年 5 月投产的山西潞安煤制油公司 180 万吨 / 年高硫煤清洁利用油电一体化示范项目，单炉投煤量为3 000 吨 / 天，是目前单炉处理规模最大的 Shell 气化炉。

GSP 干煤粉加压气化技术是德国黑水泵煤气厂于 1997 年开发，并于 1983 年建成大型装置。该技术属于单喷嘴下行式粉煤加压气化炉，采用液态排渣和水激冷流程。2005 年，宁夏煤业集团的煤制丙烯项目采用 GSP 气化技术，标志着该技术在我国得到推广应用，目前在建和运行的 GSP 气化炉达到 54 台。

科林粉煤气化技术与 GSP 技术本质相同，区别在于该科林炉设置了 3 个独立的顶置煤粉烧嘴和 1 个点火烧嘴，每个烧嘴配备独立的煤粉和氧气供应线，因此单烧嘴故障仍可短时间运行，运行维护费用低，并且有利于扩大产能。2013 年贵州开阳化工 50 万吨 / 年合成氨项目采用该气化技术，并综合利用了三高劣质煤种。2023 年内蒙古康乃尔采用该技术投产了 30 万吨 / 年的煤制乙二醇项目。

航天炉粉煤加压气化技术是由中国航天科技集团有限公司卢正涛团队自主研发的粉煤加压气化技术。航天炉主要由燃烧室、激冷室、组合烧嘴及承压外壳组成。其炉体上半部分借鉴 GSP 炉，下半身借鉴 Texaco 炉，进料系统借鉴 Shell 气化技术，黑水处理系统借鉴 Texaco 气化技术。由于该技术煤种适应性强，污染排放少，且国产化、投资费用低，在我国推广迅速，目前已在四川泸天化股份有限公司、河南晋开集团公司、内蒙古伊泰化工有限责任公司等推广建设和运行 90 余台。

水煤浆气化技术将水煤浆通过喷嘴在高速氧气流作用下破碎雾化喷入气化炉，经过一系列反应，生成一氧化碳、氢气、二氧化碳和水蒸气为主要成分的湿煤气和熔渣。该技术的核心是高浓度煤浆的制备，煤浆浓度直接影响水煤浆气化技术的气化效率，提高水煤浆的浓度，能够大幅度降低比氧耗和比煤耗，提高气化效率。据粗略计算，水煤浆的浓度每提高 1%，粗煤气中有效气成分可增加 1%，比氧耗和比煤耗可降低 4% 左右。最新研究表明，采用榆阳的煤种可制取浓度高达 70% 的水煤浆，采用普通煤种可制取浓度达 66% ～ 68% 的水煤浆。目前水煤浆气化技术主要包括 GE 气化技术、非熔渣—熔渣分级加压气化技术和多喷嘴对置式干煤粉加压气化技术等。

GE 气化技术为比较基础的气流床气化技术，技术相对比较成熟，原为 Texaco 专利技术，2004 年被转让给美国 GE 能源公司。GE 气化技术采用湿法进料、液态排渣，单炉生产能力大、加料方便稳定、工程问题少，"三废"少且易处理。由于其优点显著，该技术最先实现工业化规模生产，主要应用于国内化肥和烯烃装置，已在我国上海焦化有限公司、神华包头煤化工有限责任公司、中煤陕西榆林能源化工有限公司、兖矿能源集团等企业在建和运行超 250 台。

非熔渣—熔渣分级加压气化（清华炉）由清华大学、北京达立科科技有限公司、山西阳煤丰喜肥业集团联合开发。该技术综合了水煤浆耐火砖和干煤粉水冷壁气化炉的优点，并采用分级供氧的方式降低主烧嘴附近的温度从而延长主烧嘴使用寿命。2006 年 1 月山西阳煤丰喜肥业集团临猗分公司年产 30 万吨甲醇项目首次使用该技术，并得到了快速推广和发展，目前国内清华炉运行数量已超 66 台。

多喷嘴对置式干煤粉加压气化技术是国家"九五"重点攻关项目，由华东理工大学与水煤浆气化及煤化工国家工程研究中心主持攻关。2000 年 7 月 22 吨 / 天的中试装置开始试运行。与单喷嘴相比，优化了流场结构，提高了碳转化率和合成气中有效组分，且比煤耗、比氧耗降低，气化效率明显提高。在"十五"国家 863 计划支持下，2002 年起，该技术分别在山东华鲁恒升化工有限公司和兖矿集团国泰化工有限公司建设了两套工业示范应用，并于 2004—2005 年间投入运行，之后又在国家能源集团宁夏煤业有限责任公司、山东久泰能源集团和上海华谊（集团）公司等多家企业应用，运行数量已达 152 台。其中，2019 年 12 月内蒙古荣信化工有限公司项目年产 40 万吨乙二醇开车成功，单炉日处理煤量4 000 吨，是目前世界单炉处理能力最大的水煤浆气化炉。

2. 甲烷化技术现状

甲烷化工艺按照反应器类型可以分为固定床甲烷化工艺、浆态床甲烷化工艺、流化床甲烷化工艺等。目前工业上实施最广的是绝热固定床甲烷化技术。

（1）固定床甲烷化工艺技术

目前，固定床甲烷化技术在国外主要有德国鲁奇公司的 Lurgi 技术、丹麦 Topsøe 公司的 TREMP 技术、英国戴维公司 CRG 技术，国内研究机构主要有西北化工研究院、西南化工研究院、大唐国际、中科院大化所等。

Lurgi 甲烷化技术是 20 世纪 70 年代由德国鲁奇公司开发的一种合成天然气的技术。这项技术采用高温固定床反应器和低温固定床反应器串联的方式，以提高甲烷化的转化率和天然气的品质。Lurgi 甲烷化技术对反应系统的温度控制较好，并可回收利用热量，具有转化率高、天然气品质好、操作简单等优势，但也存在废水处理难度大、气化副产品利用率低等缺点。Great Plains 公司是利用 Lurgi 甲烷化技术成功生产合成天然气的典型代表，甲烷产能可达到 841 万立方米 / 天。目前 Lurgi 甲烷化技术在全球范围内得到了广泛应用，为我国天然气供应提供了一条有效的途径。

20 世纪 70 年代后期，丹麦 Topsøe 公司的 TREMP 工艺技术在煤制天然气领域具有显著的优势。该技术采用 3 ~ 4 台绝热固定床反应器串联，整体温度控制在 250℃ ~ 700℃。TREMP 工艺在第一个反应器中会除去催化剂和原料气中的有毒物质，降低含硫量，同时通过气体调节塔调整一氧化碳与氢气的比例，以促进甲烷化反应速率，提高甲烷转化率和天然气纯度。Topsøe 公司开发了两种基于 TREMP 技术的煤制天然气工艺：首段循环五段甲烷化技术和二段循环四段甲烷化技术。其中，新疆庆华煤制天然气项目使用了首段循环五段甲烷化技术，而内蒙古汇能煤制天然气项目使用了二段循环四段甲烷化技术。两项工艺生产的合成天然气中 CH_4 比例可达 96%。

英国戴维燃气公司开发的 CRG 甲烷化技术在 20 世纪 70 年代问世，用于生产合成天然气作为城市煤气。CRG 技术主要由两台高温固定床和两台低温固定床反应器组成，使用烃类或液化石油气作为原料。经过不断发展，CRG 催化剂在 80 年代成功应用于甲烷化生产，随着技术的不断更新和发展，CRG 催化剂的性能不断提高，目前已更新至 CRG-LH 型，并已投入使用，提高了产能。CRG 技术的特点包括：在入口处利用换热器降低循环气体的温度，在出口处通过余热锅炉进行余热回收，从而提高能量利用效率。此外，CRG 催化剂具有自变换功能，无须严格控制一氧化碳与氢气的比例，温度适用范围较广（230℃～700℃）。在国内，大唐克旗、新矿伊犁 SNG 等项目均采用了该技术。

我国在甲烷化研究方面起步较晚，但已取得了显著进展。目前，国内多家研究机构在甲烷化技术研发方面具有较强的能力，如大连化物所、西南化工研究院和大唐国际化工研究院等。这些研究机构在甲烷化催化剂、工艺流程、反应器设计等方面进行了深入研究，并取得了一系列成果。通过与国内外企业合作，这些研究机构还将实验室成果转化为工业化生产，为我国的煤制天然气产业提供了技术支持。

大连化物所开发了具有极强耐热性和稳定性的催化剂，在实验室条件下可持续使用 8 000 小时，并在河南义马气化厂成功进行了中试实验，证明了其应用于大规模工业生产的可行性。

西南化工研究院成功研发了焦炉煤气甲烷化工艺技术和相应的催化剂。该技术在 2014 年成功通过中试实验，具有低循环比、高催化剂性能等优势，降低了生产成本，提高了甲烷的选择性（>99.9%）和天然气质量。

大唐国际化工研究院自主研发了绝热四段串并联甲烷化技术。在第二反应器出口处的气体通过循环压缩机对第一反应器进行温度控制，以达到最佳工作条件。同时，在设备运行过程中，为了获得不同品质的天然气，按比例向第三、第四反应器通入原料气，从而降低能量损耗。

（2）浆态床甲烷化工艺技术

浆态床反应器是一种用于气—液—固三相反应过程的设备，最早应用于低温费托合成（FTS）制油工艺。自 20 世纪 40 年代以来，我国开始研究浆态床甲烷化技术，并于 1993 年成功应用于工业化生产。在浆态床甲烷化工艺中，以具有惰性的液态烃作为介质，合成气从底部进入反应器，产生气泡向上运动通过悬浮有催化剂微粒的液相层进行甲烷化反应。

目前，各国针对浆态床甲烷化技术开展了大量研究，其中以美国 ChemSystem 公司提出的浆态床甲烷化技术为主。该技术在反应过程中不需要气体循环，反应器中 H_2/CO 约为 2 ～ 9，但在中试实验中存在催化剂耗损高和 CO 转化率较低的问题。2014 年，太原理工大学与赛鼎工程有限公司联合提出了一种浆态床甲烷化技术，原料气从反应器顶部进入，并对生成的产品气进行气液分离，实现催化剂循环使用，降低了催化剂损耗，为甲烷化技术提供了新的思路。

（3）流化床甲烷化工艺技术

流化床反应器在甲烷化反应中的应用具有一定优势。相比于固定床反应器，流化床反应器内催化剂颗粒受到气体作用呈现流态化现象，从而加剧颗粒内扩散和气固混合运动，有利于实现反应系统内温度的均匀分布。但是，气固之间的混沌运动会增加催化剂夹带和磨损，降低使用寿命。目前，该技术仍处于实验室或中试阶段。

20 世纪 50 年代，美国矿务局最早开发了多段流化床甲烷化技术。该技术将两台流化床反应器串联，并在底部设置 3 个进气口，反应系统温度和压力范围分别为 200℃～ 400℃和 20.7bar。在第二个多进料流化床反应器内使用不同类型的镍基催化剂在 370℃～ 390℃下连续运行 1 120 小时，H_2 和 CO 的转化率为 95% ～ 98%。在反应系统内温度控制良好，且镍作为催化剂性能表现非常好。在第二个多进料流化床反应器中，使用不同类型的镍催化剂，在 370℃～ 390℃操作温度下 H_2 和 CO 的转化率达到 95% ～ 98%，表明温度控制良好，镍基催化剂性能表现优秀。该技术显示了流化床甲烷化技术的潜力，为后续的研究提供了有益的参考。

1963 年，美国 Bituminous Coal Research（BCR）公司发起了 Bi-Gas 项目，设计了气固甲烷化流化床反应器。反应器采用矿物油作为进气冷却剂，并设置两个换热管束进行温度控制，以负载镍、铜和钼混合物的 Al_2O_3 作为催化剂。研究表明，CO 的转化率在 70% ～ 95% 之间，产量远低于固定床反应器。此外，由于催化剂的存在，水汽转换反应速率增大，导致产物中含有大量 CO_2。

在 1975—1986 年间，德国 Thyssengas GmbH 公司和 Karlsruhe 大学共同开发了 Comflux 流化床甲烷化工艺。1981 年，该公司利用 Comflux

工艺建成了一个直径为 1 米的预商业化装置。该装置中省略了气体变换反应设备与生成气循环压缩机，在流化床反应器内气体变换反应和甲烷化反应同时进行，可通过调整 CO/H_2 的值净化合成气，大大降低了运行成本。然而，在 20 世纪 80 年代由于石油价格下跌，该装置停止运行。

在国内，许多机构也开展了关于流化床甲烷化工艺的研究。20 世纪 80 年代，华北设计院以水煤气作为反应气体，经流化床甲烷化反应，CO 的含量可由 34% 降到 6% 左右，CH_4 的含量增大到 32%。2010 年，中国科学院过程工程研究所研发了一种鼓泡流化床与固定床耦合的甲烷化技术，可以分离气体产物和床层颗粒，并利用固定床进一步进行甲烷化反应，提高天然气产量。中国石油大学发明了基于级间脱水的流化床甲烷化工艺，该装置由三台带有取热管的流化床反应器与一台固定床反应器组成，可以通过固定床反应器控制合成天然气的品质。此外，大唐化工院、中山大学、清华大学、厦门大学等也在流化床甲烷化技术方面进行研究。

2.1.3　煤制天然气成本分析

目前，我国已形成了世界上最大的煤制天然气生产能力，这为我们国家的能源安全提供了有力保障。关于天然气定价机制，中国正处于改革进程中。现行的天然气定价机制以政府监管定价为主，这有助于保障天然气市场的稳定和用户的利益。随着天然气市场改革的深入，价格管制有望逐步放松，形成更加市场化的气源竞争定价机制。

煤制天然气生产总成本费用可分为生产成本和期间费用，其中生产成本主要是生产过程中消耗的原辅材料成本、燃料动力成本、生产人员薪酬、制造费用（包括折旧、维修、车间管理费等），如有副产品，其收入可在总成本费用中扣除；期间费用是生产经营活动中除生产成本以外的其他支出，包括管理费用、销售费用和财务费用。总成本费用也可以根据成本费用与产量的关系，分为固定成本和可变成本。

根据行业平均情况来测算，生产 1 立方米天然气，需要消耗原料煤 0.002 5 吨、燃料煤 0.001 1 吨，电 0.068 3 度和水 0.001 8 吨。根据 2022 年的基本情况测算，煤炭按 800 元 / 吨计算，可变成本约为 2.96 元 / 立方米；人力、管理费用、修理费、折旧、摊销及财务费用等固定成本约在 1.27 元 / 立方米。煤制天然气的总成本约为 4.23 元 / 立方米，与华东管道气价格（3.4 ～ 4.3 元 / 立方米）对比几乎没有价格竞争力。

在中国煤炭市场，不同区域的煤炭价格存在较大差异，而最具竞争力的方式是采用坑口价结算。目前，山西、陕西、宁夏、内蒙古等地多采用市场价结算，部分大型企业会采用煤炭坑口价上浮形式结算。山西、陕西、内蒙古部分地区以及新疆地区采用坑口价结算，大大降低了煤炭成本。

以新疆煤制天然气的两个项目为例，原材料（原煤）、公用工程价格（电价和水价）如表 2-3 所示。

表 2-3　煤制天然气项目原材料价格

名称	项目 1	项目 2
原煤价格 /（元 / 吨）	236.68	270.76
电价 /（元 / 千瓦时）	0.08	0.1
水价 /（元 / 吨）	1.30	0.8

资料来源：作者根据各公司资料整理

煤制天然气成本见表 2-4。从表 2-4 可以看出，煤制天然气最主要的成本构成包括三个方面：①原料煤价格：占煤制天然气总成本的近 50%。原料煤的价格对项目的经济效益具有重要影响，在投资初期就要考虑有可长期稳定供应的煤炭资源和尽可能低的价格。②制造费用中的折旧费占到了较高比重，这是由项目初期的设备和基建投资造成的。在建设初期应确定技术路线、设备选择，控制整体投资，以降低未来的折旧费和修理成本。③财务费用：财务费用主要是指利息支出，占煤制天然气总成本的 10% 左右。煤制天然气项目投资巨大，要合理进行融资规划，严格控制项目进度，以防出现拖延工期的情况。

表 2-4　煤制天然气成本

成本名称	单位成本 /（元 / 立方米）		比例 /%	
	新疆项目 1	新疆项目 2	新疆项目 1	新疆项目 2
原煤	0.8	0.75	50.63	42.98
电费	0.04	0.05	2.53	2.87
水费	0.01	0.005	0.63	0.29
折旧费	0.27	0.5	17.09	28.65
财务费	0.2	0.19	12.66	10.89
人工费	0.15	0.21	9.49	12.03
管理费	0.09	0.02	5.70	1.15
附加费	0.02	0.02	1.27	1.15
合计	1.58	1.745	—	—

资料来源：作者根据各公司资料整理

　　煤制天然气的成本对原料煤的销售价格非常敏感，煤制天然气项目的天然气出厂价格也必然会受到原料煤销售价格的深刻影响。在项目的投资收益率固定的情况下，煤制天然气的价格通常会随着煤价的变化而变化。

　　通常来说，如果原料煤价格上涨，煤制天然气的生产成本就会增加，从而导致煤制天然气的出厂价格上涨。相反，如果原料煤价格下跌，煤制天然气的生产成本就会降低，从而使得煤制天然气的出厂价格下跌。

　　因此，在评估煤制天然气项目的经济效益时，需要密切关注原料煤价格的波动，以判断其对项目经济效益的影响。同时，企业也可以考虑通过优化生产工艺、提高生产效率、降低单位成本等方式，减轻原料煤价格波动对项目经济效益的影响。

　　根据 2022 年新疆及内蒙古地区煤炭坑口价格平均值，选取 150 元 /吨和 350 元 / 吨为基准，得到了不同煤炭价格下煤制天然气生产成本，见表 2-5。煤炭价格在 400 元 / 吨以下，相较于 2020—2022 年我国进口液化天然气平均价格（2.75 元 / 立方米），煤制天然气价格具有一定的竞争优势。

表 2-5　不同煤炭价格下煤制天然气生产成本

煤炭价格 / （元 / 吨）	天然气生产成本 / （元 / 立方米）	煤炭价格 / （元 / 吨）	天然气生产成本 / （元 / 立方米）	煤炭价格 / （元 / 吨）	天然气生产成本 / （元 / 立方米）
100	1.066	250	1.812	400	2.608
150	1.323	300	2.094	450	2.865
200	1.580	350	2.351	500	3.122

资料来源：作者根据各公司资料整理

2.2　国内煤制天然气行业布局分析

　　煤炭作为中国的主体能源已久，主要用于发电和供热等。随着碳中和目标的推进，煤炭的使用量逐步下降，预计到 2060 年，煤炭将完全退出发电行业，因此，我国急需拓展煤炭的使用途径，推动煤炭的清洁化利用。

　　煤制天然气产业的上游行业主要集中在煤炭开采与供应、气化设备制造和技术服务等领域，下游应用行业主要用于发电、供暖、工业燃料和化工原料（见图2-4）。煤制天然气作为一种合成天然气，可以丰富煤炭的消纳方式，有助于提高煤炭的利用效率，减少碳排放，缓解国内天然气供应紧张，特别是在煤炭资源禀赋较好的省份，煤制气是煤炭实现高效清洁化利用的关键和重要发展方向。

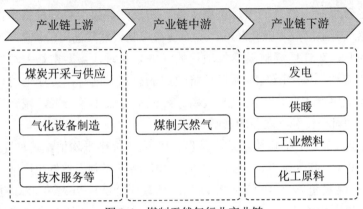

图 2-4　煤制天然气行业产业链

2.2.1　煤制天然气产业布局影响因素

不同于油气资源，中国的煤炭储量充沛，资源量较大，截至2022年年底，我国煤炭储量为 $2\ 070.12\times10^8$ 吨。按目前1吨原料煤制约300立方米天然气的标准计算，煤制气产量可超过 $621\ 036\times10^8$ 立方米。未来，煤制气产量存在巨大潜力，尤其是在富煤地区。影响煤制天然气产业布局的因素主要包括五个方面。

1.煤炭资源的分布情况

煤炭资源是煤制天然气产业的基础和保障，若是项目在煤炭资源丰富的地区，可以充分利用本地煤炭资源，降低运输成本，减少扬尘污染，保障产业的持续性。因此，我国在规划和审批煤制天然气项目时，也会考虑煤炭资源的分布情况，优先支持煤炭资源丰富地区的项目（见表2-6）。

表 2-6　2021年国内部分省（自治区、直辖市）煤炭基础储量

地区	煤炭储量（亿吨）	地区	煤炭储量（亿吨）
山西	494.17	辽宁	11.51
新疆	364.52	青海	10.02
内蒙古	327.02	吉林	6.96
陕西	310.62	湖南	4.89

续表

地区	煤炭储量（亿吨）	地区	煤炭储量（亿吨）
贵州	134.9	江苏	3.14
云南	74.12	福建	2.65
安徽	59.95	江西	1.89
宁夏	56.98	广西	1.73
河南	45.05	北京	0.97
甘肃	41.5	湖北	0.17
黑龙江	36.99	浙江	0.15
山东	33.43	西藏	0.11
四川	28.98	广东	0.01
河北	26.42	-	-

数据来源：2021 年全国矿产资源储量统计表

我国煤炭资源主要集中在中北部地区，尤其是山西、新疆、内蒙古和陕西等地，储量分别为 494.17 亿吨、364.52 亿吨、327.02 亿吨和 310.62 亿吨，这些地区的煤炭基础储量占中国煤炭基础储量的较大比例。此外，煤炭基础储量大于 50 亿吨的省份还包括贵州、云南、安徽、宁夏等地。

这表明中国煤炭资源分布存在地域性差异，北方省份的煤炭资源相对丰富，而南方省份的煤炭资源相对匮乏。在规划煤制天然气产业布局时，应充分考虑煤炭资源分布情况，以实现资源和市场的优化配置。靠近煤炭资源丰富地区的煤制天然气项目，可以在原材料供应上具有优势，降低运输成本，减少对环境的影响。

2. 水资源的分布情况

水资源是煤制天然气生产必不可少的条件，因此，水资源的分布情况也对煤制天然气产业的布局产生影响。我国水资源的分布并不均匀。总体而言，南方地区水资源相对丰富，而北方地区水资源相对匮乏。同时，水资源的分布还受到季节性和地域性的影响。在评估煤制天然气项目的可行性时，需要充分考虑水资源的情况。如果项目所在地水资源丰富，则可以为煤制天然气的生产带来便利。相反，如果项目所在地水资源缺乏，可能会加大生态环境的压力和负担，给生态环境带来威胁。因此，在规划煤制天然气产业布局时，应综合考虑水资源总量、人口数量和季节性等因素，以实现可持续发展。因此，将人均水资源量作为衡量指标，可以更准确地反映水资源的分布情况（见表 2-7）。

表 2-7　2021 年国内各省（自治区、直辖市）人均水资源量

地区	人均水资源量（立方米/人）	地区	人均水资源量（立方米/人）
西藏	137 378.1	重庆	1 626.5
青海	15 687.2	湖北	1 411.0
江西	4 836.0	辽宁	1 247.8
广西	4 476.0	安徽	1 172.6
海南	4 130.8	陕西	1 041.9
新疆	4 055.5	甘肃	1 038.4
福建	4 047.8	江苏	472.0
云南	3 637.9	河北	324.2
四川	3 587.2	山西	295.0
湖南	3 005.7	山东	283.9
贵州	2 801.8	河南	282.6
浙江	2 641.3	天津	238.0
黑龙江	2 194.6	北京	193.2
内蒙古	2 052.7	宁夏	168.0
广东	1 921.0	上海	143.4
吉林	1 674.5	-	-

数据来源：国家统计年鉴，2022

注：此表未包括台湾省、香港特别行政区和澳门特别行政区的数据。

中国人均水资源量存在明显的地区差异。总体而言，西部和南方地区的人均水资源量较高，而华北地区的人均水资源量较低。西藏人均水资源量为 13.737 万立方米/人，位居全国第一。其次是青海，人均水资源量为 1.568 万立方米/人，江西、广西、海南、新疆、福建等省（自治区）的人均水资源量也达到了 0.4 万立方米/人以上。

3. 天然气管网的建设情况

天然气管网的建设对煤制天然气产业的发展具有重要影响。天然气管网的建设不仅是生产问题，还涉及后端销售问题。管道运输是煤制天然气运输的最优选择，因此在评估煤制天然气项目时，需要考虑天然气管网的建设情况（见表 2-8）。2019 年，我国全面推进"全国一张网"建设，改变了煤制气原有统购统销模式，用户可直接购买煤制气资源进入"全国一张网"系统代输，可充分节约社会管输成本。2020 年，我国天然气多元供应体系持续完善，"全国一张网"基本成型。我国天然气产供储

销体系建设已取得阶段性成效，四大进口战略通道全面建成，国内管网骨架基本形成，干线管道互联互通基本实现。"十三五"时期，累计建成长输管道 4.6 万千米，全国天然气管道总里程达到约 11 万千米。

表 2-8　2021 年国内各省（自治区、直辖市）天然气管道长度

地区	天然气管道长度（公里）	地区	天然气管道长度（公里）
江苏	109 014	重庆	24 266
山东	80 060	江西	20 714
四川	75 350	新疆	18 957
浙江	58 806	福建	15 931
天津	51 722	吉林	13 745
湖北	48 407	黑龙江	12 448
广东	46 128	广西	12 985
河北	42 194	内蒙古	11 891
安徽	34 565	贵州	9 938
上海	33 222	云南	9 760
辽宁	30 834	宁夏	7 566
北京	30 303	西藏	6 166
陕西	28 700	海南	5 640
河南	28 420	青海	4 666
湖南	26 256	甘肃	4 625
山西	25 809	-	-

数据来源：国家统计年鉴，2022

注：此表未包括台湾省、香港特别行政区和澳门特别行政区的数据。

我国天然气管道主要覆盖了西北、东北、中部地区以及东南沿海地区的大部分省市。2021 年，全国主干天然气管道总里程达到 11.6 万千米，包括支线在内的天然气管道长度超过了 90 万千米。从数据可以看出，天然气管道长度较长的地区集中在华北、四川、重庆，以及广东等地。这些地区的天然气管网相对较发达，有利于煤制天然气的运输和销售。

中国在天然气供应和运输方面取得了显著的进展，这对于煤制天然气产业的发展具有重要意义。未来，随着天然气管网的建设和完善，煤制天然气项目可以充分利用这一基础设施，实现更加高效和稳定的天然气运输和销售。同时，各地政府也需进一步推进天然气产供储销体系建设，加强储气能力建设，保障天然气的安全稳定供应，促进煤制天然气产业的健康发展。

4.各区域天然气的消费情况

各地区的天然气消费情况对煤制天然气产业的发展具有重要影响。如果一个地区的天然气消费量大，说明该地区有较高的消费需求和消费能力。在这类地区发展煤制天然气产业，有利于未来成品气的销售，便于煤制天然气就近外输。我国天然气的消费量存在地域差异，一般来说，东部经济较发达地区的天然气消费量较大，而西部等经济欠发达地区的天然气消费量相对较小。因此，在规划煤制天然气产业布局时，应充分考虑各地区的天然气消费情况，以实现资源和市场的优化配置（见表2-9）。

我国天然气消费没有像煤炭资源和水资源那样呈现明显的区域分布。2021年，我国天然气表观消费量约为3 726亿立方米，广东省是中国消费天然气最多的省份，共消费364亿立方米天然气，约占全国总消费量的9.77%；江苏省的天然气消费量达到了313.7亿立方米，位居全国第二。此外，四川、山东、河北、北京等地天然气消费量高于200亿立方米。

表2-9　2021年国内各省（自治区、直辖市）天然气消费情况

地区	消费量（亿立方米）	地区	全年供应量（亿立方米）
广东	364	福建	78.63
江苏	313.7	安徽	72
四川	268	内蒙古	71
山东	236.6	海南	69
河北	228	黑龙江	55
北京	217.05	湖南	51
浙江	180	江西	43
陕西	172	甘肃	42
新疆	162	青海	41
河南	131	宁夏	37
重庆	121.11	吉林	35.41
上海	119	广西	30
天津	109	云南	25
山西	101.32	贵州	20
辽宁	92	西藏	0.6
湖北	84	-	-

数据来源：各地区发展改革委、液化天然气行业信息

注：此表未包括台湾省、香港特别行政区和澳门特别行政区的数据。

因此，在评估煤制天然气项目可行性时，需要综合考虑天然气消费市场的分布和气管网络的建设情况。如果项目所在地的天然气消费市场较为庞大，且天然气管网相对完善，那么煤制天然气项目的经济效益会更为可观。

5. 各区域污染物的排放情况

煤制天然气作为一种清洁能源，可以减少粉尘等污染物的排放量。大气污染问题尤其是粉尘污染是一个备受关注的环境问题。各省政府制定了一系列的排放标准和治理政策，以减少污染物排放，提高空气质量。在规划煤制天然气产业布局时，应充分考虑各地区的污染物排放情况，以实现资源和环境的优化配置（见表2-10）。

表2-10　2021年国内各省（自治区、直辖市）污染物排放量情况

地区	二氧化硫排放量（万吨）	氮氧化物排放量（万吨）	颗粒物排放量（万吨）	排放总量（万吨）
内蒙古	22.48	43.35	96.12	161.95
河北	17.07	82.24	34.98	134.29
辽宁	16.33	80.63	27.85	124.81
山东	16.53	65.87	21.59	103.99
新疆	13.33	28.25	51.37	92.95
山西	14.70	41.94	29.62	86.26
广东	9.79	62.96	13.47	86.22
云南	17.31	32.01	24.81	74.13
黑龙江	11.03	27.85	35.08	73.96
四川	13.58	34.97	19.21	67.76
河南	6.00	49.81	7.27	63.08
江苏	8.86	44.34	12.58	65.78
安徽	8.55	44.58	11.73	64.86
陕西	8.11	21.02	23.14	52.27
江西	8.75	32.42	10.97	52.14
湖北	9.21	28.69	13.36	51.26
湖南	8.49	26.18	15.02	49.69
浙江	4.33	38.05	7.16	49.54
贵州	14.31	22.37	11.59	48.27
吉林	6.23	20.29	16.92	43.44
广西	7.43	26.48	8.76	42.67

续表

地区	二氧化硫排放量（万吨）	氮氧化物排放量（万吨）	颗粒物排放量（万吨）	排放总量（万吨）
福建	6.51	24.51	9.31	40.33
甘肃	8.47	18.46	13.12	40.05
重庆	5.06	15.76	5.80	26.62
宁夏	6.03	12.29	6.53	24.85
青海	4.08	6.57	5.67	16.32
上海	0.58	13.57	0.98	15.13
天津	0.85	10.72	1.28	12.85
北京	0.14	8.21	0.54	8.89
西藏	0.22	4.43	0.83	5.48
海南	0.43	3.83	0.93	5.19

数据来源：国家统计年鉴，2022

注：此表未包括台湾省、香港特别行政区和澳门特别行政区的数据。

随着对大气污染治理的重视和技术进步，我国的大气污染物排放量已经呈现出下降趋势。特别是在过去的几年里，政府出台了一系列的政策和法规，例如《大气污染防治行动计划》和《打赢蓝天保卫战三年行动计划》等，同时也采取了一系列措施，包括优化能源结构、提高燃煤发电效率、推广清洁能源、提高环保标准等，以加强环境保护和减少大气污染物排放。

由于我国北方发电和冬季供暖主要依赖火力发电和煤炭，因此污染物排放主要集中在北方地区，尤其是河北、辽宁、山东。在评估煤制天然气项目可行性时，需要考虑项目所在地的大气污染物排放情况。如果项目所在地的大气污染物排放量较高，可能会面临较大的环境和社会压力。

余倩等于2014年通过层次分析法得出了煤制天然气发展潜力较大的前十个省（自治区、直辖市）。

新疆、内蒙古两个自治区的煤炭资源较丰富，基础储量都在300亿吨以上。新疆和内蒙古的人均水资源量较高。内蒙古和新疆的天然气消费量分别为中间及中上水平，而两地区的天然气管道建设量均为中下水平。但国家西气东输主干道贯穿其及相邻两个省区，有所便利。基于这些因素，应鼓励这两个地区的煤制天然气产业发展。在规划煤制天然气产业布局时，应充分利用两地的煤炭资源优势，提高天然气供应能力，满足市场需求。

四川省作为中国天然气消费量大的省份，具有很大的天然气产业发展潜力。然而，目前煤制天然气在与常规天然气的竞争中尚不具有优势。因此，四川省暂不鼓励发展煤制天然气项目。但这个区域可以作为潜力区，如果未来天然气需求进一步增长，而常规天然气供应不足时，四川省可以考虑发展煤制天然气项目以满足市场需求。

山西和陕西作为煤炭资源丰富的地区，具有发展煤制天然气的优势。但是，这两个省的水资源相对缺乏，人均水资源量较低。在这种情况下，发展煤制天然气项目需要充分考虑水资源的利用和水污染防治问题。山西省天然气的消费和天然气管道建设长度处于全国中等水平，而陕西省在这两方面均优于山西。然而，山西省的污染物排放量较大，处于高排污区域，应鼓励使用清洁能源。基于这些因素，山西省和陕西省均适宜发展煤制天然气，但应适度发展。在山西省，应选择水资源相对充足的区域发展煤制天然气项目，以降低水资源消耗和水污染风险。

云南省和贵州省作为水资源丰富的地区，具有发展煤制天然气的优势。然而，在天然气产业发展方面，两省处于较低水平，发展煤制天然气产业需要相应的配套设施。目前，云南省和贵州省暂不鼓励发展煤制天然气，但可以作为潜力区。

山东省作为煤炭资源条件较好的地区，具有发展煤制天然气的优势。然而，山东省的人均水资源量很低，这在一定程度上限制了该地区发展煤制天然气产业的能力。因此，山东省不适宜发展煤制天然气项目。

青海省虽然在综合评估排名较高，但其煤炭资源条件较差。在水资源方面，由于青海省人口数量较少，人均水资源量较高。综合考虑，青海不适宜发展煤制天然气。

2.2.2　中国煤制气发展预期

1. 煤制天然气行业的挑战

近十年来，现代煤化工产业规模迅速增长，生产运行水平不断提升。目前对煤制天然气的整体定位为"战略技术储备和产能储备"。近年来，国内煤制天然气产业发展迅猛，已投产、在建、做前期准备和计划的煤制天然气项目共计产能为 2 410 亿立方米 / 年。其中，已经核准和拿到批文的项目，总产能达 851 亿立方米 / 年，主要分布在内蒙古、新疆、山西等地区（见图 2-5）。

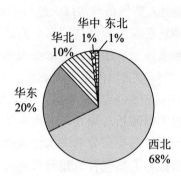

图 2-5　截至 2019 年中国煤制天然气产能分布情况

数据来源：2021 煤制天然气行业前瞻及研究报告，https：//gas.in-en.com/html/gas-3627281.shtml

从产能角度来看，中国的煤制天然气产业在规划产能层面规模列世界之最，但在实际投产项目方面还有很大的发展空间。2022 年，中国煤制天然气产量为 61.25 亿立方米，在天然气消费结构中占比约 1.6%，占比相对较小。这些项目的建设将有助于提高中国的天然气供应能力，优化能源结构，保障国家能源安全。同时，煤制天然气产业的发展也将推动技术创新和产业升级，为煤炭资源的高效利用提供新的途径。

从技术储备角度来看，中国已经基本掌握了包括煤气化、变换、低温甲醇洗、大型甲烷化等煤制天然气全流程的关键核心技术，以及工厂设计、装备制造、工程施工、生产运营等技术。此外，中国还具备了关键设备的国产化制造能力，拥有了设计、建设和运营世界先进煤制天然气工厂的实力。

然而，煤制天然气产业的发展也面临着一些挑战。煤制天然气的投资额巨大，在低油价时期，煤制天然气的生产成本通常高于直接开采或进口管道气。煤制天然气过程排放的二氧化碳强度相对较高，对国家环保标准与"双碳"目标依然存在较大挑战。此外，目前部分煤制天然气项目的技术装备存在短板，长板优势不明显，技术成熟度不高，运行稳定性亟须提高；上下游产业之间的协同效应不明显，需要产业链整合促进整个行业的健康发展。

因此，在实现"双碳"目标和保障能源安全的发展形势下，建议从以下几个方面促进煤制天然气产业的发展：实现煤制天然气技术装备的升级突破，增强自主能力，采用能耗低、节水和先进可靠的绿色工艺技术；有针对性地规划布局产业发展路线，促进行业的集群化发展；加强市场研判，充分利用煤制天然气本土资源优势，发挥战略储备和季节调峰作用。

《"十四五"能源领域科技创新规划》提出遵循"补强短板，支撑发展""锻造长板，引领未来""依托工程，注重实效""协同创新，形成合力"的基本原则，集中攻关适宜于油气联产的大型柔性气化炉技术，提高甲烷产率、减少污水排放量，实现低阶煤的高效清洁利用；突出企业技术创新主体地位，鼓励各类所有制企业围绕能源产业链、创新链开展强强联合和产学研深度协作，集中突破关键核心技术。

未来，在政府的政策引导和市场需求的推动下，煤制天然气产业有望继续保持快速发展，为我国的能源安全提供有力保障。同时，产业界也将继续关注环保和技术创新，推动煤制天然气产业的绿色可持续发展。

2.煤制天然气行业的机遇

在"双碳"战略背景下，煤制天然气产业需要面对新的挑战，但同时也为产业的绿色转型和技术升级提供了机遇，走出适应"双碳"目标的新发展路径。"双碳"目标也将进一步推动煤制天然气项目与液化天然气产业、可再生能源等融合发展，提高综合利用效能，促进产业高端化、多元化、低碳化，实现绿色发展。

煤制天然气与进口液化天然气可以形成良好的互补和协同效应，有利于减少对进口液化天然气的依赖，从而减轻国际液化天然气价格波动对中国市场的影响，有助于缓解中国的天然气供需矛盾和储备调峰压力，也有利于带动相关技术和设备的研发和应用，提高中国天然气产业的整体技术水平和竞争力。

煤制天然气可与国际液化天然气价格波动形成对冲机制。以典型的新疆伊犁新天20亿立方米/年煤制天然气项目为例，天然气产品的生产成本约1.745元/立方米，成本构成中以原料煤折旧和人工占比最大（见图2-6）。国家石油天然气管网集团有限公司（简称国家管网公司）成立后，在国家管网公司天然气长输管道的统一调度和管理下，煤制天然气项目将能够更加高效、公平地参与市场销售和竞争，为国内天然气市场提供重要的供应保障。同时，煤制天然气也将在稳定市场价格、降低进口依赖等方面发挥积极作用。

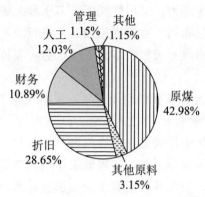

图 2-6　典型煤制天然气产品的成本构成

数据来源：作者根据企业资料核算

　　国际液化天然气价格的波动受到多种复杂因素的影响，包括供需、地缘政治、大国博弈和市场情绪等。近年来，在中美贸易的影响下，国际液化天然气价格出现了大幅度波动，给我国液化天然气进口企业带来了巨大的经营压力。为应对国际液化天然气价格波动的风险，建立高效的应对机制是非常必要的。除了利用国内外天然气与原油期货、期权合约进行金融对冲外，将低价、稳定的煤制天然气作为企业天然气资源池的"底仓"，也是一种有效对冲方式。首先，煤制天然气的价格波动相对较小，可以降低企业采购成本的不确定性；其次，煤制天然气可以作为液化天然气现货市场的补充，有助于满足市场需求，提高能源供应的稳定性和可靠性；最后，这有助于优化中国的天然气供应格局，保障能源安全，促进天然气产业的持续发展。

　　煤制天然气与液化天然气可协同开拓中西部市场。液化天然气接收站需要船舶接卸，主要分布在有良好航运条件的沿海省市，产品主要通过液态槽车运输和天然气管道的方式向内陆市场辐射。对于距离较远的中西部地区，液化天然气产品的经济性和竞争力可能难以体现。国家管网公司为液化天然气进口企业提供了更多的市场机会。通过将沿海天然气资源与内陆资源进行互换、购买和销售煤制天然气资源并通过管网销售等方式，液化天然气进口企业可以在中西部地区获取资源和市场。我国煤制天然气产业主要集中在内蒙古、新疆等西部地区，主要通过西气东输管道实现产品外输，可以辐射覆盖中西部、珠三角等区域，从而形成"国内＋海外"的多元化资源获取格局。

　　煤制天然气可与液化天然气协同资源调配与储气调峰。天然气需求的季节性波动使液化天然气接收站面临巨大的供需平衡和调峰能力挑战。特别是在北方地区，冬季供暖需求导致用气量大幅增长，而夏季需求相对较低，使得季节峰谷差进一步拉大。煤制天然气作为一种生产型气源，具有较好的生产负荷调节能力，可以在 50% ～ 100% 的范围内调节。因此，煤制天然气可以有效地帮助应对冬季天然气供应紧张的问题。在冬季需求高峰期，可以加大煤制天然气的生产，而在夏季需求低谷期，可以减少生产或联产其他产品，以满足市场需求。相比而言，液化天然气受到长期合同中的"照付不议"条款限制，调配难度较大。因此，通过煤制天然气进行综合资源调配是一种有效的解决方案。

　　煤制天然气产业具有高碳属性，主要体现在煤炭开采和煤制天然气两个阶段，碳排放量占煤制气产业全生命周期碳排放的 97%。其中，煤制天然气工序中的碳排放来源主要是工艺排放和燃烧排放。为了降低煤制天然气产业的碳排放，可以通过采用先进的煤气化技术，发展绿色技术，提高煤炭的利用效率，同时实施碳捕集与封存技术，以减少向大气中排放的二氧化碳。

　　煤制天然气过程整体上富碳缺氢，煤炭的氢/碳原子比为 0.2 ～ 1.0，而天然气产品的氢碳原子比为 4.0。如果有充足廉价的氢气供给，通过补氢甲烷化，可以将煤中的碳资源充分利用。因此，需要寻求低成本的制氢方法，例如利用太阳能、风能等可再生能源进行电解水制氢。可再生能源电力—氢—煤制天然气的流程示意图见图 2-7。该方法把电解水过程中的氧气替代一部分空分制氧，送入气化炉用于气化，同时省去一氧化碳变换单元和脱碳工序，在甲烷化工段一氧化碳、二氧化碳与氢气充分反应，尽量充分把碳加氢转化为甲烷产品。

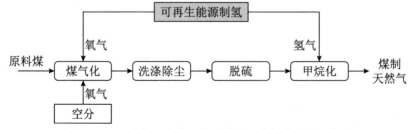

图 2-7　可再生能源电力—氢—煤制天然气的流程示意图

　　煤制天然气工艺中会产生高浓度的二氧化碳，将其进行捕集封存与综合利用，并与绿氢结合制成零碳天然气（PTM）和液态燃料（PTL），可以实现可再生能源和氢能的深度融合，推动能源转型和减排（见图2-8）。

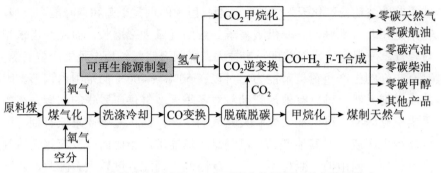

图 2-8　煤制天然气过程 CO_2 与可再生能源制氢融合发展模式

可再生能源与煤化工融合发展的趋势在国内已初现，2020 年，宁夏宝丰能源集团股份有限公司投资建设了年产 2.16 万吨绿氢的太阳能电解制氢示范项目，绿氢直供化工装置生产高附加值的煤基新材料产品，副产绿氧替代空分装置所产的氧气，每年可减少二氧化碳排放 66 万吨。2021 年，中国石油化工集团有限公司启动了新疆库车市万吨级光伏绿氢示范项目，年产绿氢 2 万吨，供应中国石化塔河炼化公司，每年可减少二氧化碳排放 48.5 万吨。随着政策支持和技术进步，预计将有更多传统煤化工项目通过引入绿氢实现产业升级和减排。这类项目不仅可以提高能源利用效率，减少温室气体排放，还有助于推动可再生能源的发展，促进循环经济的发展。

2.3　国家重要资源接续地

新疆是我国重要的煤炭资源富集区，预测煤炭资源量有 2.19 万亿吨，占全国预测资源总量的 39.3%。截至 2021 年，已探明煤炭资源量 4 500 亿吨，居全国第二位，是我国第十四个大型煤炭基地和五大国家综合能源基地之一。新疆已逐渐形成吐哈、准东、伊犁、库拜四大煤田，预测储量分别为 5 708 亿吨、3 900 亿吨、3 000 亿吨、1 370 亿吨，占新疆煤炭预测总储量的 64%，是我国重要的能源接续区和战略性能源储备区，凸显了其在国家能源发展格局中的重要性。

近几年，新疆原煤产量快速增长，从 2017 年的 1.78 亿吨增长到

2023 年的 4.57 亿吨，提前 3 年完成了新疆《煤炭工业发展"十四五"规划》所设的 4 亿吨目标（见图 2-9）。

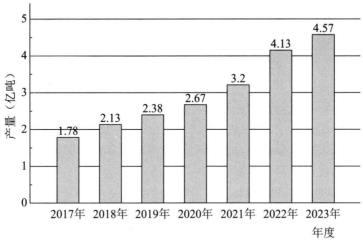

图 2-9　新疆原煤产量

数据来源：国家统计局

2.3.1　新疆煤炭资源现状

新疆煤炭储量丰富，分布相对集中，赋存范围广，煤层厚度大且煤层数目多，埋藏深度浅，煤质优良，具有很高的开发价值和利用潜力。

新疆地区的煤炭资源的分布表现为"北富南贫"，北疆约占 98%，如表 2-11 所示，主要分布在准噶尔盆地赋煤区和塔里木盆地赋煤区。这两个赋煤区进一步划分为 13 个赋煤带，并细分出 60 个煤田。

表 2-11　新疆赋煤构造单元划分表

赋煤构造区一级	赋煤构造带二级	代表性煤田
准噶尔盆地赋煤区	准东赋煤带	卡姆斯特煤田
	准北赋煤带	塔城煤田、托里—和什托洛盖煤田
	准南赋煤带	准南煤田、达坂城煤田
	巴里坤—三塘湖赋煤带	巴里坤煤田、三塘湖—淖毛湖煤田
	伊犁赋煤带	伊宁煤田、昭苏—特克斯煤田、尼勒克煤田
	吐哈赋煤带	哈密煤田、沙尔湖煤田、吐鲁番煤田、托克逊煤田

续表

赋煤构造区一级	赋煤构造带二级	代表性煤田
塔里木盆地赋煤区	中天山赋煤带	巴音布鲁克煤矿、库米什煤田
	塔北赋煤带	温宿煤田、库拜煤田
	罗布泊赋煤带	罗布泊煤田
	塔东南赋煤带	民丰煤矿点、且末煤矿点
	塔西南赋煤带	阿克陶煤田、布雅煤产地
	吐拉赋煤带	阿牙库煤矿点、若羌煤矿点
	喀喇昆仑、昆仑赋煤带	半西湖煤矿点、库牙克煤矿点

目前，在新疆12个市（地区、自治州）均有查明资源量，但主要集中分布在昌吉、哈密、吐鲁番、伊犁、塔城，约占全区查明资源总量的96.6%，南疆四地州仅占1%，而和田、喀什和克州查明资源量少且仅占总量的0.1%（见图2-10）。

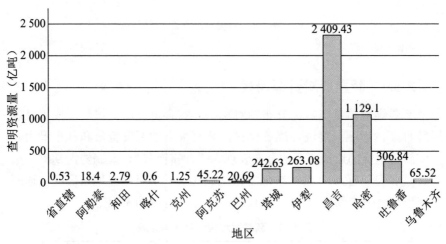

图 2-10　新疆煤炭资源行政区分布图

数据来源：葛栋锋，刘学良.新疆煤炭资源种类分布特征[J].内蒙古煤炭经济，2021，（20）：61-63.

新疆煤炭资源的煤类齐全，但分布不均，低变质煤种占绝大部分，而中变质和中高变质的炼配焦煤以及高变质的贫煤、无烟煤占比较低。其中，低变质的长焰煤、不黏煤、弱黏煤等有4 255亿吨，占据全部查明保有资源/储量的95%；中变质和中高变质的气煤、气肥煤、1/3焦煤、焦煤和瘦煤等炼配焦煤相对较少，其资源/储量为151.6亿吨，不足查明资源储量的3.4%；而高变质的贫煤、无烟煤仅70.4亿吨，占总资源量的

1.6%（见表 2-12）。

表 2-12 新疆各煤类查明资源量统计表

煤类	资源量 （亿吨）	占比 （%）	煤类	资源量 （亿吨）	占比 （%）
褐煤	23	0.5	肥煤	13	0.3
不黏煤	2 375	52.7	焦煤、1/3 焦煤	34	0.8
弱黏煤	33	0.7	瘦煤	1.6	<0.1
长焰煤	1 847	41	贫煤	4.4	0.1
未分类	6	0.1	无烟煤	66	1.5
气煤、气肥煤	103	2.3	合计	4 506	-

数据来源：葛栋锋，刘学良. 新疆煤炭资源种类分布特征 [J]. 内蒙古煤炭经济，2021，（20）：61-63.

2.3.2 新疆煤化工产业现状

2021 年 12 月召开的中央经济工作会议指出，要形成以国内大循环为主体、国内国际双循环相互促进的新发展格局，以高质量发展推动我国经济社会稳定发展。新疆地处"一带一路"核心区，也是我国实施西部大开发战略的重点地区。

作为国家确定的煤炭、煤电、煤化工基地，新疆在煤炭资源开发和利用方面具有显著的优势。煤化工项目具有投资规模大、附加值高、利税水平高等特点，对于推动新疆经济发展、解决就业问题、调整产业结构具有重要意义。同时，煤化工产业的发展也是实施西部大开发战略的重要举措，有助于提升新疆地区的工业化和城镇化水平。

经过长足的发展，新疆现代煤化工技术取得突破性进展，基本形成了煤化工产业园区化、基地化发展格局，形成了准东、伊犁、吐哈、库拜、和克五大煤化工产业基地和石河子煤化工集聚区，拥有了 10 个自治区级煤化工园区。"十三五"期间，国家《现代煤化工产业创新发展布局方案》中将新疆准东列为全国 4 个现代煤化工产业示范区之一。依托疆内丰富的煤炭和矿产资源，目前疆内形成了焦炭、氯碱、电石、PVC、合成氨/尿素、煤炭分质利用为主的传统煤化工产业，同时也形成了煤制天然气、煤制烯烃、煤乙二醇及下游深加工等现代大型煤化工产业（见图 2-11）。

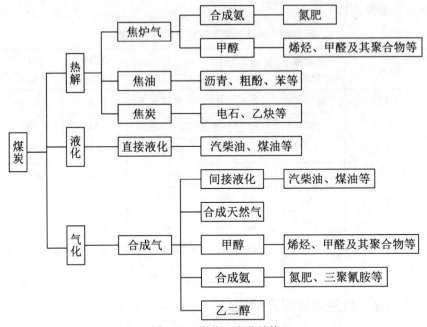

图 2-11　煤化工产业结构

　　新疆作为我国重要的能源基地，具有丰富的能源资源、良好的开发建设条件和较为完整的能源产业链。2014年6月13日中央财经领导小组第六次会议上提出了"四个革命、一个合作"能源安全新战略。近十多年来，我国现代煤化工产业经历了工业示范和升级示范两个发展阶段，取得了显著的成果。产业规模不断扩大，能效、水效水平不断提高，为化工原料多元化发挥了积极作用，但仍然面临能源安全、生态环保、水资源承载能力等问题，需进一步化解煤化工产品同质化、产品碳足迹高、市场竞争力不足的矛盾。

　　"十四五"期间，在严格的水资源管理、节能减排政策及"双碳"目标要求下，新疆将实施新一轮传统产业重大技术改造升级工程，以实现煤炭、煤化工产业的绿色、低碳、高质量发展。一是重点发展准东、哈密地区的煤制油、煤制气、煤制烯烃、煤制乙二醇、煤炭分级分质梯级利用、煤制可降解材料等现代煤化工产业及下游延伸产业。二是对其他地区的煤化工产业，重点实施产业升级改造，实施延链、补链项目，补强产业链及下游延伸产业，这将有助于提升新疆煤化工产业的整体水平，提高资源利用效率。三是进一步通过技术创新和装备升级，改变目前终端产品同质化、产品碳足迹高、竞争力不足的局面，并加快形成现代煤化工领域绿色低碳技术装备的国内市场。四是强化产业耦合发展水平，推动煤炭、煤电、煤化工与天然气、气电、风光电等能源多能融合、多能互补、协同减碳、耦合发展。党的二十大报告指出了建设现代化产业体系的战略部署。新疆作为国家的"三基地一通道"，要集中力量打造以"九大产业集群"为支撑的现代化产业体系，推动产业高端化、规模化、集群化发展，提升区域竞争力和可持续发展能力。

随着新疆"九大产业集群"的有序开展，重大项目全面铺开。目前已有神华集团、新汶集团、山东鲁能、湖北宜化、山西潞安环能、广汇集团、庆华集团等众多大型企业布局新疆，投资开发建设煤炭、煤电、煤化工项目，新疆煤化工产业正在成为投资新热点。其中，新疆宜东能源1 000万吨/年煤炭分级分质清洁高效利用项目、新疆汇能1 500万吨/年煤炭分级分质梯级利用项目、新疆中泰100万吨/年资源化综合利用制甲醇升级示范项目、新疆山能80万吨/年煤制烯烃项目、新疆庆华二期40亿立方米/年的煤制天然气工程、新疆能源集团40亿立方米/年煤制天然气项目、中煤集团40亿立方米/年煤制天然气项目等正在建设。新疆围绕全国能源资源战略保障基地这一主线，积极培育壮大油气生产加工、煤炭煤电煤化工、新能源等产业集群，加快"疆电外送""疆煤外运""西气东输"、大型煤炭供应保障基地、大型清洁能源基地及煤制油气战略基地等重大工程、重大项目建设，坚定不移推动能源绿色低碳发展，全力保障国家能源安全，为推动新疆高质量发展提供坚实支撑。

第三章

新疆煤制气行业绿色发展的后发优势

3.1 新疆煤制天然气行业发展进程分析

3.1.1 世界天然气发展进程

在全球能源利用格局中，天然气的地位上升速度较快。统计数据显示：1965—2021 年，三大化石能源中，石油、煤炭在总能源中的消费比重呈现波动下降的趋势，而天然气在能源中的消费比重则持续增长；尽管石油、煤炭的消费比重仍高于天然气的消费比重，但是差距已明显缩小，天然气与煤炭的差距已缩小至 3 个百分点左右。2021 年，全球天然气消费总量占能源消费总量比重约为 24%。美国、加拿大、英国等发达国家实现了天然气产业的市场化改革，形成了不同气源相互竞争的市场定价机制，极大地刺激了天然气产业的发展。

早在 150 多年前，英国成功将煤气用于路灯照明后，人类在民用、工业、发电等领域开始大量使用煤气。在第一次世界大战前，当时的一些大中型城市都建立了气体输送管网设施。煤气的主要成分是氢气、一氧化碳和甲烷，来源于煤炉、水煤气发生炉和冶金焦炉等。因煤炭和石脑油等原料价格上涨、煤气中的一氧化碳易令人窒息死亡，特别是一些常规天然气矿藏的陆续发现，煤气逐渐被市场淘汰。虽然煤气已退出历史舞台，但气体燃料的便利性并没有让人类停下寻求清洁高效燃料的脚步。

1902 年，Sabatier Senderens 发现利用一氧化碳（含二氧化碳）与氢气可以催化合成甲烷，并揭示了甲烷化反应机理，该发现掀起了甲烷化技术研发与应用热潮。甲烷化催化剂和工艺很快在合成氨和制氢工业中得到广泛应用，以脱除合成气中少量的一氧化碳和二氧化碳，防止合成氨催化剂中毒。Fisher Tropsch 受甲烷化技术启发，于 1926 年开发了对人类能源产业有重大意义的费托（FT）合成技术（即煤间接液化制燃料油技术）。但以合成天然气为目标的甲烷化技术因反应热效应大、工艺复杂，直至 20 世纪 40 年代才得以起步发展。

20 世纪 70 年代初石油危机爆发，美国、德国、英国、日本等国兴起了合成天然气技术研发和产业化高潮，诞生了英国石脑油制合成天然气、美国大平原煤制合成天然气等多个中试或示范项目，但仅有美国大平原煤制合成天然气项目成功建设并商业化运行。具有合成天然气产业领域里程碑意义的美国大平原厂于 1980 年开始建设，1984 年 7 月 28 日产出合格的天然气，并于同年具备设计能力。随着 20 世纪 80 年代中后期石油市场回暖，除少数国家外基本搁置了合成天然气工厂建设，但各技术开发方均积极开展专利的国际布局，尤其是在煤炭资源较为丰富以及煤炭进口量较多的国家。

美国、英国和德国等发达国家早在 20 世纪前半叶就已开展煤制合成天然气技术研发，多数国家只作为技术储备而未投入商业运行。全世界已投产的工业级别煤制天然气装置较少。美国大平原煤制气项目（Great Plains Synfuels）是全球第一个大型煤制天然气项目，也是目前全球除中国外唯一一家商业化运行的煤制气工厂，产能 14 亿立方米 / 年，总成本约 20.3 亿美元，于 1984 年投入运营，项目已稳定运行超过 40 年，证明煤制天然气技术的可靠性和稳定性。项目建设背景是 20 世纪 70 年代的石油危机和美国国内天然气短缺，在经历美国天然气价格全面市场化、页岩气革命，以及项目破产重组、不断追加环保投资及污染防治设施后，项目终于在 2007 年收回投资，从经济性角度来说是一次失败的投资。

欧美发达国家率先开展了天然气产业体系变革，尤其是北美国家，已经形成了竞争程度较高的市场化的天然气产业体系。随着技术的进步，如页岩气的开发和液化天然气的运输，天然气的可获得性和经济性都得到了增强，进一步推动了天然气在全球能源市场中的增长。过去十年，全球天然气的供应和需求基本持平。到 2021 年，全球天然气供应量达到 40 369 亿方，年增长率为 4.8%，而需求量为 40 375 亿方，年增长率为 5.3%（图 3-1）。这也是近五年来首次出现供应量低于需求的情况，差距为 6 亿方。2022 年，全球天然气产量 4.04 万亿立方米，产量保持稳定。天然气消费量 3.94 万亿立方米，同比增速由上年的 5.3% 降至 -3.1%；全球经济复苏乏力、国际气价异常高位、替代能源利用增加是需求下降的主要因素。

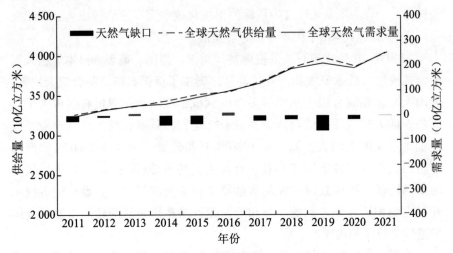

图 3-1　近年来全球天然气供给与需求

数据来源：BP. bp Statistical Review of World Energy，2022

　　从 2015 年开始，北美、亚太、中亚、中东和欧洲的天然气需求呈上升趋势。到 2021 年年底，这些地区的需求量分别占全球总需求的 25.6%、22.7%、15.1%、14.3% 和 14.1%。特别是在亚太地区，中国大陆和日韩地区的需求量占据了主导地位。自 2015 年起，主要的天然气生产地区，如北美、中亚、中东产量都在持续上升。到 2021 年，这些地区的产量分别占全球总产量的 28.1%、22.2%、17.7% 和 16.6%（图 3-2）。我国天然气对外依存度不断提高，能源自给能力愈发重要。后续，俄罗斯管道气以及卡塔尔、美国和俄罗斯的液化天然气将成为进口主力。

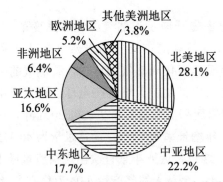

图 3-2　世界天然气主产区（截至 2021 年年底）

数据来源：BP. bp Statistical Review of World Energy，2022

3.1.2　我国煤制天然气发展进程

2021 年我国煤炭总产量超 41 亿吨,《煤炭工业"十四五"结构调整的指导意见》提出, 到"十四五"末, 国内煤炭产量控制在 41 亿吨左右, 消费量控制在 42 亿吨左右, 年均消费增长 1% 左右。在煤炭总量控制的大背景下,"双碳目标"的承诺与《中华人民共和国环境保护法》(新修订)、《空气质量持续改善行动计划》、《水污染防治行动计划》的出台会提高煤炭深加工产业约束要求, 新项目获得煤炭资源、用水及环境指标的难度会进一步加大。我国煤炭产地与消费地逆向分布, 主要富煤区为内蒙古、山西、陕西和新疆, 需要通过长距离运输或多次转运送往消费地。煤炭的物流不仅带来燃料油损耗及污染, 在长途运输中也会产生扬尘及损耗, 污染运输道路两侧的农田及建筑, 形成黑色污染。尤其新疆煤炭外运运输成本过高, 抢占运输渠道资源, 可操作性不强。选择水资源丰富、距离天然气管道距离近的煤炭产区, 将煤炭资源在产地进行深加工后变为易于运输的天然气是解决煤炭产地与消费地长途运输的有效方法。

由于石油天然气独霸一方, 估计还有长期的谈判需要进行。随着我国城市化进程的继续推进, 对天然气的需求将持续攀升。而我国天然气储量并不丰富, 为了保障用于城市燃气的天然气的供应, 2007 年 11 月已经禁止天然气制甲醇, 并且限制煤炭充足地区的天然气发电。据相关资料, 我国天然气缺口有 1 000 亿立方米以上。2021 年中国超过日本成为全球最大的液化天然气进口国, 占到全球需求增量的近 60%。目前, 我国天然气的进口途径主要有两条: 一条是从俄罗斯、中亚、东南亚国家通过长输管道进口的天然气; 另一条是在东南沿海等地进口的液化天然气。地缘政治和国际天然气的运输及价格都将影响我国天然气的供应。因此, 发展煤制天然气就具有了保障我国能源安全的重要性。矿井开采瓦斯(甲烷)气、页岩气利用已经成为代用天然气。我国国情和煤田地质的复杂性决定了我国必然是几种采煤工艺方式并存。

近年来, 中国的天然气产业经历了显著增长。2011—2022 年, 我国的天然气产量呈现出稳定的增长趋势, 年复合增长率达到了 7.1% (图 3-3)。特别是在 2022 年, 国内自产气量达到了 2 178 亿方, 同比增长了 6.1%。根据国家发展改革委、能源局《"十四五"现代能源体系规划》, 2025 年我国天然气产量目标为 2 300 亿立方米，2022—2025 年天然气产量年均增速可达 8.4%。这一增长趋势反映了我国在能源结构调整和环境保护方面的努力，天然气作为一种清洁能源，正在逐渐替代煤炭成为主要的能源来源。

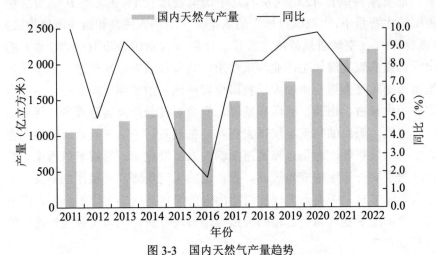

图 3-3　国内天然气产量趋势

数据来源：国家统计局《2022 中国统计年鉴》

　　在消费量方面，在碳中和大背景下，我国"煤改气"进程提速，天然气消费量高速增长。2022 年，全国天然气消费量 3 646 亿立方米，同比下降 1.2%（见图 3-4），全方位体现了中国天然气产业发展的弹性和灵活性。从消费结构看，城市燃气消费占比增至 33%；工业燃料、天然气发电、化工行业用气规模下降，占比分别为 42%、17% 和 8%。广东和江苏全年消费量保持在 300 亿立方米以上，河北、山东和四川消费量处于 200亿～ 300 亿立方米之间。中石油专家预测，到 2030 年，我国天然气需求量达到 5 000 亿～ 6 000 亿立方米，而国产气供给能力则为 2 000 亿立方米；中亚、中缅、中俄等进口管道气供给以及已建和在建液化天然气接收站合计供给能力 4 300 亿立方米。预计到 2030 年，我国仍有 1 200 亿～1 700 亿立方米天然气供需缺口，仍需依靠加大液化天然气进口来满足需求。

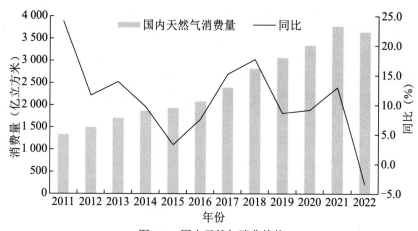

图 3-4　国内天然气消费趋势

数据来源：国家能源局石油天然气司 . 中国天然气发展报告 2023

2022 年的俄乌冲突不仅导致油气、煤炭等能源价格飙升，更是影响了全球能源安全。我国承担了进口能源成本溢价，在国际采购时要避免受到连带性制裁，更要在长期能源安全战略规划中考虑能源的多元化与稳定性。2022 年，我国进口天然气 1 503 亿立方米，同比下降 9.9%。其中，来自土库曼斯坦、澳大利亚、俄罗斯、卡塔尔、马来西亚五个国家的进口量合计 1 215 亿立方米，占比 81%。

2022 年，天然气勘探开发在陆上超深层、深水、页岩气、煤层气等领域取得重大突破。其中，在琼东南盆地发现南海首个深水深层大型天然气田；页岩气在四川盆地寒武系新地层勘探取得重大突破，开辟了规模增储新阵地，威荣等深层页岩气田开发全面铺开；鄂尔多斯盆地东缘大宁—吉县区块深层煤层气开发先导试验成功实施。2022 年，国内油气企业加大勘探开发投资，同比增长 19%。其中，勘探投资约 840 亿元，创历史最高水平；开发投资约 2 860 亿元。全国新增探明地质储量保持高峰水平，达到 11 323 亿立方米，其中页岩气产量 240 亿立方米。

中国天然气产业的发展在过去数十年发生了巨大变化。以往天然气需求较小，国产天然气就可以满足消费需求，而在过去的数十年间，中国天然气消费增长迅速，国产天然气已经不能满足消费需求，需要大量从国际市场上进口。随着天然气市场规模的扩大，原本的天然气市场效率略低、销价较高、输运困难、体制僵化等固有顽疾逐渐体现，需要从整体上对天然气产业的生产、运输、销售各个环节开展研究，理顺天然气产业的体制机制。中国天然气市场化程度较低，政府正在着力推进天然气产业变革，力求促进天然气产业的竞争，提高天然气产业的效率，降低天然气的生产成本。中国天然气产业经历了从无到有、由弱到强的发展历程。现阶段国家对天然气产业的发展战略总体上可概括为提高产量、扩大消费、保障供应安全。而这些均需要国家进一步加强体制机制改革，充分发挥市场在资源配置中的决定性作用，同时加强监管、制定相应的配套政策，为天然气市场的可持续发展提供良好的外部环境。

我国持续关注地缘政治与能源发展的关系，在发展中要坚持能源转型方针不动摇，持续优化能源结构，提高油气能源的投资力度，加快低碳新能源的研发与应用，千方百计提升能源自给能力。煤制天然气可作为国家能源战略技术储备和天然气产能储备，提升能源供应能力。2023年全国天然气消费量为 3 900 多亿立方米。目前国内天然气进口成本在相对高位运行，与国际液化天然气现货价格显著下行的趋势产生偏差。较高的气价一方面可能影响天然气需求，另一方面市场主体进口液化天然气现货积极性回升，行业发展面临新形势、新要求。

煤制天然气对保障国家能源安全具有重要意义，中国资源禀赋的特点是"富煤、缺油、少气"。环渤海、长三角、珠三角三大经济带对天然气需求巨大，而内蒙古、新疆等地煤炭资源丰富，但运输成本高昂。因此，将富煤地区的煤炭资源就地转化成天然气，通过管网输送至各省（区、市）是一个重要的战略选择。2010 年，国家发展改革委发文称，地方政府不得擅自核准煤制天然气项目。煤制天然气政策准入门槛高，环保要求严，资金投入大，加之天然气价格大幅波动，注定了煤制气是一个小众产业。

中国煤制天然气项目兴起于 2010 年前后，受制于进口天然气价格上涨，国家发展改革委批复并支持建设了一批煤制天然气示范项目，主要分布在内蒙古、新疆等地。从产能角度来看，2020 年中国煤制天然气产量约占全国天然气生产量的 2.5%，占比较小。煤制天然气是煤化工的重要组成，整体转化效率（55% ～ 60%）远高于其他煤化工类型，而且水耗较低，是煤炭清洁化利用的重要方向之一。我国煤制天然气行业的功能定位为优先落实国家能源安全战略技术储备和产能储备任务，参与天然气自主多元供应储备能力和应急调峰能力建设，协同保障进口管道天然气的供应安全，解决富煤地区能源长距离外送问题，在大气污染防治重点区域、民生民用领域发挥关键补充作用。

从技术储备角度来看，中国已基本掌握了包括煤气化、变换、低温甲醇洗、大型甲烷化等煤制天然气全流程的关键核心技术，以及工厂设计、装备制造、工程施工、生产运营等技术，关键设备的国产化制造，具备设计、建设和运营世界先进煤制天然气工厂的能力。

3.1.3　新疆煤制天然气发展进程

新疆煤炭资源丰富，已探明储量位居全国第二，煤炭煤电煤化工是其九大产业集群之一。在处理好生态环境保护、提升经济效益等基础上，煤制天然气项目使得新疆的煤炭资源优势加快转化，除了"煤从空中走"，又多了一条"煤从管中走"的转化途径。新疆已经成为综合性能源省份，火电、风电、光电、抽水储能等多方发展。新疆是"丝绸之路经济带"核心区和国家重要能源基地，近年来加快实施能源优势转化战略，电力和煤化工行业得到快速发展。

新疆煤炭资源禀赋具有埋藏浅、开采条件简单、生产成本低等优势，以往由于远离煤炭消费中心市场，煤炭运输成本高，限制了新疆煤炭产业发展。近年来，随着"疆电外送"第一、第二通道建成，出疆铁路、公路等基础设施不断完善，新疆煤炭参与中东部地区市场消费程度不断增加。新疆的煤炭产能开始逐步释放，在满足当地市场需求的同时，大幅度提高煤炭的外运量，填补国内市场的缺口。众多国内有实力的大企业、大集团相继入驻新疆，积极参与新疆煤炭工业的开发建设和重组改造，投资开工建设了一批千万吨级的大型、特大型煤矿，使得新疆煤炭产量快速增长。"十三五"期间，"疆电外送"累计外送电量 3 064 亿千瓦时，"疆煤外运" 6 939 万吨。特别是 2021 年，新疆能源输出大幅增长，外送电量 1 223 亿千瓦时，外送煤炭 4 387 万吨，为保障全国能源安全作出了重要贡献。

由于新疆年轻的长焰煤蕴藏量丰富，这种煤水分高、氧含量高、灰分低、挥发分高、热值高、易风化崩解、易自燃等，所以不适合远距离运输和贮存。这些煤埋藏地层浅，便于大面积开采，适合就地加工使用。生产此煤种的矿区最适合采用坑口气化生产煤气，煤气经过脱水、脱油、脱氨、变换冷却、净化脱硫脱碳、压缩合成后变成合成原料气。原料气可以合成甲醇、油、天然气等产品，目前在新疆最合理的输送方式为煤制天然气，同时可以副产煤轻油、煤中油、液氨、硫磺、液体二氧化碳、硫酸铵、粗酚等产品。

在煤炭供应端，随着国内大企业、大集团入驻新疆积极参与新疆煤炭工业开发建设和重组改造，投资建设了一批千万吨级的大型特大型煤矿，使新疆的煤炭产能开始逐步释放。尤其是近几年，内地煤炭资源逐步面临枯竭，煤炭资源开发重心进一步向晋陕蒙疆转移，因新疆产量与晋陕蒙相比差距较大，原产量基数相对较小，原煤产量增幅将继续领跑。

在运输端，疆煤外运量仍有望持续增长。作为能源输出大省，新疆对煤炭交通运输有着极大需求。长久以来，新疆连接内地的运输通道能力较为单一，仍是以兰新铁路为主，以库格铁路、哈临铁路、敦格铁路为辅。伴随新疆煤炭产量增加、内地部分省份产能退出和资源枯竭，煤炭供应缺口扩大，兰新铁路与内地"千里一线牵"的原路网格局已不能满足增量需求，煤炭资源输出输入各方翘首期盼一条崭新的出疆通道。2021 年 4 月开工建设的将淖铁路，东起哈密市红淖铁路，西至昌吉回族自治州乌将铁路，全长约 432 公里，2023 年将淖铁路建成后形成的"将一淖一红"铁路运输体系可以贯穿"哈密—准东"两大国家级煤炭基地，满足准东、三塘湖、淖毛湖矿区煤炭外运需求。

新疆是产出国内第一方煤制天然气的地区。综合考虑新疆煤炭资源、水资源、生态环境、产品外送、目标市场等因素，新疆发展清洁煤炭产业，坚持走高效率、低排放、清洁加工转化利用的清洁煤炭产业发展之路，优先发展煤制天然气项目。新疆煤制天然气项目兴起于 2010 年前后，国家发展改革委批复并支持建设的第一批煤制天然气示范项目就包括新疆地区。2013 年 8 月，新疆伊犁庆华煤制气项目一期工程竣工产出的第一方煤制天然气进入西气东输管网，这在新疆能源开发史上具有里程碑意义，它标志着中国采用固定床碎煤加压气化和规模化生产煤制天然气取得重大突破。十年来，国内大型企业庆华集团、浙能集团等自入新疆以来，新疆煤制气项目规模迅速发展壮大（图 3-5），煤化工已经成为新疆工业发展的重要方向之一，而煤制天然气在新疆煤化工项目中占据主要地位。综合来看，疆煤在全国的市场影响力逐步加大，保障国家能源安全的作用逐步凸显。随着新疆煤炭市场融入全国统一大市场的脚步加快，新疆煤制气产业在国内的引领作用愈发明显。

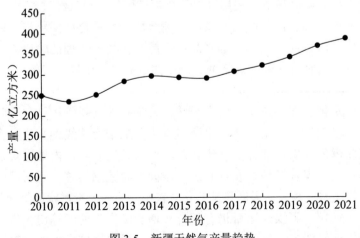

图 3-5　新疆天然气产量趋势

数据来源：国家统计局

3.2　新疆煤制天然气行业发展的政策环境与配套基础

3.2.1　国家煤制天然气产业规划及政策

自"六五"规划起，天然气行业便被作为国家战略性行业纳入国民经济规划中。在"六五"至"九五"期间，天然气行业政策强调以四川地区为重点，加强天然气的勘探和开发；"十五"至"十一五"时期，天然气政策开始强调要引进国外天然气，扩大境外合作开发。自"十二五"规划起，中国天然气政策开始将天然气基础设施建设作为发展重点，"十四五"规划提出：要加快建设天然气主干管道，完善油气互联互通网络；夯实国内产量基础，保持原油和天然气稳产增产，做好煤制油气战略基地规划布局和管控（表 3-1）。

表 3-1　十年来国家煤制天然气相关政策

发布时间	发布机构	政策法规	主要内容
2023 年 6 月	国家发展和改革委员会、工业和信息化部、自然资源部、生态环境部、水利部、应急管理部	《关于推动现代煤化工产业健康发展的通知》	鼓励建设大型高效"气化岛"，打造平台化原料集中生产、下游产品多头并进发展模式。在资源禀赋和产业基础较好的地区，推动现代煤化工与可再生能源、绿氢、二氧化碳捕集利用与封存等耦合创新发展。推动现代煤化工装备数字化建设，鼓励现代煤化工企业、装备企业、服务商组建联合体，研究开发现代煤化工智能装备与场景融合技术，培育一批智慧生产典型场景。要加快绿色低碳技术装备推广应用，引导现有现代煤化工企业实施节能、降碳、节水、减污改造升级，加强全过程精细化管理，提高资源能源利用效率，强化能效、水效、污染物排放标准引领和约束作用，稳步提升现代煤化工绿色低碳发展水平
2023 年 4 月	国家能源局	2023 年能源工作指导意见	原油稳产增产，天然气较快上产，煤炭产能维持合理水平。加快建设陕北、川南、博孜—大北等重要天然气产能项目。抓紧抓实"五油三气"重点盆地及海域的油气增产上产，推动老油气田保持产量稳定，力争在陆地深层、深水、页岩油气勘探开发、促进原油绿色低碳开发等方面取得新突破

发布时间	发布机构	政策法规	主要内容
2022年3月	国家能源局	2022年能源工作指导意见	全国能源生产总量达到44.1亿吨标准煤左右，原油产量2亿吨左右，天然气产量2 140亿立方米左右。以沁水盆地、鄂尔多斯盆地东缘煤层气产业基地为重点，加快煤层气资源探明和产能建设，推动煤系地层多气综合勘探开发。稳妥推进煤制油气战略基地建设
2022年3月	工业和信息化部、国家发展和改革委员会、科技部、生态环境部、应急部、国家能源局	《关于"十四五"推动石化化工行业高质量发展的指导意见》	着重就丰富精细化学品和化工新材料供给，强化行业本质安全和清洁生产，推进煤化工、石油化工、天然气化工、盐（矿）化工和生物化工等协调发展，发挥化工产业优势助力实施"双碳战略，石化煤化工等重点领域企业主要生产装备自控率95%以上，建成30个左右智能制造示范工厂、50家左右智慧化工示范园区；强化分类施策，科学调控石油化工、煤化工等传统化工行业产业规模，有序推进炼化项目"降油增化"。促进煤化工产业高端化、多元化、低碳化发展；统筹项目布局，推进新建石化化工项目向资源环境优势基地集中。推动现代煤化工产业示范区转型升级：发挥碳固定碳消纳优势，有序推动石化化工行业重点领域节能降碳，推进炼化、煤化工与"绿电""绿氢"等产业耦合以及二氧化碳规模化捕集、封存、驱油和制化学品等示范
2022年2月	国家发展和改革委员会、工业和信息化部、生态环境部、国家能源局	《现代煤化工行业节能降碳改造升级实施指南》	对十能效在标杆水平特别是基准水平以下的企业，积极推广本实施指南、绿色技术推广目录、工业节能技术推荐目录、能效之星、装备产品目录等提出的先进技术装备，加强能量系统优化、余热余压利用、污染物减排、固体废物综合利用和公辅设施改造，提高生产工艺和技术装备绿色化水平，提升资源能源利用效率，促进形成强大国内市场，加强技术攻关。充分利用高等院校、科研院所、行业协会等单位创新资源，推动节能减污降碳协同增效的绿色共性关键技术、前沿引领技术和相关设施装备攻关。推动能效已经达到或接近标杆水平的骨干企业，采用先进前沿技术装备谋划建设示范项目，引领行业高质量发展

续表

发布时间	发布机构	政策法规	主要内容
2021 年 11 月	国务院	《关于深入打好污染防治攻坚战的意见》	重点区域严禁新增钢铁、焦化、水泥熟料、平板玻璃、电解铝、氧化铝、煤化工产能，合理控制煤制油气产能规模、严控新增炼油产能
2021 年 10 月	国务院	《2030 年前碳达峰行动方案》	优化产能规模和布局，加大落后产能淘汰力度，有效化解结构性过剩矛盾。严格项目准入，合理安排建设时序，严控新增炼油和传统煤化工生产能力，稳定有序发展现代煤化工。引导企业转变用能方式，鼓励以电力、天然气等替代煤炭
2021 年 09 月	国务院	《关于完整准确全面贯彻新发展理念 做好碳达峰碳中和工作的意见》	坚决遏制高耗能高排放项目发展，停止新建、扩建钢铁、水泥、平板玻璃、电解铝等高耗能高排放项目，严格落实产能等量或减量替换，出台煤电、石化、煤化工等产能控制政策
2021 年 6 月	中国煤炭工业协会	《煤炭工业"十四五"高质量发展指导意见》	到"十四五"末，建成煤制气产能 150 亿立方米，煤制油产能 1 200 万吨，煤制烯烃产能 1 500 万吨，煤（合成气）制乙二醇产能 800 万吨，完成百万吨级煤制芳烃、煤制乙醇，百万吨级煤焦油深加工，千万吨级低阶煤分质分级利用示范，建成 3 000 万吨长焰煤热解分质分级清洁利用产能规模，转化煤量达到 1.6 亿吨标准煤左右
2021 年 5 月	生态环境部	《关于加强高耗能、高排放建设项目生态环境源头防控的指导意见》	以"两高"行业为主导产业的园区规划环评应增加碳排放情况与减排潜力分析，推动园区绿色低碳发展。推动煤电能源基地、现代煤化工示范区、石化产业基地等开展规划环境影响跟踪评价。完善生态环境保护措施并适时优化调整规划：石化、现代煤化工项目应纳入国家产业规划。新建、扩建石化、化工、焦化、有色金属冶炼项目应布设在依法合规设立并经规划环评的产业园区。对炼油、乙烯、钢铁、焦化、煤化工、燃煤发电等对环境影响大或环境风险高的项目类别，不得以改革试点名义随意下放环评审批权限或降低审批要求

发布时间	发布机构	政策法规	主要内容
2022年3月	国家能源局	《2021年能源工作指导意见》	计划全国能源生产总量达到42亿吨标准煤左右，天然气产量2 025亿立方米左右。加快页岩油气、致密气、煤层气等非常规资源开发
2020年7月	石油和化学工业规划院	《石化和化工行业"十四五"规划指南》	提出发展现代煤化工行业，升级完善新型煤化工，推进煤基清洁能源产业升级，实现技术储备和产能储备一体化，助力国家能源体系高效发展；科学把握煤制化学品进程，升级和优化建设方案。到"十四五"末，建成煤制气产能150亿立方米
2020年6月	国家能源局	《2020年能源工作指导意见》	保障供应天然气产量约1 810亿立方米。推动常规天然气产量稳步增加，页岩气、煤层气较快发展。加快天然气产供储销体系建设。加快管网和储气设施建设，补强天然气互联互通和重点地区输送能力短板，加快形成"全国一张网"。有序推进国家规划内的内蒙古、新疆、陕西、贵州等地区煤制油气示范项目建设，做好相关项目前期工作
2020年4月	国家发展和改革委员会、财政部、自然资源部、住房城乡建设部、国家能源局	《关于加快推进天然气储备能力建设的实施意见》	一是优化储气设施规划建设布局，引导峰谷差大、需求增长快的地区适当提高建设目标，建立完善统一规范的设计、建设、验收、运行、退役等行业标准体系。二是建立健全储气设施运营模式，推行独立运营，完善价格机制等投资回报渠道。三是深化体制机制改革，加快实现基础设施互联互通和公平开放，优化市场运行环境。四是加大土地、财税、金融、投资等政策支持力度，激励企业加速补足储气基础设施建设短板，促进储气能力快速提升
2019年	国务院	《关于建立健全能源安全储备制度的指导意见》	完善产品与产能相结合的煤炭储备体系，建立能源安全体系
2019年7月	工业和信息化部	《工业节能诊断服务行动计划》	石化化工行业分析先进煤气化技术，以及炼化、煤化工、电石、硫酸、炭黑等行业中低品位余热高效回收技术应用潜力

续表

发布时间	发布机构	政策法规	主要内容
2018 年 9 月	国务院	关于促进天然气协调稳定发展的若干意见	落实能源安全战略，着力破解天然气产业发展的深层次矛盾，有效解决天然气发展不平衡不充分问题，实现天然气产业健康有序安全可持续发展。要加强产供储销体系建设，促进天然气供需动态平衡。深化天然气领域改革，建立健全协调稳定发展的体制机制
2018 年 6 月	国务院	《打赢蓝天保卫战三年行动计划》	提出严控"两高"行业产能，加大落后产能淘汰和过剩产能压减力度，严格执行质量、环保、能耗、安全等法规标准，京津冀及周边地区实施以钢定焦
2018 年 2 月	国家能源局	《2018 年能源工作指导意见》	全国能源生产总量达到 36.6 亿吨标准煤左右。煤炭产量 37 亿吨左右，原油产量 1.9 亿吨左右，天然气产量 1 600 亿立方米左右，非化石能源发电装机达到 7.4 亿千瓦左右、发电量达到 2 万亿千瓦时左右
2017 年 3 月	国家发展和改革委员会、工业和信息化部	《现代煤化工产业创新发展布局方案》	布局内蒙古鄂尔多斯、陕西榆林、宁夏宁东、新疆准东 4 个现代煤化工产业示范区。同时提出现代煤化工与电力、石油化工、冶金建材、化纤、盐化工等产业融合发展
2017 年 2 月	国家能源局	《煤炭深加工产业示范"十三五"规划》	推动已建成的煤制天然气示范工程系统优化完善，在高负荷条件下实现连续、稳定和清洁生产。新建示范项目至少承担单系列生产规模的自主甲烷化技术工业化示范任务。新建项目：建设苏新能源和丰、北控鄂尔多斯、山西大同、新疆伊犁、安徽能源淮南煤制天然气示范项目，分别承担相应的示范任务。储备项目：新疆准东、内蒙古西部（含天津渤化、国储能源）、内蒙古东部（兴安盟、伊敏）、陕西榆林、武安新峰、湖北能源、安徽京皖安庆等煤制天然气项目。"十三五"期间，严格控制储备项目调整为新建项目规模，其中新疆准东、内蒙古西部、内蒙古东部、陕西北部均控制在 40 亿立方米 / 年以内
2017 年 1 月	国家能源局	《能源发展十三五规划》	有关煤化工发展的内容可以归纳为四点：控制产能，升级示范，发展技术，建设重点。控制产能方面，"规划"提出十三五期间，煤制油、煤制天然气生产能力达到 1 300 万吨和 170 亿立方米左右

发布时间	发布机构	政策法规	主要内容
2016 年 12 月	国家发展和改革委员会、国家能源局	《煤炭工业发展"十三五"规划》	促进煤炭清洁高效利用，推进重点耗煤行业节能减排，发展清洁高效煤电，提高电煤在煤炭消费中的比重。加大能耗高、污染重煤电机组改造和淘汰力度。结合榆林、鄂尔多斯等煤制油、煤制天然气、低阶煤分质利用（多联产）项目建设情况，有序建设配套煤矿，满足煤炭深加工用煤需要
2016 年 12 月	国家发展和改革委员会	《能源生产和消费革命战略（2016—2030）》	到 2030 年，天然气占能源消费总量的比例达到 15% 左右
2016 年 7 月	国务院	《关于石化产业调结构、促转型、增效益的指导意见》	现代煤化工产业可能因技术进步竞争力有所提升，但必须要在中西部符合资源环境条件的地区，结合大型煤炭基地开发，按照环境准入条件要求，有序发展
2016 年 3 月	国家能源局	《2016 年能源工作指导意见》	能源供应方面，2016 年，天然气产量为 1 440 亿立方米左右。加强革命性技术研究论证。化解煤炭行业过剩产能，严格控制新增产能，从 2016 年起，3 年内原则上停止审批新建煤矿项目、新增产能的技术改造项目和产能核增项目
2015 年 8 月	工业和信息化部	《关于联合组织实施工业领域煤炭清洁高效利用行动计划的通知》	提出了推动煤化工结构优化升级的任务。推进煤炭由单一原料向原料和燃料并重转变，鼓励企业根据市场需求，加大煤炭资源加工转化深度，提高产品精细化率，大力发展清洁能源、新材料等新型煤化工，优化产品结构，延伸产业链，促进产业多元化发展，提高产品附加值
2015 年 5 月	国家能源局	《煤炭清洁高效利用行动计划（2015—2020 年）》	改造提升传统煤化工产业、稳步推进现代煤化工产业发展的任务。加快发展高效燃煤发电和升级改造，实施燃煤锅炉提升工程，着力推动煤炭分级分质梯级利用，推进废弃物资源化综合利用，实现煤炭清洁高效利用

续表

发布时间	发布机构	政策法规	主要内容
2015 年 2 月	国家能源局、环境保护部、工业和信息化部	《关于促进煤炭安全绿色开发和清洁高效利用的意见》	加快煤层气（煤矿瓦斯）开发利用。煤炭远景区实施"先采气、后采煤"，加快沁水盆地和鄂尔多斯盆地东缘等煤层气产业化基地建设，加强新疆、辽宁、黑龙江、河南、四川、贵州、云南、甘肃等地区煤层气资源勘探，在河北、吉林、安徽、江西、湖南等地区开展勘探开发试验，推动煤层气产业化发展。到 2020 年，新增煤层气探明储量 1 万亿立方米
2014 年 7 月	国家能源局	《关于规范煤制油、煤制天然气产业科学有序发展的通知》	要求严格产业准入要求、规范项目审批程序、强化要素资源配置、统筹规划试点示范、做好项目监督评价、实施相关管理责任。再次强调禁止建设年产 20 亿立方米及以下规模的煤制天然气项目和年产 100 万吨及以下规模的煤制油项目。严禁在煤炭净调入省发展煤制油（气），严禁挤占生活用水、农业用水和生态用水，以及利用地下水发展煤制油（气）。没有列入国家示范的项目，各地禁止擅自违规立项建设
2014 年 2 月	国家能源局	《2014 年能源工作指导意见》	提出按最严格能效和环保标准，积极稳妥推进煤制气、煤制油产业化示范。2014 年，单位 GDP 能耗 0.71 吨标准煤 / 万元，比 2010 年下降 12%。非化石能源消费比重提高到 10.7%，非化石能源发电装机比重达到 32.7%。天然气占一次能源消费比重提高到 6.5%，煤炭消费比重降低到 65% 以下
2013 年 10 月	国家能源局	《页岩气产业政策》	合理、有序开发页岩气资源，推进页岩气产业健康发展，提高天然气供应能力，促进节能减排，保障能源安全

数据来源：根据国家及部委相关文件调研汇总整理

　　我国煤制天然气兴起于"十一五"末期，国家对煤制天然气的产业政策经历了从相对宽松到日趋收紧，接着进入扶持到积极鼓励的状态。煤制天然气政策可分为三个阶段：第一阶段为"十一五"末至"十二五"初，国家态度为从相对宽松到严控煤制气项目审批。2009 年 5 月，国务院发布《石化产业调整和振兴规划》，首次明确提出开展煤化工示范工作。此后，全国各地掀起对煤制气行业的投资热情，提出大量项目建设规划。2010 年 6 月，由于担心各地项目重复建设导致产能过剩，国家发展改革委专门发布《关于规范煤制气产业发展有关事项的通知》，将煤制气项目的审批权限收紧到国家层面。2011 年 3 月，国家发展改革委再次明确禁止建设年产 20 亿立方米（含）以下的煤制气项目，最终国家发展改革委仅核准了 4 个煤制气示范项目。

第二阶段为"十二五"中后期到"十三五"末期，国家对煤制气行业发展呈现严控到扶持的态度。2012 年 12 月，国家能源局发布《天然气发展"十二五"规划》，提出到 2015 年我国煤制气产量将达 150 亿立方米，占国产天然气的 8.5%，这是煤制气首次被写入天然气发展规划。2013 年，国务院发布《大气污染防治行动计划》，要求加快清洁能源替代利用，制定煤制天然气发展规划，在满足最严格的环保要求和保障水资源供应的前提下，加快煤制天然气产业化和规模化步伐。2014 年，国家能源局发布《2014 年能源工作指导意见》，提出积极稳妥推进煤制气、煤制油产业化示范；截至 2014 年 10 月，国家发展改革委核准和同意进行启动前期工作的煤制合成天然气项目共 12 个，总产能达 873 亿立方米 / 年。2015 年，环境保护部发布了《现代煤化工建设项目环境准入条件（试行）》，提出较为严苛的环保准入条件，重点在煤炭资源丰富、生态环境可承受、水资源有保障、运输便捷的中西部地区布局示范项目；2016 年，煤炭产业去产能政策实施，3 年内停止审批新建煤矿项目、新增产能的技术改造项目和产能核增项目；确需新建煤矿的，一律实行减量置换。2019 年，国务院发布《关于建立健全能源安全储备制度的指导意见》，将煤制气行业定位为国家能源战略技术储备和产能储备。

第三阶段为"十四五"以来，国家对煤制气行业呈现积极鼓励态度。2021 年颁布的《中华人民共和国国民经济和社会发展第十四个五年规划和 2035 年远景目标纲要》首次提出"油气核心需求依靠自保"这一思维底线，明确将煤制油气基地作为"经济安全保障工程"之一，这对煤制油气产业定位具有重要意义；同时提出"稳妥推进内蒙古鄂尔多斯、陕西榆林、山西晋北、新疆准东、新疆哈密等煤制油气战略基地建设，建立产能和技术储备"。随着天然气产供储销体系建设和煤矿限批的解禁，以及天然气对外依存度逐年攀升，目前产业政策又回到相对积极状态，形成了示范为主、有序发展的整体政策导向。

习近平总书记在 2021 年年底召开的中央经济工作会议上强调"要正确认识和把握初级产品供给保障"；习近平总书记在 2022 年 1 月中央政

治局第三十六次集体学习时指出"要夯实国内能源生产基础，保障煤炭供应安全"；习近平总书记在 2022 年 3 月第十三届人大参加内蒙古代表团审议时指出，"富煤贫油少气是我国的国情，以煤为主的能源结构短期内难以根本改变……既要有一个绿色清洁的环境，也要保证我们的生产生活正常进行"。历次中央新疆工作座谈会提出支持新疆建设国家"三基地一通道"，赋予了新疆保障国家能源供应安全的重要使命。可以确定的是，煤炭在中国化工领域短期内很难被完全替代，未来煤炭的清洁高效利用将是煤化工领域的重中之重。

页岩气作为一种储存在页岩层中的非常规天然气，近年来在中国得到了广泛的关注和开发。在技术合作和自主研发的双重推动下，中国的页岩气开发技术得到了显著提升。这不仅缩短了钻井周期，还大大降低了钻井成本，为页岩气的规模化开发创造了条件。中国页岩气行业的发展不仅有助于减少对外部天然气的依赖，从而降低进口压力，还能够有效地降低天然气的进口价格。这为消费者提供了更为经济的能源选择（表 3-2）。

表 3-2　我国页岩气相关规划与政策

发布时间	发布部门	政策名称	主要内容
2022 年 1 月	国务院	关于支持贵州在新时代西部大开发上闯新路的意见	加快煤层气、页岩气等勘探开发利用，推进黔西南、遵义等煤矿瓦斯规模化抽采利用
2021 年 10 月	中共中央、国务院	关于完整准确全面贯彻新发展理念 做好碳达峰碳中和工作的意见	加快推进页岩气、煤层气、致密油气等非常规油气资源规模化开发。强化风险管控，确保能源安全稳定供应和平稳过渡
2021 年 10 月	国务院	2030 年前碳达峰行动方案	加快推进页岩气、煤层气、致密油（气）等非常规油气资源规模化开发
2021 年 10 月	中共中央、国务院	黄河流域生态保护和高质量发展规划纲要	加强能源资源一体化开发利用，推动能源化工产业向精深加工、高端化发展。加大石油、天然气勘探力度，稳步推动煤层气、页岩气等非常规油气资源开采利用
2021 年 10 月	中共中央、国务院	成渝地区双城经济圈建设规划纲要	完善页岩气开发利益共享机制，有序放开油气勘探开发市场，加大安岳等地天然气勘探开发力度
2021 年 7 月	中共中央、国务院	关于新时代推动中部地区高质量发展的意见	因地制宜发展绿色小水电、分布式光伏发电，支持山西煤层气、鄂西页岩气开发转化，加快农村能源服务体系建设

续表

发布时间	发布部门	政策名称	主要内容
2017 年 2 月	国务院	"十三五"现代综合交通运输体系发展规划	加快建设区域管网,适时建设储气库和煤层气、页岩气、煤制气外输管道
2017 年 2 月	国务院	全国国土规划纲要(2016—2030 年)	加强深海油气资源开发,加快常规天然气增储上产,推进油页岩、页岩气、天然气水合物、油砂综合利用技术研发与推广
2017 年 1 月	国务院	国务院关于扩大对外开放积极利用外资若干措施的通知	采矿业放宽油页岩、油砂、页岩气等非常规油气以及矿产资源领域外资准入限制
2016 年 8 月	国务院	"十三五"国家科技创新规划	重点攻克陆上深层、海洋深水油气勘探开发技术和装备并实现推广应用,攻克页岩气、煤层气经济有效开发的关键技术与核心装备,以及提高复杂油气田采收率的新技术,提升关键技术开发、工业装备制造能力,为保障我国油气安全提供技术支撑
2016 年 5 月	中共中央、国务院	国家创新驱动发展战略纲要	突破煤炭、石油、天然气等化石能源的清洁高效利用技术瓶颈,开发深海、深地等复杂条件下的油气矿产资源勘探开采技术,开展页岩气等非常规油气勘探开发综合技术示范
2015 年 12 月	国务院办公厅	国家标准化体系建设发展规划(2016—2020 年)	研制页岩气工厂化作业、水平井钻井、水力压裂和环保方面标准。研制海上油气勘探开发与关键设备等关键技术标准

数据来源:根据国家相关文件调研汇总整理

相关数据显示,目前,我国埋深于 4 500 米以下的页岩气可采资源量约 22 万亿立方米,是世界上实现规模开发页岩气的主力区之一。数据显示,2021 年我国页岩气查明资源储量为 36 597 亿立方米,主要集中在中西部,以重庆市与四川省为主。因此,在国家政策支持、"碳中和"目标实施等有利因素驱动下,我国非常规油气开发不断发力,产量呈现快速增长态势。2021 年,我国页岩气产量达到 230 亿立方米,同比增长 14.8%。

3.2.2　地区煤制天然气产业规划及政策

"十四五"期间，多个省市均在相关规划中提出天然气产业发展目标，例如江苏省在《江苏省"十四五"生态环境保护规划》中提出，到2025年，天然气消费量占能源消费比重达到14%以上；《浙江省煤炭石油天然气发展"十四五"规划》中提出，2025年，全省天然气消费量为315亿立方米，在一次能源消费结构中的占比提高至12.98%，全省城乡居民天然气气化率达到40%以上，液化天然气接收能力达到3 000万吨以上（其中自贸试验区接收能力达到2 300万吨以上），储气能力达到18.4亿立方米以上。

未来，随着重点省市不断发力，我国天然气基础设施建设将逐步落地，煤制天然气形成一体化的管网系统，市场将稳步扩产，逐步满足日益增长的巨大需求（表3-3）。

表3-3　西北部分地区煤制天然气产业规划及政策

地区	主要内容
山西	适度发展现代煤化工产业，大幅提升现代煤化工技术水平和能源转化效率，持续推进废水近零排放、固废减量化和资源化利用；积极推进煤化工产业大型化、园区化和基地化发展，结合资源禀赋，稳步有序推进大型现代煤化工基地建设
内蒙古	以鄂尔多斯地区为重点，适度发展煤制油、煤制气、煤（甲醇）制烯烃、煤制烯烃、煤（合成气）制乙二醇等产业；按照"产业园区化、装置大型化、产品多元化"要求，高标准建设鄂尔多斯现代煤化工产业示范区
陕西	推动煤炭清洁高效转化，拓展煤油气盐多元综合循环利用途径，发展精细化工材料和终端应用产品，延伸产业链，提高附加值，强化多能融合，全面提升能源化工产业链现代化水平。有序推进煤炭分质分级梯级利用、煤油共炼等示范工程，发展高端化、差异化聚烯烃产品，合理控制煤（合成气）制乙二醇规模，突破煤制芳烃技术瓶颈，推动向下游聚工程塑料、特种橡胶、高分子复合材料等高附加值产业延伸，带动相关专用化学品和医药中间体、高端碳材料、服装面料、化纤包装等产业一体化发展
新疆	建设国家大型煤炭、煤电、煤化工基地。以准东、吐哈、伊犁、库拜为重点，推进新疆大型煤炭基地建设，实施"疆电外送""疆煤外运"、现代煤化工等重大工程。依托准东、哈密等大型煤炭基地一体化建设，稳妥推进煤制油气战略基地建设。有序发展现代煤化工产业，实现煤制天然气与其他化工产品季节性转换的工艺技术突破。实施煤炭分级分质清洁高效综合利用，推动煤炭从燃料转为原料的高效清洁利用

地区	主要内容
宁夏	建设现代煤化工产业示范区，推动宁东能源化工基地与吴忠太阳山开发区一体化发展，打造千亿级煤化工产业集群，高水平建设国家现代煤化工产业示范区。实施煤制油质量效益提升工程，加快高碳醇、费托蜡、润滑油等下游产品和技术开发。高水平建设煤（合成气）制乙二醇，氨纶芳纶等项目，推进多牌号煤基烯烃开发，延伸高性能工程塑料及树脂、特种橡胶、特种合成纤维和新型化工材料等高端产业链，构建高效率、低排放、清洁加工转化利用的现代煤化工产业体系。到2025年，全区现代煤化工产能超过1 500万吨

数据来源：根据地方相关文件调研汇总整理

3.2.3 新疆煤制天然气行业政策环境与配套基础

2011年5月公布的新疆"十二五"规划对煤化工发展做出了清晰描述，规划以伊犁、准东煤炭基地为重点，大力发展现代煤化工。到2015年，新疆煤炭产能达到4亿吨以上，外运5 000万吨，建成煤制天然气600亿立方米。2016年新疆煤化工产业"十三五"规划提出，"十三五"期间，努力将新疆建设成为"全国煤化工产业示范区""国家煤制天然气、煤制超清洁油品示范基地"。到2020年，新疆煤化工产业完成总投资达3 100亿元，煤制天然气产能达到100亿立方米/年（表3-4）。

"十四五"及今后一段时期，我国以煤为主的能源结构不会发生根本改变。2021年2月新疆维吾尔自治区发展改革委发布《新疆维吾尔自治区国民经济和社会发展第十四个五年规划和2035年远景目标纲要》。纲要指出：落实国家能源发展战略，围绕国家"三基地一通道"定位，加快煤电油气风光储一体化示范，构建清洁低碳、安全高效的能源体系，保障国家能源安全供应；建设国家大型煤炭煤电煤化工基地；以准东、吐哈、伊犁、库拜为重点推进新疆大型煤炭基地建设，实施"疆电外送""疆煤外运"、现代煤化工等重大工程；依托准东、哈密等大型煤炭基地一体化建设，稳妥推进煤制油气战略基地建设；有序发展现代煤化工产业；实现煤制天然气与其他化工产品季节性转换的工艺技术突破；实施煤炭分级分质清洁高效综合利用，推动煤炭从燃料转为原料的高效清洁利用。

表 3-4　新疆维吾尔自治区煤制天然气规划政策

发布时间	政策名称	主要内容
2023 年 7 月	新疆维吾尔自治区天然气（煤层气）勘探开发激励政策	针对在新疆注册且进行天然气、煤层气（页岩气、致密气）勘查开发的企业，使用自治区财政专项资金对天然气、煤层气（页岩气、致密气）增产气量进行差异化奖励，即对增产天然气按每 1 立方米 0.1 元给予奖补，增产煤层气（页岩气、致密气）产量按每 1 立方米 0.2 元给予奖补。年度增产气量 100 万立方米及以上的企业方可申报奖补资金
2017 年 6 月	新疆维吾尔自治区国民经济和社会发展第十四个五年规划和 2035 年远景目标纲要	建设国家大型煤炭煤电煤化工基地；以准东、吐哈、伊犁、库拜为重点推进新疆大型煤炭基地建设，依托准东、哈密等大型煤炭基地一体化建设，稳妥推进煤制油气战略基地建设；有序发展现代煤化工产业；实现煤制气与其他化工产品季节性转换的工艺技术突破；实施煤炭分级分质清洁高效综合利用，推动煤炭从燃料转为原料的高效清洁利用
2018 年 2 月	新疆维吾尔自治区现代煤化工产业"十三五"发展规划	"十三五"期间，煤制天然气产能达到 100 亿立方米／年；形成现代煤化工为主导、精细化工、化工新材料为特色的产业格局
2016 年 5 月	新疆维吾尔自治区国民经济和社会发展第十三个五年规划纲要	按照"基地化、大型化、集约化、一体化"发展要求，科学发展煤制天然气、煤炭分级分质综合利用项目，有序推进煤制油、煤制烯烃等煤化工项目，全力推进高能效、低煤耗、低水耗以及实现液态废物近零排放和技术装备自主化的现代煤化工项目，构建以煤炭深加工为核心的循环经济产业链，重点建设准东、准北国家级煤炭深加工产业示范区；加快推进国务院批准同意开展前期工作的准东年产 300 亿立方米煤制气示范项目建设
2011 年 1 月	新疆维吾尔自治区国民经济和社会发展第十二个五年规划纲要	依托优质煤炭资源，以伊犁、准东煤炭基地为重点，大力发展现代煤化工，提升传统煤化工，提高技术含量和深加工程度，形成煤制合成氨、煤制二甲醚、煤制气、煤制烯烃、煤制乙二醇、煤焦化产业连，尽快建成一定规模的现代煤化工产业集群。到 2015 年，建成煤制天然气 600 亿立方米

数据来源：根据地方相关文件调研汇总整理

2022 年 5 月印发的《加快新疆大型煤炭供应保障基地建设服务国家能源安全的实施方案》提出，"十四五"时期，新疆全面加快推进国家给予新疆"十四五"新增产能 1.6 亿吨 / 年煤矿项目建设，充分释放煤炭先进优质产能，力争 2025 年全疆煤炭产量达 4 亿吨以上。目前来看，2022 年和 2023 年新疆实际煤炭产量达到 4.13 亿吨和 4.57 亿吨，已超额完成目标，新疆作为煤炭资源大区发展优势明显，后期随着国家对煤炭在能源转型中作用的重新认识，以及保供稳价政策的持续执行，新疆煤炭将迎来更大的发展空间，也将全方位地参与进全国市场上来。

我国已转向高质量发展阶段，正在形成以国内大循环为主体、国内国际双循环相互促进的新发展格局，持续发展具有多方面优势和条件。以习近平同志为核心的党中央高度重视新疆工作，第三次中央新疆工作座谈会的召开，为做好新时代新疆工作指明了方向、提供了根本遵循。党中央在统筹推进全国改革发展的进程中，把新疆作为我国西北的战略屏障、丝绸之路经济带核心区、西部大开发重点地区、向西开放的重要门户、"三基地一通道"，给予一系列特殊支持政策，为推进新疆经济社会发展注入了动力。

"十四五"时期，新疆全面加快推进国家给予的"十四五"新增产能 1.6 亿吨 / 年煤矿项目建设额度，充分释放煤炭先进优质产能，力争 2025 年煤炭产量达 4 亿吨以上。新疆预测埋深 2 000 米以浅煤炭资源量为 2.19 万亿吨，累计查明煤炭资源量约 4 500 亿吨。新疆煤炭市场的总体运行情况和阿苏克地区、昌吉州、拜城、哈密、吉木萨尔县煤炭工业的发展井然有序。目前，新疆正加快煤炭煤化工产业集群建设，推动准东国家级煤化工示范区、哈密国家级现代能源与化工示范区建设，引导支持煤化工产业绿色发展，构建以煤炭清洁高效利用为核心的循环产业链。

近年来，新疆重点建设了准东、吐哈、伊犁、库拜四大能源基地（表 3-5），数十家央企加盟其中，大力发展煤电煤化工产业、促进传统产业升级，确保"西电东送"工程的顺利建成。面对自身基础设施薄弱、煤炭产能落后等劣势，近年来新疆通过淘汰煤矿落后产能，积极引进神华、国网、华能、徐矿等势力雄厚的大企业、大集团进驻开发煤炭资源，并延伸煤炭产业链。

表 3-5　新疆维吾尔自治区煤炭资源开发布局政策

区域	政策内容
准噶尔区	本区包括昌吉州、塔城地区等地，累计查明资源量约 2 747 亿吨，占全区查明资源量的 61%。煤种以长焰煤、不粘煤和弱粘煤为主，是优质的动力、煤化工以及民生用煤；要根据现代煤化工、煤电产业布局，结合特高压通道煤炭需求，充分利用存量产能，统筹准南煤田中小煤矿整合，促进煤炭资源集约开发

续表

区域	政策内容
吐哈区	本区包括吐鲁番市、哈密市等地，累计查明资源量约 1 407 亿吨，占全区查明资源量的 31%；煤种以长焰煤和不粘煤为主，是优质的动力、煤化工以及民生用煤；要统筹"疆电外送""疆煤外运"、现代煤化工示范项目，有序建设配套煤矿，打造哈密综合能源示范基地，推进区域煤炭集运中心建设
伊犁区	本区主要为伊犁州，累计查明资源储量约 273 亿吨，占全区查明资源量的 6%。煤种以长焰煤、不粘煤为主，是优质的动力、煤化工以及民生用煤。要坚持生态优先，煤炭生产以满足区内现代煤化工项目和民生需求为主，同时保障博州煤炭供应
库拜区	本区主要为阿克苏地区，累计查明资源储量约 46 亿吨，占全区查明资源量的 1%；煤种以气煤、瘦煤、焦煤为主，是优质的炼焦和配焦用煤；要以消化现有存量项目为主，原则上不再布局焦煤项目，重点满足南疆民生用煤需求
巴州及南疆三地州	本地主要包括巴州、喀什地区、和田地区及克州，累计查明资源量约 26 亿吨，占全区查明资源量的 0.6%；煤种以长焰煤、不粘煤为主，是优质的动力、民生用煤；要根据资源条件，适度新增产能，提升煤炭就地供应保障能力

数据来源：根据地方相关文件调研汇总整理

3.3　新疆煤制天然气的行业规模与发展亮点

2020 年，我国现代煤化工已具备煤炭转化能力达 1 亿吨标煤以上，煤炭转化量达 9 380 万吨标煤，为煤炭清洁高效利用作出重要贡献。现代煤化工产业作为资源驱动型产业，重大项目建设均以煤炭为出发点，现已形成以黄河中上游地区为核心，以新疆为补充，以东部沿海为外延的产业布局。

经过十余年技术攻关，我国现已形成较为完备的大型煤气化，煤直接液化、间接液化，甲醇制烯烃，合成气制乙二醇的关键工艺和工程体系。大型气化炉、大型空分、大型合成反应器等关键装备能够全部实现国产化，技术装备总体水平达到国际领先，整体装备国产化率达到 95% 以上。

3.3.1 我国煤制天然气布局现状

中国的煤制天然气在规划产能层面规模列世界之最。"十一五"期间，国家发展改革委核准煤制气项目 4 个，产能合计 151 亿立方米 / 年。这 4 个项目均采用分期建设方案，截至 2022 年 9 月实际建成投产 3 个项目，分别为大唐克旗一期 13.3 亿立方米 / 年、新疆庆华一期 13.75 亿立方米 / 年、汇能两期共 16 亿立方米 / 年，合计产能 43.05 亿立方米 / 年。"十二五"期间，国家发展改革委批准 17 个煤制气项目开展前期工作，合计产能 1 215 亿立方米 / 年，未有项目实际开工。"十三五"期间，规划 5 个新建项目，其中伊犁新天项目于 2017 年投产，设计产能 20 亿立方米 / 年，其他项目未开工。

截至"十三五"末，我国煤制天然气产能达到 51.05 亿立方米 / 年。五大基地内产能 4 亿立方米 / 年，都位于鄂尔多斯基地（汇能集团一期）；五大基地外产能 47 亿立方米 / 年，分别是内蒙古地区 13.35 亿立方米 / 年（大唐克旗项目）、新疆伊犁地区 33.75 亿立方米 / 年（庆华集团 13.75 亿立方米 / 年和浙能新天 20 亿立方米 / 年）。山西晋北、新疆准东、新疆哈密 3 个基地目前都停留在前期阶段或停建阶段，尚未形成煤制气有效产能。

随着煤制气项目开工和投产，我国配套的煤制气管道建设也同时展开。目前国内已建设三条煤制气管道，一是西三线"新疆伊宁—霍尔果斯输气管道"天然气支干线，全长 64 千米，设计输气量 300 亿立方米 / 年，已于 2013 年 2 月投用；二是克旗煤制气外输管道，设计输气量 1 200 万立方米 / 日，已于 2013 年底投产；三是阜新煤制气外输管道，全长 110 千米，设计输气量 1 200 万立方米 / 日，2013 年 10 月基本贯通，正在建设之中。

煤制天然气行业已经投产的项目，打通了主要工艺流程，煤制天然气各单项技术已经基本成熟，具备了进行大型工业化设计和建设的工程技术基础条件。但褐煤用于碎煤固定床加压气化存在气化技术与煤质的匹配问题，以及固定床气化炉废水处理和副产物利用技术等难点问题。煤制天然气在工艺技术升级、装置大型化、提高转化效率、减少排放等一系列问题上仍有较大的优化和改进空间。

截至 2022 年年底，我国已建成投产煤制天然气项目 5 个，建设规模 76.4×10^8 标准立方米 / 年；获得核准或开展前期工作项目 11 个，规模 702×10^8 标准立方米 / 年（表 3-6）。

表 3-6　煤制天然气产业情况汇总表

序号	项目名称	建设地点	建设单位	规模 /（$10^8 Nm^3/a$）	进展	投产 / 批准时间
一			已建项目			
1	大唐克旗煤制天然气项目	内蒙古克什克腾	大唐国际	13.35/40	一期工程投产，二期完成 85%	2013 年 12 月
2	内蒙古汇能煤制天然气项目	内蒙古鄂尔多斯	汇能集团	16/16	一期、二期工程投产	2014 年 11 月
3	大唐阜新煤制天然气项目	辽宁阜新	大唐国际	13.3/40	一期完成 80%，缓建	2023 年 10 月
4	合成庆华伊犁煤制天然气示范项目	新疆伊犁	庆华集团	13.75/55	一期工程 2013 年投产，二期可研阶段	2013 年 12 月
5	新疆浙能新天煤制天然气项目	新疆伊犁	浙能集团、伊犁新天煤化工公司	20/20	已投产	2017 年 12 月
	小计			76.4/151		
二			获得核准但尚未建设项目			
1	苏新能源煤制天然气项目	新疆和丰	苏新能源和丰有限公司	40	核准，未建设	
2	北京控股煤制天然气项目	内蒙古鄂尔多斯		40	核准，未建设	
3	内蒙古华星煤制天然气项目	内蒙古鄂尔多斯	内蒙古华星新能源有限公司	40	核准	2022 年 4 月
	小计			120		
三			国家给予开展前期工作"路条"项目			
1	大同低变质烟煤清洁利用项目	山西大同	中海油集团	40	获得环评批复	2013 年 2 月

序号	项目名称	建设地点	建设单位	规模 / ($10^8Nm^3/a$)	进展	投产 / 批准时间
2	新疆准东煤制合成天然气示范项目6个	新疆准东	中国石化、华能、浙能、新疆龙宇、富蕴广汇、新疆生产建设兵团等	300	开展前期工作	2013 年 9 月
3	新蒙鄂尔多斯煤炭清洁高效综合利用示范项目	内蒙古鄂尔多斯	新蒙能源投资股份有限公司	80	"十二五"路条	2013 年 2 月
4	兴安盟煤化电热一体化项目	内蒙古兴安盟	内蒙古矿业集团	40	"十三五"示范储备项目	2013 年 3 月
5	内蒙古准格尔旗煤炭高效综合利用示范项目	内蒙古鄂尔多斯	中海油新能源、河北建投	120	"十三五"示范新建项目	2013 年 3 月
6	新疆伊犁煤制合成天然气项目	新疆伊犁	中电投、新疆能源化工集团	60	"十三五"示范新建项目	2013 年 3 月
7	安徽淮南煤制天然气项目	安徽淮南	皖能集团国投新集	22	"十三五"示范新建项目	2014 年 4 月
8	新疆能源集团煤制天然气项目	新疆哈密	新疆能源集团	40	暂无公开信息	2021 年 3 月
	小计			702		

数据来源：资料调研汇总整理

内蒙古大唐克旗煤制合成天然气项目。大唐克旗煤制合成天然气项目是我国首个煤制合成天然气示范项目，核准建设规模为年产 40 亿立方米，分三个系列连续滚动建设，每个系列 13.3 亿立方米，副产石脑油、焦油、硫黄、粗酚、硫铵等。该项目位于内蒙古自治区赤峰市克什克腾旗境内，由内蒙古大唐国际克什克腾煤制合成天然气有限公司承建并运营，所产天然气通过配套输气管线途经赤峰市、锡林郭勒盟、承德市，在北京市密云区古北口站经中国石油输气管路并入北京天然气管网，线路全长430千米。项目于2009年8月20日获得国家发展改革委核准，2009年8月30日举行工程开工奠基仪式，2013年12月18日，项目一系列装置投运成功，合成天然气并入管网，正式向中国石油北京段天然气管线输送煤制合成天然气产品。项目以内蒙古锡林浩特胜利煤田产褐煤为原料，采用碎煤加压气化、变换、低温甲醇洗、克劳斯硫回收、DAVY甲烷化等工艺技术。

内蒙古汇能煤制合成天然气项目。内蒙古汇能煤制合成天然气项目设计年产16亿立方米煤制合成天然气，同时副产硫黄，总占地面积137.62公顷，项目建设共分两期。该项目位于内蒙古自治区鄂尔多斯市纳林陶亥镇汇能煤化工工业园区，由内蒙古汇能煤化工有限公司承建并运营，于2009年12月获得国家发展改革委核准，其中一期工程年产4亿立方米天然气，于2014年11月17日建成投产，所产4亿立方米天然气全部液化成液化天然气进入市场。该项目采用西北化工研究院的多元料浆气化和变换、大连理工大学低温甲醇洗、托普索甲烷合成、林德液化天然气，法液空空分及三维SSR硫回收等技术。

辽宁大唐阜新煤制合成天然气项目。该项目是我国第三个经国家发展改革委核准的煤制合成天然气项目，主要副产品有焦油、石脑油、粗酚、硫黄、硫铵等。整个工程分三个系列滚动建设，每个系列年生产合成天然气13.3亿立方米（400万立方米/日）。该项目位于辽宁省阜新市新邱区长营子镇，由辽宁大唐国际阜新煤制天然气有限公司承建并运营，所产合成天然气通过配套建设的344千米输送管道，送至阜新、沈阳、铁岭、本溪、抚顺等辽中城市群。该项目于2010年3月29日获得国家发展改革委正式核准，总投资245.7亿元。一系列工程于2011年7月正式开工建设，历经初期建设、缓建，在2018年4月12日项目开始全面续建并进入快速发展阶段。大唐阜新目标确保一期项目高标准中交、高质量试车、实现了2019年年底产气。该项目采用碎煤加压气化、变换、低温甲醇洗、克劳斯硫回收、甲烷化等工艺技术，关键设备全部实现了国产化，项目占地354.35公顷，建设规模为年产40亿标方煤制天然气（日产1 200万标方）。

3.3.2　新疆煤制天然气的行业规模

1. "十三五"前行业发展情况

经过几年的发展，新疆现代煤化工产业已度过起步阶段，相关技术取得突破性进展，形成了一定规模。截至"十三五"末，共投产2家煤制天然气项目，1家得到核准，2家已开展前期工作。

伊犁州煤炭资源富集，水资源充足，加之"西气东输"管线的便利条件，发展煤制天然气占据"天时地利"。"十二五"以来，伊犁州稳妥推进现代煤化工示范项目，庆华伊犁煤制天然气、浙能新天煤制天然气两家煤制天然气企业相继建成投产。目前，伊犁州煤制天然气年产能33.75亿立方米，约占中国煤制天然气产能的三分之一。

（1）新疆庆华煤制合成天然气项目

2009年，新疆庆华能源集团成立。新疆庆华年产55亿立方米煤制气项目，是"十二五"期间国家发展改革委首个核准的煤炭深加工示范项目，一期年产13.75亿立方米煤制气工程于2012年7月11日获得国家发展改革委核准，2013年12月28日建成投产，已稳定向西气东输管网供应优质天然气超84亿立方米；2018年，新疆庆华被国家发展改革委列为冬季保供重点气源单位，已累计保供天然气超25亿立方米。新疆庆华能源集团有限公司一期年产13.75亿立方米煤制天然气国家示范项目，自投产以来至2023年6月25日，已累计生产煤制天然气88.835亿立方米。

新疆庆华煤制天然气项目是我国煤制合成天然气行业的第一批实践者。该项目自运行以来，成功完成了国家"4.0MPa固定床碎煤加压气化技术"和"深度污水处理及回用技术"的示范任务，实现了污水零排放目标；项目整体建成投产后，可副产石脑油、焦油、硫黄、粗酚、硫铵等。该项目位于新疆维吾尔自治区伊宁县伊东工业园区，所产合成天然气全部通入西气东输管网外送。该项目采用固定床碎煤加压气化、粗煤气变换冷却、低温甲醇洗净化、超级克劳斯硫回收、Topsoe甲烷化等工艺技术。

2022年7月，新型国产甲烷化催化剂在新疆庆华整炉替代运行。企业将依托现有基础设施、资源和区位优势，严格按照国家发展改革委要求，积极探索多种气化技术互补、多种气化原料配合的生产模式，提高能源转化率，突出项目在资源高效综合利用方面的示范作用，力争打造一个国产化、节能化、创新化的煤制气二期工程。

（2）新疆浙能新天煤制天然气项目

新疆浙能新天煤化工年产20亿立方米煤制天然气项目（简称：新天煤制气项目）是目前已建成投产的世界单体最大煤制天然气项目，也是国家"十二五"煤炭深加工示范项目。新天煤制气项目位于新疆维吾尔自治区伊犁哈萨克自治州伊宁市伊犁新天煤化工产业园，年产纯净天然气 20 亿立方米，副产轻烃 3.1 万吨、重芳烃 10 万吨、多元烃 8.4 万吨、多元酚 2.5 万吨、硫胺 11.6 万吨。项目每年可将 20 亿立方米天然气送往浙江，约占浙江目前天然气消费量的 1/3。

新天煤制气项目是目前世界上已建成单体最大煤制天然气项目，设计年产煤制天然气 20.4 亿立方米，设计年用煤量 638 万吨。项目于 2010 年开工建设，占地面积 5 000 余亩，项目总投资 160.9 亿元，由浙江省能源集团有限公司和山东能源新汶矿业集团有限责任公司共同投资建设。2017 年 3 月，煤制天然气项目 A 系列投料试车，创造了用时最短、运行平稳、一次成功的最好记录；与之配套的设计年产 600 万吨的伊犁四矿同步试产，首采工作面联合试运转一次成功。2017 年 6 月，煤制天然气项目 B 系列投料，运行平稳；2018 年建成投产。

目前，伊犁能源围绕联体共生、一体运营的项目定位，聚焦成块率，与新天煤化已成立联合攻关组，将对接外部煤化、煤矿生产等多方面专业机构，探索煤炭开采、运输和煤制气全流程中提高煤炭成块率和降低入炉前原料煤颗粒度的相关措施，进一步提高原煤的利用率，保障新天煤化双系列满负荷运行。

（3）苏新能源煤制天然气项目

苏新能源和丰有限公司年产 40 亿立方米煤制天然气示范项目是江苏、新疆两省区清洁能源战略合作项目，主要承担自主甲烷化催化剂及其工艺技术的工业化应用示范任务，对新疆建设国家大型煤炭煤化工基地和煤化工产业发展具有重要意义。项目位于新疆维吾尔自治区塔城地区和布克赛尔蒙古自治县和丰工业园区，将利用和布克赛尔丰富的煤炭资源，采用碎煤加压气化、粉煤加压气化、甲烷化等技术合成煤制天然气，主体工程主要包括碎煤气化，粉煤气化、净化、甲烷化，煤气水分离，酚氨回收，硫回收，空分，备煤等装置，每年可生产 40 亿立方米合成天然气外，还可生产中油、焦油、石脑油、硫酸铵、液氨、硫磺、粗酚等副产品。项目的硫回收装置采用二级 Claus+SCOT 加氢还原工艺制硫，焚烧烟气采用氨法脱硫工艺处理，总硫回收率应达到 99.9%。锅炉烟气采用"低氮燃烧 +SCR 脱硝 + 布袋除尘 + 氨法脱硫"工艺处理，烟尘、二氧化硫和氮氧化物的去除率分别达到 99.5%、96% 和 81%。

2013 年 5 月 20 日，苏新能源在塔城地区和布克赛尔蒙古自治县和丰工业园成立，承担新疆煤制气项目开发任务，煤制气项目规划至 2020

年，在和丰工业园累计投资 1 040 亿元。项目于 2016 年 10 月 21 日获得国家发展改革委核准，是"十三五"以来国家核准批复的首个煤制气项目，对我国煤制气产业发展、江苏省产业援疆、新疆社会稳定和长治久安总目标等方面具有重要意义。核准后，受煤炭资源没有配置到位、煤制天然气外送管道尚未落实等各方面因素影响，该项目未能开工建设。

（4）新疆准东煤制合成天然气示范项目

由中国石化长城能源化工有限公司、华能新疆能源开发有限公司、新疆龙宇能源有限责任公司、浙江省能源集团有限公司和新疆广汇实业投资（集团）有限责任公司、新疆生产建设兵团等企业共同建设新疆准东世界规模最大、转化效率最高的煤制天然气生产基地，共建设五彩湾、大井、西黑山、喀木斯特、和丰 5 个气源点工程，规模达 300 亿立方米 / 年，估算总投资 1 830 亿元，年用煤炭 9 000 万吨，直接解决就业约 1.8 万人。该基地一旦建成，新疆准东将成为全国乃至世界最大的煤制天然气基地。准东煤制气基地与中石化"新粤浙"管道（新疆准东—广东—浙江，输气能力 300 亿立方米 / 年）规模相匹配，由"新粤浙"输气管道输出。管道包括一条干线、4 条直线，年输气能力 300 亿立方米，市场覆盖新疆、浙江、广东等 12 个省区。线路总长 7 927 公里，其中干线 4 859 公里，支线 3 068 公里，是连接新疆伊犁、准东煤制气源地、西北天然气和华中区域、长三角地区、珠三角区域、广西用气市场的重要管道。另外，该管道由中国石化主导投资建设，可充分保证天然气的输送和销售。2013 年 9 月，国家发展改革委批量同意准东 300 亿立方米煤制气示范项目开展前期工作。

其中，中国石化长城能化新疆能源化工有限公司 80 亿方项目尤其受到行业关注。该项目采用两种气化技术，其中 55 亿方采用固定床熔渣气化，25 亿方采用干煤粉气化，化工装置总投资 700 亿元。煤炭供给依托中国石化在新疆准东拥有的奇台县大井南和吉木萨尔县大庆沟两个勘查区块，煤炭资源量约 148 亿吨，其中大井南约 85 亿吨，大庆沟约 63 亿吨。中国石化将在大井南矿区建设现代化、特大型矿井——大井南一号井、二号井，年产量约 3 000 万吨，是世界级产量的煤矿，配有世界级规模的选煤厂，通过 8 ～ 10 年的时间，建成年产 1 500 万吨的煤矿 2 座和 1 套 80 亿立方米的煤制天然气装置。

（5）新疆伊犁煤制合成天然气项目

新疆伊犁煤制合成天然气项目总投资 500 亿元，将建设年产 60 亿方煤制天然气生产装置、配套公用工程设施及辅助企业设施。中电投项目还将承担固定床碎煤加压气化废水处理和关键装备自主化两项示范任务。项目拟分期实施，一期工程建设规模为 20 亿立方米，预计投资 140 亿元，项目于 2009 年开始前期工作，已累计完成投资 5.23 亿元。2013 年，国家发展改革委办公厅下发《关于同意新疆伊犁煤制天然气示范项目开展前期工作的复函》，正式批准中电投新疆伊犁煤制气项目开展前期工作，该项目获得发展改革委"路条"。

2. "十四五"煤制气发展的预测

"十四五"以来，国家提出依托准东、哈密等大型煤炭基地一体化建设，稳妥推进煤制油气战略基地建设。这两大基地正逐渐成为新疆煤化工产业发展集聚区。准东开发区从 2013 年开始谋划布局煤制气产业，规划产能 300 亿立方米。近年来，致力于在准东开发区发展煤制气的企业积极性空前高涨，天池能源、其亚集团、国家能源集团、河南能源、山东能源等 10 余家央企、国企及民营企业已与准东开发区对接开展前期工作。哈密市是煤炭资源富集区，预测资源储存量 5 708 亿吨，占全国预测资源储存量的 12.5%，居全疆第一位。其中，哈密区域内三塘湖、淖毛湖矿区的煤炭含油率达 10% 以上，最高可达 16.3%，是世界罕见的富油煤资源，也是煤制油气、发展煤化工的理想原料。按照规划，至"十四五"末，哈密煤炭由"燃料"向"原料"的转化量将达到 1 亿吨以上，形成千亿级的现代煤化工产业集群。

在未来发展布局中，新疆煤制天然气项目将秉持审慎示范与升级示范的原则，在以下众多备选项目中优选符合高效利用煤炭资源、严格环保标准且拥有先进技术优势的项目，优先予以推行实施。

（1）新疆天池准东年产 40 亿立方米煤制天然气项目

新疆天池能源有限责任公司（简称"天池能源"）是特变电工立足新疆优势资源转换战略投资设立的大型能源企业，为国家级高新技术企业，公司总资产过百亿元。立足煤炭优势资源延伸产业链，该公司已成为覆盖煤炭、电力、物流三个板块，集大型露天煤矿开采加工、大型火力发电、城市供热、售电售热、综合物流等为一体的大型综合性能源企业，拥有新疆准东大井矿区南露天煤矿、北露天煤矿，新疆准东西黑山矿区将军戈壁一号露天煤矿、二号露天煤矿四个煤矿探矿权，整体煤炭探明储量 126 亿吨。南露天煤矿被列入"西部大开发开工建设 23 个重点项目"、国家一级安全生产标准化煤矿，已建成 3 000 万吨 / 年生产能力的绿色、数字、智能矿山。将军戈壁二号露天煤矿核定产能 2 000 万吨 /

年，现已全面达产。

2023 年 9 月，天池能源准东年产 40 亿立方米煤制天然气项目首次环境评价信息公开。该项目以煤为原料，选择固定床熔渣气化粗煤气经部分耐硫变换甲醇洗净化制得合成气，合成气经甲烷化合成制取合成天然气（SNG）产品，同时配套建设必要的储运系统、公用工程、辅助生产设施以及环保工程等。

（2）新疆其亚年产 60 亿立方米煤制天然气项目

新疆其亚化工有限责任公司（简称"新疆其亚"）拟投资 400 亿元，新建年产 60 亿立方米煤制天然气项目。该项目由其亚集团为主体建设，坚持"高端化、智能化、绿色化"为一体定位和"装备一流、环保一流、效益一流"标准，以当地煤为原料生产合成天然气。公司拟选址在新疆准东经济技术开发区矿区坑口，距离乌鲁木齐市约 200 公里，由工艺装置以及公用工辅助工程组成。

该项目建成后年均营业收入约 180 亿元，年缴纳各类税费约 13 亿元，新增就业 2 000 余人。同时，该项目具有显著的降碳效果，可实现二氧化碳直接减排量约为 137.5 万吨 / 年，不低于总碳排放量的 20%。该项目建成后将成为全国规模大、品质优、效益佳的现代一流煤化工产业基地。

2023 年 10 月，新疆其亚年产 60 亿立方米煤制天然气项目可行性研究报告评审会召开。

（3）国家能源集团准东 40 亿立方米 / 年煤制天然气项目

国家能源集团新疆公司规划在准东地区建设煤制天然气项目，建设总规模为 40 亿立方米 / 年，总投资约 250.37 亿元，项目占地面积约为 400 公顷，年就地转化原煤量 1 612 万吨 / 年。

项目关键工段均采用国内工艺及装置，建成国内成套煤制天然气技术装置示范项目。气化技术采用碎煤加压气化和粉煤加压气化组合工艺；空分装置采用国内大型空分技术和装置；变换拟采用国内成熟的中压耐硫变换工艺；脱硫脱碳拟采用国内成熟的低温甲醇洗技术；甲烷合成工艺拟采用国内大连化物所开发的甲烷化技术；项目烟气脱硫拟采用炉内高温 Claus 反应 +ECOSA® 工艺；氮氧化物治理采用洁净燃料气 + 超低 NOx 燃烧器 + 烟气循环技术，实现达标排放。正常工况下生产废水处理后全部分质回用。

项目还配套规划建设 1 000MW 风光发电、1GW 光伏发电制氢结合二氧化碳捕集驱油封存技术（CCUS），减少煤耗的同时降低二氧化碳排放。项目建设内容以建设单位提供的最终版可研报告为准。

2024 年 1 月 8 日，国家能源集团新疆能源有限责任公司准东 40 亿立方米 / 年煤制天然气项目环境影响报告书编审服务招标公告。

（4）河南能源集团年产 40 亿立方米煤制天然气项目

河南能源集团计划于"十四五"期间投资 200 亿元，建设年产 40 亿立方米煤制天然气项目、芨芨湖 1 500 万吨 / 年井工矿等项目。新疆龙宇能源准东煤化工有限责任公司（简称"新疆龙宇"）负责建设运营，项目建成后，可就地转化煤炭超过 1 500 万吨。煤制天然气项目将作为未来河南能源准东现代煤化工基地的"能源岛"，将向下延伸煤制烯烃、可降解塑料等系列高端化工新材料项目，真正做到吃干榨净，实现清洁高效生产，促进当地丰富的煤炭资源就地转化。

2023 年 11 月，河南能源化工集团化工新材料有限公司组织召开《新疆龙宇能源准东煤化工有限责任公司年产 40 亿立方米煤制天然气项目可行性研究报告》内部评审会议。可研报告提出的项目总体思路、建设规模、选址及主要工艺技术路线等内容基本合理、可行。内部评审会的顺利召开，为该项目后续工作深入推进奠定了扎实基础。

（5）新疆能源集团年产 40 亿立方米哈密煤制天然气项目

新疆能源（集团）有限责任公司（简称"新疆能源集团"）40 亿立方米煤制天然气项目选址在新疆哈密市巴里坤三塘湖工业园区条湖区煤化工基地，总投资 300 亿元。新疆能源集团石头梅一号露天煤矿是三塘湖矿区唯一建成投产的煤矿，已核准产能 1 500 万吨 / 年，且煤质具有低灰分、高发热量、有害元素含量较低等特点，可为煤化工项目提供优质、充足的煤源保障。

公司自 2021 年 3 月起开展煤化工和煤制天然气工艺路线研究。2022 年 9 月，由中国国际工程咨询有限公司主办的新疆能源（集团）有限责任公司 40 亿立方米煤制天然气项目预可行性研究报告专家评审会在北京召开。会议听取了该项目预可研报告的编制情况及成果汇报，并通过研阅资料、集体讨论交流等形式对报告进行全方位审查。此次会议标志着新疆能源集团煤制天然气项目前期工作取得实质进展，为该项目可研、设计等后续工作奠定了基础。

（6）中煤集团条湖 40 亿方 / 年煤制天然气项目

中国中煤能源集团有限公司（简称"中煤集团"）将在哈密巴里坤县三塘湖工业园建设年产 40 亿立方米煤制天然气项目。

该项目依托中煤条湖一号井工矿，经气化、净化后生产合成气，再经甲烷合成装置产出天然气后通过管网外送。同时，该项目耦合大型绿电装置生产 2 万方／小时绿氢，降低高载能煤化工项目的能耗和二氧化碳排放，并且配套建设 40 万千瓦的风光同场可再生能源发电项目。该项目设计消纳原煤 1 000 万吨／年，总投资约 320 亿元。

2024 年 1 月 19 日，中煤集团新疆能源有限公司发布条湖煤炭清洁高效转化多能融合综合示范项目 40 亿方／年煤制天然气产品路线社会稳定风险分析和评估采购公示和 40 亿方／年煤制天然气产品路线水资源论证报告编制服务采购公示。

（7）新疆庆华年产 55 亿立方米煤制天然气项目二期工程

新疆庆华年产 55 亿立方米煤制天然气项目是"十二五"期间国家发展和改革委员会首个核准的煤炭深加工示范项目，一期年产 13.5 亿立方米煤制天然气工程于 2013 年末建成投产，已稳定向西气东输管网供应优质天然气超 84 亿立方米；2018 年新疆庆华被国家发展改革委列为冬季保供重点气源单位，已累计保供天然气超 25 亿立方米。二期为年产 40 亿立方米的煤制天然气工程，分成 AB 两个系列，各 20 亿立方米，总投资为 194 亿，计划建设期为 3 年。

2023 年 3 月，由中国国际工程咨询有限公司组织行业专家对新疆庆华年产 55 亿立方米煤制天然气项目二期工程可研进行评审，这标志着该项目二期工程取得了实质性进展。2023 年 7 月，由中国石油和化学工业联合会组织的现场考核专家组入驻新疆庆华，对新疆庆华年产 55 亿立方米煤制天然气项目一期工程 13.75 亿立方米煤制天然气国家示范项目开展为期五天的现场考核。现场考核将对新疆庆华二期项目的启动和建设起到积极的推动作用。

（8）伊泰伊犁煤制天然气耦合加氢气化项目

伊泰伊犁能源有限公司原 100 万吨／年煤制油示范项目位于新疆维吾尔自治区伊犁州察布查尔县伊泰伊犁工业园内。目前公司拟对产品方案优化调整，新建年产 20 亿煤制天然气耦合加氢气化项目。

2023 年 10 月，伊泰伊犁能源有限公司 100 万吨／年煤制油示范项目产品方案优化调整项目环境影响评价报告技术服务合同中标公示，中标单位为中国昆仑工程有限公司。

（9）新业集团 40 亿立方米／年煤制天然气项目

新疆新业集团规划在准东地区建设煤制天然气项目，建设总规模为

40 亿立方米 / 年，项目占地面积约为 300 公顷。

在新业集团举办的全系统战略解码研讨会上，新业集团及下属公司领导表示，当前，新疆作为国家的"三基地一通道""九大产业集群"建设正有序展开，以煤制气为主导方向的煤化工产业正逢其时、恰逢其势，新业发展煤制天然气产业大有可为；建设煤制天然气项目，可以直接利用现有的西气东输管道向东部沿海地区进行疆气外送，既有效提高西气东输管道的实际利用率，又实现煤炭资源的规模化开发和就地转化，具有重要的探索价值和现实意义。

2024 年 3 月，新业集团组织召开 20 亿立方米煤制天然气项目可行性研究报告专家评审会。5 名煤化工领域知名专家，项目公司沃疆清洁能源（新疆准东经济技术开发区）有限责任公司领导班子成员，可研编制单位技术团队及相关人员参加会议。

3.3.3　我国主要管网布局及新疆管网分析

"十三五"期间，我国油气管网设施建设速度加快。国家统计局和2021 年生态能源储运设施安全保障及创新交流会上呈现的数据显示，截至 2020 年年底，我国国内外长输油气管道总里程已达到 16.5 万公里（国内管道输油气里程为 13.41 万公里），其中原油管道 3.1 万公里，成品油管道 3.2 万公里，天然气管道长度 10.2 万公里，建成液化天然气接收站21 座。其中，原油管道项目主要有中俄管道二线、铁岭—大连原油管道、中缅原油管道等，成品油管道项目主要有湛江—北海成品油管道、贵渝成品油管道、锦州—郑州成品油管道等，天然气管道项目主要有西气东输天然气三线、中俄东线天然气管道等，国内已经基本形成了西部油气东送、北部油气南下、国内外油气联通的油气输送管网格局。

按照当前的油气管网建设发展速度，预计至 2025 年，我国长输油气管道总里程将达到 21 万公里，届时，全国省（自治区、直辖市）油气主干管网将实现全部联通。根据国家发展改革委、国家能源局最新印发的《"十四五"现代能源体系规划》，"十四五"期间将继续加快油气跨省跨区输送通道建设，加快开展中俄东线管道南端、西气东输三线中段、西气东输四线、山东龙口管道建设等工程。

国家管网集团自 2019 年成立以来，全面接管油气干线管网建设和运营工作，大力推进油气管网体制改革，推动油气管网设施公平开放，构建"X+1+X"油气市场体系。广东、福建省级瓦斯管网先后以市场化形式加入国家管网，国家管网于 2020 年开启液化天然气接收站外运工作，推动液化天然气面向市场开放，开展储气库库容在线竞标工作，同时开通公平开放专栏，面向全社会公布集团及所属企业情况、油气管网（包括储气库、液化天然气接收站）设施信息、管道及接收站的剩余能力、运输和服务价格等信息。2021 年，重点开展液化天然气接收站"窗口期"受理工作，向市场协力厂商主体开放液化天然气接收站视窗和天然气管道，初步推出托运商机制。2022 年，又集中发布了《国家管网集团 2022 年瓦斯管输服务集中受理公告》《关于开展国家管网集团 2022 年文 23 储气库容量竞价交易的公告》《关于开展国家管网集团储运通服务产品（广州储气点）竞价交易的公告》等一系列公告。《文 23 储气库竞价公告》发布后，共有 30 余家企业申请的服务量达到 139 亿，最终达成管输服务合同共计 119 亿立方米。2022 年 4 月 1 日，国家管网开放服务及交易平台上线，该平台统筹资源、公开信息，为油气产业上中下游企业提供一站式服务。可见，在国家管网集团的运营下，管网设施公开准入正在稳步推进。此外，各省级管网和能源办也在积极推动管网体制改革，如浙江省发布《浙江省瓦斯管网设施公平开放实施细则（试行）》，以推动省内管网设施公平开放，福建省能源办深入开展实地调研和专项监管工作先后落实监管了华润燃气公司都市燃气托运、中海油气电集团跨省瓦斯运输工作。

1. 液化天然气接收站建设情况

2006 年，深圳大鹏液化天然气项目接收站投产标志着中国开始了液化天然气进口。由表 3-7 可知，截至 2019 年年底，中国已建成液化天然气接收站 22 座，设计接收液化天然气规模为 7 355 万吨 / 年，实际接收液化天然气规模达到 9 035 万吨 / 年。目前，建成接收站中有 18 座属于中石油、中石化和中海油三大公司，4 座属于地方国企和民营企业所有。建成投产的液化天然气接收站分布在华北地区（5 座）、华南地区（11 座）和华东地区（6 座）。

表 3-7　我国液化天然气项目接收站建设情况

区域	项目	设计规模（万吨 / 年）	实际能力（万吨 / 年）	投产时间	区域平均负荷率
华北	天津液化天然气	300	600	2018	66.2%
	辽宁大连	600	600	2016	
	山东青岛	600	600	2014	
	河北唐山	650	650	2015	
	天津浮式	220	600	2013	

续表

区域	项目	设计规模（万吨/年）	实际能力（万吨/年）	投产时间	区域平均负荷率
华东	江苏如东	650	650	2016	68.5%
	浙江宁波	300	700	2012	
	上海洋山	300	600	2009	
	江苏启东	115	115	2017	
	山海申能	150	150	2017	
	新奥舟山	300	300	2018	
华南	深圳大鹏	680	680	2006	49.7%
	福建莆田	630	630	2008	
	广东珠海	350	350	2013	
	海南洋浦	300	300	2014	
	广西北海	300	600	2016	
	东莞九丰	150	150	2017	
	广大揭阳	200	200	2017	
	深圳迭福	400	400	2018	
	海南深南	20	20	2016	
	广西防城港	60	60	2019	
	深燃 LNG	80	80	2019	
合计		7 355	9 035	-	-

数据来源：国家发展改革委官方网站

2. 国内管网建设情况

2020 年，中国天然气管网干线长度约为 10.4 万公里，管网输气能力超过 4 000 亿立方米。2020—2025 年天然气管网建设规划提出，2025 年中国天然气管网建设长度将达到 16.3 万公里，形成全国一张网的输气格局。从表 3-8 天然气管网建设来看，四个天然气管网系统包括西气东输管道系统、陕京天然气管道系统、川气东送天然气管道系统和联络天然气管道为我国天然气运输发挥重要作用，目前我国天然气管网基本成型。

表 3-8　国内天然气管道建设情况

项目名称		长度（公里）	年输气能力（亿立方米）
西气东输管道系统	西气东输一线	4 200	120
	西气东输二线	9 102	300
	西气东输三线	7 378	300

项目名称		长度（公里）	年输气能力（亿立方米）
陕京天然气管道系统	陕京一线	853	33
	陕京二线	935	170
	陕京三线	896	150
	陕京四线	1 272.5	230
川气东送天然气管道	川气东送天然气管道	1 702	150
	中石油忠武天然气管道	1 352	30
联络天然气管道	冀宁联络天然气管道	1 498	100
	兰州—银川联络天然气管道	401	35
	中卫—贵阳联络天然气管道	1 613	150
	中卫—靖边联络天然气管道	376	300

数据来源：国家发展改革委和国家能源局官方网站

3. 新疆管网建设情况

新疆地区的天然气官网系统主要有西气东输一线、二线、三线和新气管道。西气东输一线工程于 2002 年 7 月正式开工，2004 年 10 月 1 日全线建成投产。该工程主干线西起新疆塔里木油田轮南油气田，投资规模 1 400 多亿元，是目前我国距离最长、口径最大的输气管道。该管道直径 1 016 毫米，设计压力为 10 兆帕，年设计输量 120 亿立方米，全线采用自动化控制，供气范围覆盖中原、华东、长江三角洲地区。该工程东西横贯新疆、甘肃、宁夏、陕西、山西、河南、安徽、江苏、上海等 9 个省（自治区、直辖市），全长 4 200 千米。它西起塔里木盆地的轮南，起点是塔北油田，东至上海。西气东输一线是我国自行设计、建设的第一条世界级天然气管道工程，是国务院决策的西部大开发的标志性工程。西气东输一线在新疆域内始自塔里木油田轮南油气田，向东依次经过库尔勒、吐鲁番、鄯善、哈密 4 地。

西气东输二线管道主供气源为引进自土库曼斯坦、哈萨克斯坦等中亚国家的天然气，调剂气源为塔里木盆地和鄂尔多斯盆地的国产天然气。工程主要目标市场是早先西气东输一线工程未覆盖的华南地区，并通过支干线兼顾华北和华东市场。工程包括一条干线和首批八条支干线，工期为 2008 年 2 月至 2012 年 12 月。西气东输二线是我国首条引进境外天然气资源的战略通道工程，是目前世界上线路最长、工程量最大的天然气管道。管线起于新疆霍尔果斯首站，途经全国 15 个省（自治区、直辖市）、192 个县级单位，止于中国香港，工程全长 8 704 公里。其中，干线霍尔果斯至广州段全长 4 978 公里，8 条支干线总长 3 726 公里。西气东输二线向北疆供气管道工程包括三部分，即西气东输二线向乌石化供气支线（管线始于昌吉分输站）、向独石化供气支线（管线起始于奎屯分输站，止于独山子石化）和西气东输二线与准格尔盆地环形输气官网联络线（起点为西区东输二线昌吉分输站，止于克—乌线王家沟末站）。

西气东输三线是继西气东输二线之后，我国第二条引进境外天然气资源的陆上通道，主供气源为来自中亚国家的天然气，补充气源为疆内煤制天然气。工程包括 1 条干线、8 条支线，配套建设 3 座储气库和 1 座液化天然气站。干线全长 5 220 公里，西起新疆霍尔果斯，终于福建福州，途经新疆、甘肃、宁夏、陕西、河南、湖北、湖南、江西、福建和广东等 10 个省区，设计压力为 10 兆帕至 12 兆帕，输量为每年 300 亿立方米。工程分西段、中段和东段三部分实施。其中，西段从新疆霍尔果斯至宁夏中卫，基本与西气东输二线并行，全长约 2 450 公里。中段从宁夏中卫至江西吉安，全长 1 960 公里。东段从江西吉安至福建福州，全长超过 800 公里。配套支线以及相关储气库、液化天然气站等，将根据资源和市场情况加快建设。西气东输三线工程建成后，将进一步增强我国的天然气供应保障能力，使天然气在我国一次能源消费结构中的比例提高 1% 以上，每年可减少二氧化碳排放 1.3 亿吨、二氧化硫 144 万吨、粉尘 66 万吨、氮氧化物 36 万吨。西气东输三线新疆段与二线走向一致。

新气管道全称为中石化新疆煤制气外输管道工程、新粤浙管道工程，是国家核准的大型能源项目。新粤浙管道包括 1 条干线、6 条支线，总长度达 8 372 公里，项目总投资 1 322.17 亿元，输气能力 300 亿立方米／年。干线起点为新疆伊宁首站，终点为广东省韶关末站，途经新疆、甘肃、宁夏、陕西、河南、山东、湖北、湖南、江西、浙江、福建、广东、广西 13 个省区。支线则包括准东、南疆、豫鲁、赣闽浙和广西 5 条。工程共设工艺站场 58 座，其中包括 23 座压气站。

此外，西气东输四线管道工程于 2022 年 9 月 28 日开工建设。这是继一线、二线、三线之后，连接中亚和中国的又一条能源战略大通道，工程起自新疆乌恰县伊尔克什坦口岸，经轮台县轮南镇、吐鲁番至宁夏中卫，全长约 3 340 公里，预计 2024 年建成投产。2023 年 7 月 8 日，新疆维吾尔自治区人民政府与中国石油天然气集团有限公司签订战略合作协议，中石油将在新疆 10 个地州扩建天然气管道工程，总里程达 4 977 公里。据新疆维吾尔自治区发展改革委领导介绍，此次扩建的天然气管道工程共有 14 个项目。其中，北疆有 5 个项目，将投资 46.6 亿元，扩建 2 863.5 公里天然气管道；南疆有 9 个项目，将投资 79.9 亿元，扩建 2 113.5 公里天然气管道。据中国石油天然气集团有限公司介绍，中石油在北疆准噶尔盆地已建成 2 067 公里天然气管网，惠及乌鲁木齐市、克拉玛依市等 9 个地州市 700 万人口，累计输气超 650 亿立方米；在南疆已建成 3 037 公里天然气管网，惠及南疆五地州 430 万人口，累计输气超 500 亿立方米。

3.3.4　新疆煤制天然气的后发优势

近年来，国家将新疆煤炭资源的储备地位转变为战略地位，在能源发展新局面下，新疆煤制天然气产业具有较强的后发优势与亮点，主要体现在以下方面。

1. 国家规划更加集中，新疆是我国最适合煤制气地区的共识正在达成

新疆准东、哈密等规划建设煤制油气战略基地，代表着我国煤制气项目布局的集群化发展。新疆是我国重要油气生产和加工基地，天然气产量约占 20%，是我国第三大天然气生产省区。"十四五"以来，我国对新发展阶段煤制油气产业发展提出了新的要求。"十四五"规划纲要、《"十四五"现代能源体系规划》等政策文件明确提出"稳妥推进内蒙古鄂尔多斯、陕西榆林、山西晋北、新疆准东、新疆哈密等煤制油气战略基地建设，建立产能和技术储备"；《扩大内需战略规划纲要（2022—2035 年）》进一步明确"稳妥推进煤制油气，规划建设煤制油气战略基地"。这代表着我国煤制气项目布局的集群化、规模化发展趋势。煤制天然气对保障国家能源安全具有重要意义。环渤海、长三角、珠三角三大经济带对天然气需求巨大，而内蒙古、新疆等地煤炭资源丰富，但运输成本高昂，因此，将富煤地区的煤炭资源就地转化成天然气，通过管网输送至各省（自治区、直辖市）是一个重要的战略选择。准东和吐哈两个地区的煤炭产量占新疆的 3/4 左右。近年来，新疆重点建设了准东、吐哈、伊犁、库拜四大能源基地，新疆煤制天然气在一定程度上缓解了东部省市天然气缺口。比如，伊犁新天煤化工 2022 年产的 20 亿立方米煤制天然气，全部通过"西气东输"管道送达浙江省，相当于一座 600 万人口城市一年的民用气量，约占浙江省年用气量的 11% 左右。煤制天然气可以打破国外石油天然气的价格垄断，所以，煤制天然气必将成为未来劣质煤炭和偏远地区煤炭资源综合利用的发展方向。

新疆煤化工正在进入战略发展期。我国高度重视新疆地区发展，给予了许多特殊政策。煤化工产业作为煤炭清洁高效利用的重要途径，随着国家大力支持，产业正步入战略发展期，一批现代大型煤化工项目取得路条并有序推进，正逐步建设煤制天然气、煤制烯烃、煤制油等特色现代煤化工产业集群，产业发展已具备一定基础和规模。在处理好生态环境保护、提升经济效益等基础上，煤制天然气项目使得新疆的煤炭资源优势加快转化，除了"煤从空中走"，又多了一条"煤从管中走"的转化途径。中国工程院预测，"十四五"期间，预计新增煤制天然气 100 亿立方米。新疆丰富优质的煤炭资源正吸引国内外越来越多的煤炭企业纷纷"抢滩"新疆。目前已有神华集团、新汶集团、山东鲁能、湖北宜化、山西潞安环能、广汇集团、庆华集团等众多大型企业布局新疆，投资开发建设煤炭、煤电、煤化工项目，新疆煤化工产业正在成为投资新热点。

2. 新疆明确为重要接续地与供应保障基地，保障国家能源安全

新疆煤炭资源的储备地位已转变为战略地位。2016 年，新疆成为国家第十四个大型煤炭基地。为落实国家能源发展战略，新疆全力推进国家"三基地一通道"建设，国家大型煤炭煤电煤化工基地建设成效显著。2022 年，新疆成为国家五大煤炭供应保障基地之一。煤炭在推动新疆经济高质量发展、服务和保障国家能源安全中持续发挥兜底保障作用。近年来，我国煤炭产能不断向西部转移，新疆在国家能源安全的地位提高，已成为重要接续地，近几年的煤炭产能、外运量均大幅增长，是全国增速最高的地区。新疆煤制天然气原料优质，产能不断释放，煤制气成本优势突出。现阶段，各大煤炭化工企业紧紧抓住新疆"十四五"时期大力发展煤炭煤化工产业的有利时机，依托新疆丰富的煤炭资源，推进煤化工产业发展，提高经济质量效益和核心竞争力。

新疆富含油气的长焰煤储量丰富。新疆煤炭资源丰富，已探明储量位居中国第二，煤炭煤电煤化工是其九大产业集群之一。新疆煤炭品质优良、贮存条件好、开采成本低，是现代煤化工产业的优质原料。近年来，新疆不断优化煤炭产业结构，煤炭优质产能得到进一步释放。新疆煤炭资源预测储量 2.19 万亿吨，为我国煤炭资源储量最多的省份，占全国煤炭预测储量的 40%。2022 年新疆 66 座煤矿核定总产能 3.13 亿吨，总产量 4.13 亿吨，产能利用率约为 132%，原因在于新疆有部分煤矿被纳入国家重点保供煤矿，实际产量远大于核定产能，实际产量释放强度主要由政府核准。2023 年，新疆原煤产量 4.57 亿吨，同比增长 10.7%。新疆发展改革委发布文件指出，要全面加快推进国家给予新疆"十四五"

新增产能 1.6 亿吨 / 年煤矿项目建设，充分释放煤炭先进优质产能，力争 2025 年煤炭产量达到 4 亿吨以上。目前实际产能已超过预期目标，新疆富含油气的长焰煤既是储量最大的煤种，又是最适合发展煤制气的煤种，可与以焦煤为主的山西实现差异化竞争。

3. 管网运营机制改革推动新疆煤制天然气市场化的运输优势

发端于 2019 年的管网运营机制改革推动了新天然气市场化。煤制天然气成本构成中以原料煤、燃料煤和折旧占比最大，从能源流通角度看，煤制天然气能够在一定程度上解决国内资源分布和能源消费市场不匹配这一矛盾。此前，伊犁新天年产 20 亿方煤制天然气项目和新疆庆华年产 13.75 亿方煤制大然气项目由于远离消费市场，终端产品市场化不充分，生产装置不能满负荷运行，导致企业运营举步维艰，阻碍了煤制天然气产业发展。2019 年 12 月 9 日，国家石油天然气管网集团有限公司正式挂牌，标志着石油天然气管网运营机制市场改革迈出了关键一步。天然气长输管道形成了互联互通、统一调度的公共平台，管输成本更加透明、公平，使煤制天然气能够更加公平地参与市场销售和竞争，解开了束缚煤制天然气项目外输和市场开发的枷锁。相对低价且价格波动相对平稳的煤制天然气资源可以作为进口液化天然气价格波动的对冲工具。新疆庆华首批管输煤制天然气通过国家管网源源不断输送到山东、河南等终端用户，实现了新疆煤制天然气市场化自由销售，为新疆煤制天然气企业稳定经营和增产创效奠定了基础。伊犁新天煤制天然气也通过国家管网成功"代输入浙"。2020 年 10 月 1 日，国家石油天然气管网集团有限公司正式运营，其搭建的"X+1+X"放开上游市场，提供管道托运优质服务平台模式，重塑了我国目前存在的油气市场规则，为天然气行业实现终端客户托运直供提供了有效途径和市场。近年来，得益于国家管网集团成立，实现"西气东输"管网基础设施向用户公平开放，加上天然气价格上涨，煤制天然气行业开始好转，实现扭亏为盈。

新疆地区作为西气东输的大通道，自身的管网优势较大。近日，国家发展改革委对国家石油天然气管网集团有限公司经营的跨省天然气管道进行了定价成本监审，并据此核定了西北、东北、中东部及西南四个价区管道运输价格，自 2024 年 1 月 1 日起执行（表 3-9）。西北价区运价率为 0.126 2 元 / 千立方米·公里，东北价区运价率为 0.182 8 元 / 千立方米·公里，中东部价区运价率为 0.278 3 元 / 千立方米·公里，西南价区运价率为 0.341 1 元 / 千立方米·公里。打破了运价率过多对管网运行的条线分割，有利于实现管网设施互联互通和公平开放，打破了以前的定价模式，加快形成"全国一张网"，促进了天然气资源自由流动和市场竞争。可以看出，新疆地区的跨省天然气运输价格为国内最低水平。

表 3-9　跨省天然气管道运输价格

序号	所属价区	含税运价率（元/千立方米·公里）	主要干线管道	起点	终点	重要支干线和必要联络线
1			陕京一线	陕西榆林	北京石景山	琉永支线
2			陕京二线	陕西榆林	北京通州	任丘支线
3			陕京三线	陕西榆林	北京昌平	鄂安沧联络线
4			陕京四线	陕西榆林	北京顺义	高西支线、宝香西联络线、马坊—香河支线、密云—马坊联络线、应张支线联络线、张北支线等
5			港清线	河北廊坊	天津大港	永京支线、港清复线、港清三线、汪庄子支线、京58管道、大港储气库管线
6			唐山LNG外输管线	河北唐山	河北唐山	丰南—宁和支线
7	中东部价区	0.278 3	西气东输一线东段（中卫以东）	宁夏中卫	上海青浦	南京—芜湖支干线、常州—长兴支干线、龙池—扬子扬巴支线、淮武支线、定远—合肥复线、泰兴—芙蓉支线等
8			西气东输二线东段（中卫以东）	宁夏中卫	广东广州	平泰支干线（河南段）、平泰支干线（山东段）、南昌—上海支干线、广州—南宁支干线（广西段）、广州—南宁支干线（广东段）、广州—深圳支干线（广东段）、中卫—靖边支干线等
9			西气东输三线东段（中卫以东）	宁夏中卫	福建福州	中靖联络线、闽粤支干线（广东段）、德化联络线、长沙支线、长沙联络线、福州联络线
10			川气东送	四川达州	上海青浦	达化专线、川维支线、南京支线、江西支线、武石化支线、西一线联络线等

序号	所属价区	含税运价率（元/千立方米·公里）	主要干线管道	起点	终点	重要支干线和必要联络线
11			忠武线	重庆忠县	湖北武汉	荆襄支线、潜湘支线、武黄支线
12			江苏LNG外输管线	江苏扬州	江苏南通	
13			中缅线（贵阳—贵港段）	贵州贵阳	广西贵港	都匀支线、河池支线、桂林支线、钦州支线、防城港支线
14			榆济线	陕西榆林	山东德州	榆麻支线
15			广西LNG外输管线	广西北海	广西柳州	柳东支线、粤西支线、桂林支线
16			安济线	河北衡水	山东德州	
17			青宁线	山东青岛	江苏南京	
18	中东部价区	0.278 3	中贵联络线	宁夏中卫	贵州贵阳	天水支线、陇西支线、陇南支线、中贵江津站至重燃支坪支线、中贵线与元坝—普光互联互通输气管道
19			冀宁联络线	河北衡水	江苏扬州	临沂支线、济宁支线、德州支线、武城支线、刘庄储气库支线、邳州—徐州支线、邳州—连云港支线
20			鄂安沧线	河北石家庄	河北沧州	濮阳支干线、保定支干线、安平站—安济线联络线、南乐联络线、沧州站—天津LNG联络线
21			长宁线	陕西榆林	宁夏银川	
22			天津LNG外输管线	天津南港工业区	河北唐山、山东滨州	

续表

序号	所属价区	含税运价率（元/千立方米·公里）	主要干线管道	起点	终点	重要支干线和必要联络线
23			兰银线东段	宁夏中卫	宁夏银川	
24			新粤浙线	湖北潜江	广东韶关	新气管道与西二线韶关联通管道、广西支干线
25			中开线	河南濮阳	河南开封	南寺线、濮范台管道
26			中俄东线南段	河北廊坊	江苏泰州	
27			蒙西管道	天津滨海新区	河北保定	天津LNG联络线、廊坊分输支线
28			苏皖管道	江苏盐城	安徽合肥	滨海—盱眙段、安徽天长—合肥段、阜宁电厂专线、中俄东线南段与江苏滨海LNG外输管道互联互通管道
29			西气东输一线西段（中卫以西）	新疆轮南	宁夏中卫	
30			西气东输二线西段（中卫以西）	新疆霍尔果斯	宁夏中卫	轮吐支干线、独石化支线、嘉峪关市供气支线、武威分输支线、酒泉供气支线、张掖市供气支线、金昌分输支线
31		0.126 2	西气东输三线西段（中卫以西）	新疆霍尔果斯	宁夏中卫	伊霍线
32			涩宁兰管道	青海格尔木	甘肃兰州	两兰支线、兰定线、刘化支线、西宁支线、甘南支线、甘西南支线等
33			兰银线西段	甘肃兰州	甘肃白银	景泰支线、白银支线

序号	所属价区	含税运价率（元/千立方米·公里）	主要干线管道	起点	终点	重要支干线和必要联络线
34			鄯乌线	新疆吐鲁番	新疆乌鲁木齐	
35	东北价区	0.182 8	中俄东线（黑河—永清段）	黑龙江黑河	河北廊坊	长岭—长春支线、明哈支线、大庆—哈尔滨支线、中段互联互通管道、武清站联通工程
36			秦沈线	河北秦皇岛	辽宁沈阳	葫芦岛支线、盘锦支线、沈阳支线、锦西石化支线、锦州石化支线、营盘联络线
37			大沈线	辽宁大连	辽宁沈阳	沈抚支线、大连支线
38			哈沈线	辽宁沈阳	吉林长春	平山线支线
39			永唐秦管道	河北廊坊	河北秦皇岛	
40	西南价区	0.341 1	中缅线（瑞丽—贵阳段）	云南德宏	贵州贵阳	丽江支线、玉溪支线、滇西天然气环网瑞丽至陇川段

数据来源：国家发展改革委官方网站

新疆煤制天然气能够通过国家管网直供国内终端用户，不仅可以扩大新疆煤制天然气市场影响力，也是国家管网集团实施基础设施"公平开放"的具体体现，更是近年来中国油气市场化改革进程中迈出的关键一步。该模式将为我国冬季"清洁供暖"气源保障贡献一份力量，也为今后下游用户作为托运商通过国家管网引进其他气源提供了宝贵经验，对推动自治区乃至全国煤制天然气商业化开发进程和产业健康发展具有重要意义。新疆可以充分利用西气东输等相关的线路对出疆管线进行有效的推进。比如，西一线、西二线、西三线以及新粤浙管线，这几条管线通过相关能源的传输可以加强煤制气项目的有效推进，使其在对投入产出规划进程进行有效把握的过程中，扫除对外发展的障碍，不断加强管网优势的有效发挥。得益于国家管网集团成立，实现"西气东输"管网基础设施向用户公平开放，加上天然气价格上涨，煤制天然气行业开始好转，实现扭亏为盈。

4. 新一轮煤制天然气关键技术的加速酝酿助力新疆走在世界前列

我国已积累了全球最先进的煤化工技术。从"十一五"起步的我国现代煤化工，经过 20 余年的勤力奋斗、开拓创新，积累了全球最先进的煤化工技术、大量的研发机构和人员、最有经验的设计队伍、最大量的工程师和从业人员。新一轮煤化工关键技术的突破正在加速酝酿中，为新疆煤化工升级和高质量发展打好了基础。中国最早的煤制天然气技术来自国外，至今已基本实现国产化。目前世界上已投产工业级煤制天然气装置较少，中国的煤制天然气技术已经走在前列。煤制天然气技术链中，最核心的技术是煤气化和甲烷化，这两项技术目前都已经打破国外技术垄断，实现了完全国产化。在煤气化技术方面，以航天工程研发的航天炉为代表的国产气化炉，对煤种要求低，煤种适应性广，在技术指标和维护性上已经接近甚至领先于海外气化炉水平，煤制气需求扩张叠加国产替代，国内自主知识产权水煤浆气化技术发展迅速，后来居上，已逐渐取代德士古等海外品牌气化炉，有望迎来发展机遇期。

我国长期致力于煤制天然气全技术链的国产化，目前煤气化、变换、脱酸等技术都已实现，但甲烷化技术开发难度大，多年来尚未取得突破。自煤制天然气项目运行以来，经过新疆庆华团队不懈努力，成功完成了国家"4.0MPa 碎煤加压气化技术"和"深度污水处理及回用技术"的示范任务，实现了"零排放"和我国装备制造业国产化率 95% 的目标；催化剂是煤制天然气最核心的部件和重要载体，对提高化学反应速率至关重要。2022 年 8 月，中国自主研制的甲烷化催化剂在新疆庆华大型煤制天然气项目中一次性开车成功，甲烷化装置实现长周期平稳运行，产品质量合格，天然气顺利并入管网，上述试验成功标志着中国首次实现煤制合成天然气催化剂整炉国产替代，可实现煤制天然气领域全产业链条技术国产化。实现我国煤制气技术工艺自主创新，煤制气的能耗、煤耗、水耗指标大幅降低，经济效益进一步提高。历时 8 年建成投产，连年亏损后，目前世界上单体最大的煤制天然气项目新疆伊犁新天煤化工有限责任公司 20 亿立方米煤制天然气项目，终于在 2022 年 12 月 30 日年产量首次达到设计产能，当年该公司利润也大幅增长。"十二五"以来，伊犁州稳妥推进现代煤化工示范项目，上述两家煤制天然气企业相继建成投产。目前，伊犁州煤制天然气年产能 30 多亿立方米，约占中国煤制天然气产能的三分之一。

5. "碳中和"背景下，天然气是重要的过渡能源及新能源耦合的减碳纽带

天然气单位热值排放量低，是碳友好型的清洁化石能源。根据国家标准中的不同能源热值（以平均低位发热量计）和碳排放交易网计算的二氧化碳排放系数（消耗单位质量能源产生的二氧化碳）测算得到常见能源单位热值碳排放量（图3-6），单位热值排放量远低于煤炭和石油，天然气仅为原煤的61%，原油的77%。"气代煤"可实现至少40%的碳减排效果，并大幅降低颗粒物、SO_2、NOx、重金属、放射性物质等污染物排放，实现"减污降碳"协同增效。煤化工行业碳排放约占全国二氧化碳排放总量的5%，且我国煤化工产业规模整体仍呈现稳步增长趋势。煤制天然气能源利用率高，决定了其综合二氧化碳排放量较其他煤制能源产品低，符合国家节能减排的方针政策。在我国提出"力争2030年前碳达峰、2060年前碳中和"目标背景下，积极制定煤化工行业减排目标，加大对利用天然气等非煤原料生产合成化工产品，对我国煤炭有序减量替代、消费转型升级具有重大意义。

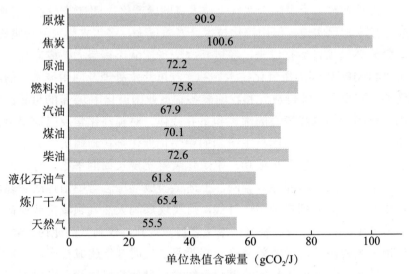

图3-6 常见能源的单位热值碳排放（单位：gCO_2/J）

数据来源：国家市场监督管理总局，《综合能耗计算通则（2020）（GB/T 2589-2020）》

新疆的地理优势极易开展绿氢、绿氧和煤化工的耦合实现减碳。新疆风光资源丰富，土地贫瘠，是国家鼓励"沙戈慌"光伏的重要基地。国家在《关于新时代推进西部大开发形成性格局的指导意见》中提出：推进煤制油、煤制气、煤制烯烃升级示范，加快风电、光伏就地消纳。煤化工和可再生能源在新疆的集中分布重合度高，便于就近融合发展。通过可再生能源制取氢气和氧气与煤制天然气产业结合应用，有利于充分利用碳资源，把绿色能源转化为天然气产品的化学能，并实现大宗二氧化碳的资源化循环利用，给煤制天然气带来绿色转型。煤制天然气工艺中产生的二氧化碳浓度高，易于开展捕集封存与综合利用。把捕集的二氧化碳与绿氢结合，通过化学转化制成零碳天然气和液态燃料，能够实现可再生能源和氢能的深度融合，实现大规模的二氧化碳资源化化学利用。发展风光电制绿氢，探索绿氢在煤化工领域的场景应用，有利于推动现代煤化工产业与氢能产业一体化融合发展，助力煤炭清洁高效利用，拓展化工原料来源途径，形成氢能及可再生能源利用的产业新模式和发展新路径。为实现煤化工绿色发展，新疆庆华能源集团有限公司正在推进二氧化碳利用项目，计划将煤制天然气过程中排放出来的二氧化碳利用起来，与光伏制氢产出的绿氢反应，合成甲醇。该项目位于伊宁市苏拉宫工业园区内，一期已开工建设，届时将通过 30 公里长的二氧化碳长输管道，将捕获来的二氧化碳输送到工业园区。二期将进一步延伸产业链，以甲醇为原料生产碳酸二甲酯、可降解聚合物以及氨纶等高附加值产品。此外，新疆是我国重要的石油开采地，煤化工二氧化碳用于驱油，既可以减碳又能提高油田产量。新疆维吾尔自治区工信厅还将推进准东国家级现代煤化工示范区、哈密国家级现代能源与化工产业示范区建设，引导支持煤化工产业绿色发展，构建以煤炭清洁高效利用为核心的循环产业链。新疆煤制气产业绿色发展未来可期。

第四章

新疆煤制天然气企业绿色发展的驱动机制

4.1 煤制天然气企业绿色发展的市场驱动机制

4.1.1 国内煤制气行业市场集中度分析

中国煤制气市场是一个庞大而复杂的市场，涵盖了多个领域和不同层面的参与者。从供给端来看，煤制气市场主要由煤炭企业、煤制气企业、能源公司和化工企业等组成。从需求端来看，煤制气产品主要应用于城市燃气供应、化工原料、交通燃料等领域。煤制天然气相比其他煤化工方向具有市场增长空间大、潜在盈利稳定、产品便于运输等特点。

目前，中国煤制气市场的集中度相对较高，主要表现为以下三个方面：第一，中国煤制气市场的产能主要分布在少数大型企业，这些企业具有较高的技术实力和资金实力，能够在市场上占据较多份额。大型企业通常具有规模经济效应，能够降低生产成本，提高市场竞争力。第二，中国煤制气市场的竞争格局相对稳定，市场份额变动较小。少数大型企业在市场上占有较大份额，并具有较强的市场地位。这些企业在技术、品牌、渠道等方面具有优势，难以被其他企业挑战。第三，政府对煤制气行业的监管力度逐渐加强，加强了市场准入和监管措施，这使得新进入者面临较高的准入门槛和监管要求，缓解了市场竞争的激烈程度。市场集中度高意味着少数企业掌握了市场的主导地位，一般在企业改革、机制创新、人才集聚、产业发展、内部管控、科技创新等方面都会有丰富的成功经验。

就新疆地区而言，自治区政府持续加大对煤制气技术研发和创新的支持力度，鼓励企业加大对技术的投入，提高产品质量和效率。为了促进市场竞争和创新，政府依托监管，鼓励市场合理竞争和不断创新，加强国际国内合作与交流，并推动能源多元化发展，不但有助于提高企业市场竞争力，也推动中国煤制气行业的高质量发展。此外，自治区政府不断着力于推动国有企业结构性调整、重组、优化、整合，促进优势企业集团做强做大。自治区党委书记马兴瑞指出，国有经济是新疆经济发展的"胳膊"和"大腿"，必须聚焦国家战略需求，紧扣新疆优势领域，突出自身发展主业，不断提高资源配置效率。明确要求全自治区地区要持续推进布局优化和结构调整。坚持"扬优势、强龙头、补链条、聚集群"，推动国有资本向战略性产业、优势重点产业集中，向引领产业发展的重大基础设施领域集中，向具有核心竞争力的企业集；明确要求着力打造一批在全国具有影响力的千亿级产业集群；明确要求要加快推进战略性重组和专业化整合，坚持以建设一流企业为导向，对区属国有企业从系统上、战略上进行全面规划、重构、整合，依托优势主业企业，该整合的整合重组、该补齐的尽快补齐、该新设的抓紧新设、该退出的有序退出；明确要求力争到"十四五"期末，在自治区重点产业板块形成一批千亿级龙头骨干企业，打造新疆"国企舰队"；明确要求着力优化资源配置，依法合规推动国有企业更加深入地参与优势资源转换，使国企成为新疆煤炭、金属矿产、风光电等资源型产业的中流砥柱；明确要求全区国有企业坚持聚焦主业、突出主业、优化主业，严控与主业关联不大、投资收益低的非主业投资，有序退出缺乏发展潜力的非优势业务，清理处置低效和无效资产，持续提升主业盈利能力和市场竞争力。所有这些，恰逢其时地为新业集团聚焦主责主业、全面推动向以现代煤化工为核心定位的产业集团转型发展提供强有力指导。

　　自治区全面推动九大产业集群建设，为国有企业创新发展提供广阔的产业空间和平台。自治区党委十届五次全会对新疆产业布局进行系统分析和全面规划，强调指出，要立足新疆资源禀赋和区位优势，充分发挥油气、煤炭、矿产、粮食、棉花、果蔬等资源和产业在全国经济大局中的重要作用，推动经济高质量发展。强化科技创新引领，加大科技创新投入力度，培育壮大油气生产加工产业集群，加快发展煤炭煤电煤化工产业集群，积极建设绿色矿业产业集群，推动建设粮油产业集群，加快建设棉花和纺织服装产业集群，打造绿色有机果蔬产业集群，建设优质畜产品产业集群，大力发展新能源、新材料等战略性新兴产业集群，建设具有新疆特色的现代产业体系。九大产业集群的规划建设，为自治区国有企业大展身手提供了广阔的空间和平台。煤炭煤电煤化工作为自治区重点规划建设的战略性产业集群之一，为新业集团进一步明确和坚定自身产业定位、努力实现与自治区发展同频共振提供了重要机遇和平台。

4.1.2 煤制气行业龙头企业对新疆本地企业成长的助推作用

党的十九届五中全会明确提出，提升产业链供应链现代化水平。发挥产业链龙头企业的生态主导力作用是推动产业链、供应链现代化的重要途径。长期以来，中国依靠劳动力等生产要素成本优势融入全球价值链，促进了经济高速增长和各类企业快速成长。与此同时，在地方政府引导与市场机制的共同作用下，各类生产要素不断向能够给地方经济发展带来迅速提升的优势企业集中，由此形成了分布在各地不同行业的产业链龙头企业。产业链龙头企业通常是各行业产业链上的龙头企业或头部企业，不仅具有明显的规模、技术和市场优势及较高的产业主导控制力和行业知名度，还存在较强的外部性。一般而言，龙头企业作为行业创新的"发动机"和成功的示范，其发展和壮大有利于改善整体企业成长环境。近年来，随着国内外发展环境的变化，中国煤制气企业成长既面临要素成本上涨的压力，又遇到来自发达国家"再工业化"和发展中国家低成本竞争优势的双重挤压。为应对这种不利的形势，各级政府都在大力支持产业链龙头企业"以大促小"带动企业成长，进而提升产业链、供应链现代化水平。

企业是市场经济的微观主体，企业成长既取决于一些内在因素，又常常受到外部环境的影响。而对处于转型时期的中国而言，影响企业成长的因素比较复杂，各种外部条件对企业成长的影响尤其明显。产业集中度、地区导向政策、信用环境等方面探讨了影响企业成长的外部环境因素。龙头企业由于自身地位在新市场获取、技术改进等活动中承担着更多的责任和风险，其所起的带动作用有助于创造、维持行业整体的竞争优势。根据集聚经济理论，以龙头企业为核心的产业生态具有显著的集聚外部性，这种外部性通过产业关联、劳动力池、知识溢出等途径影响行业内企业的发展。产业集聚环境强化了产业链龙头企业对行业内企业成长的促进作用，而产业链龙头企业对行业中企业成长的影响在产业链上下游、城市营商环境、行业要素密集度、企业市场导向等方面存在一定的异质性。产业链龙头企业可以通过降低企业成本或提高生产率的途径显著促进本地企业成长。事实上，影响产业链、供应链现代化的龙头企业对行业内企业成长具有动力作用，为各地通过发挥产业链龙头企业"以大带小"作用进而促进行业内企业成长提供了经验。行业内企业成长的过程既是企业根据内外部经营环境变化对企业管理活动进行优化调整的过程，又是企业在与外部经营环境相互适应中不断提升经营绩效的过程。对于转型和发展时期的中国来说，法律制度和政策环境完善性、产业结构稳定性等方面还不如发达国家，因此，企业成长不仅取决于内在因素，更受到外部因素的影响，尤其是与其密切相关的地方化产业环境的影响。

作为集聚经济的重要主体，产业链龙头企业的出现和增多无疑会对行业内其他企业成长产生深刻的影响。龙头企业的集聚外部性广泛存在，并通过直接或间接途径影响行业内其他企业的成长，集聚外部性是企业受益于本地集聚经济活动的主要原因，也是产业集聚环境中个体受其他个体影响的主要来源。一般而言，一个地区分布的同行业或不同行业的产业链龙头企业数量越多，就具有越强的集聚外部性。在地方化的环境中，产业链龙头企业与本地其他企业在集聚力量的推动下很容易建立起各种联系，本地其他企业由此受到这类大企业带来的外部性影响。具体来讲，产业链龙头企业一般具有相对完整的产业链、供应链，从而有利于与之配套的上下游企业降低物流成本。同时，产业链龙头企业与其他同行业企业对中间产品或服务有较大的需求市场和较强的议价能力，从而有利于同行业企业节约中间产品或服务的采购成本。此外，产业链龙头企业促进行业内劳动力市场形成行业性的劳动力池，使得同行业企业受到劳动力池溢出效应的影响。产业链龙头企业的出现和增多有利于吸引和培养规模较大、不同层次的技能型劳动力，于是较大的劳动力池有利于同行业企业迅速找到合适技能的工人，从而降低招工用工成本。同时，产业链龙头企业也通过知识溢出效应影响同行业其他企业成长。产业链龙头企业通常通过非正式交流、劳动力流动等途径与行业内其他企业分享生产、技术、市场等信息。

产业链龙头企业能够通过市场竞争途径激励行业内企业创新和成长。在短期内，在行业内有限的资源下，产业链龙头企业增多将对创新资源产生"虹吸效应"，而其他同行业企业在人才等本地创新资源的市场竞争中又往往处于相对劣势的地位，因而要获得这些创新要素资源需要支付更高的成本。而且，产业链龙头企业为了追求自身利益最大化，可能限制创新知识的扩散，使得本地其他同行业企业面临更高的创新成本。产业链龙头企业与其他企业共同构成了一个高效分工、网络化结构的产业生态，这种产业集聚环境越深厚，意味着本地企业数量越多，本地产业链龙头企业的数量可能也越多。因此，产业链龙头企业对同行业企业成长动力或阻力作用的传导更加明显，即产业集聚环境所形成的集聚外部性放大了产业链龙头企业的外溢效应。产业集聚环境缩短了产业链龙头企业与其他企业之间的距离，使得产业链龙头企业与其他企业拥有更多的机会产生频繁的互动和深入的接触。这意味着，产业集聚环境越浓厚，产业链龙头企业越有能力通过产业关联、劳动力池和知识溢出等方式为本地企业成长带来更强的外部性，从而更大幅度降低企业成本或提升企业生产率，放大了产业链龙头企业对本地企业成长的促进作用。另外，产业集聚环境使得更多的本地同行业或不同行业企业能够分享到以产业链龙头企业为中心的产业生态圈外溢效应，进而增强了自身的成长性。产业链龙头企业的存在和增多不仅促进供应商与专业买家之间的互动和匹配，还吸引相关专业服务提供商的空间集中和形成更小的产业配套半径，所以这种产业集聚环境能够让更多企业从中受益。在产业集聚环境中，专业化外部性、多样化外部性均强化了产业链龙头企业对本地企业成长的促进作用。事实上，在营商环境较好的城市、劳动密集型和技术密集型行业中，产业链龙头企业促进本地企业成长的作用更强。

为了充分发挥产业链龙头企业"以大带小"的示范带动作用，新疆维吾尔自治区地方政府应支持产业链龙头企业根植性发展，通过其发达的生产网络、创新网络和社会网络链接更多的本地企业，精准强化煤制气产业链龙头企业利用自身优势对本地煤制气企业的积极外溢效应。积极培育发展以煤制气产业链龙头企业为主导、具有生态圈形态的产业链群。遵循产业链和产业集群发展的基本规律，抓住产业链龙头企业这些"关键少数"，利用其在产业链中的地位推动产业链上下游整合，吸引相关企业集聚发展，推动产业链与产业集群融合发展，形成关联紧密、相互促进、生态完善的产业链群。新疆维吾尔自治区政府主要从行政审批、政策落实到位、要素资源配置、产业链补链强链等方面进行重点发力，大力提升本地煤化工企业的营商环境质量。强化煤制气产业链龙头企业在高质量发展中的引领示范作用，不断鼓励产业链龙头企业提高自主创新意识，充分发挥其在区域创新体系中的动力源作用，打造以产业链龙头企业为核心，产业链、创新链高效协同的高质量发展动力系统。

4.2　新疆煤制天然气企业绿色发展的创新驱动机制

4.2.1　技术创新、制度创新与绿色发展的协同演化机制

发展的实质是新事物的产生和旧事物的灭亡，是事物由低级阶段向高级阶段的进化，所以创新是社会发展的本质动力，创新通过技术创新和制度创新等实践形式驱动社会发展。因此，技术创新和制度创新是绿色发展的创新驱动的主要形式。绿色发展是要在经济社会发展过程中最小化自然消耗，保护生态环境。而技术创新是生态绿色化的动力，技术创新驱动资源节约。节约资源是保护生态环境的根本之策，技术创新是节能、节水、节地等的重要手段。技术创新在解决经济可持续增长和气候变化等环境问题方面均有不可或缺的作用。解决中国生态问题，应对自然灾害、气候变化，保护生物多样性等也要靠技术创新。技术创新是改善生态状况的重要工具，系统科学和工程、卫星遥感技术、计算机技术、生物工程技术等在保护生态中起着至关重要的作用。

针对中国经济传统粗放发展模式的弊端、生态资源趋紧与环境恶化等现状，习近平总书记提出了绿色发展理念，并提出"把创新摆在国家发展全局的核心位置""把创新作为引领发展的第一动力"等重大论断。可见，绿色发展的推进必定会对技术创新产生激励作用。在绿色发展过程中政府为提高环境保护水平在税收法律制度、财政法律制度等方面健全技术创新正外部性激励机制，解决了技术创新过程中资金不足等问题。新制度经济学对技术创新与制度创新的互动关系进行过深入分析，由于科学技术对生产力发展和经济社会发展具有第一位的变革作用，因而技术创新较制度创新对现代经济增长具有第一位的推动作用，有更深层次的重要意义。同时，制度和制度创新又具有相对独立性，对技术创新具有重要的能动作用。技术创新和制度创新是一种相互依存、相互促进的辩证关系。事实上，煤化工技术经过近20年的技术创新积累，处于世界领先，按照技术更新迭代的一般规律，目前煤制气技术正在酝酿重大突破，必然会出现能降低投资、成本和减少环境污染的集成技术体系，而支撑这种技术创新体系形成与发展的基础一定是良好的制度创新环境。

从长期来看，技术创新会推动制度创新，制度创新则会保障技术创新的功能得以发挥与实现。技术创新对改变制度安排的利用有普遍的影响，技术创新不仅增加了制度安排改变的潜在利润，而且降低了某些制

度安排的操作成本，由技术创新所释放的新的收入流是制度变迁需要的一个重要的原因。因此，技术创新和制度创新在驱动绿色发展过程中具有相对独立性，但两者也具有相互依存、相互促进的关系。技术创新与制度创新对绿色发展具有驱动作用。而绿色发展的推进对技术创新与制度创新的作用主要体现为：绿色发展的推进对技术创新产生激励作用，进而提升技术创新的质量；绿色发展为制度创新演化提供了相应的物质条件，促使制度由非均衡到均衡再到非均衡的动态演变。因此，技术创新、制度创新与绿色发展具有协同演化趋势。在此协同演化机制中，技术创新与制度创新促进绿色发展水平提升；制度创新提升技术创新水平，进而提升绿色发展水平；技术创新推动制度变迁，进而提升绿色发展水平；技术创新与制度创新的互动关系，产生协同演化作用并共同促进绿色发展水平的提升，为技术创新与制度创新的推动提供基础和条件。

4.2.2 合作技术创新是新疆煤制气企业生态网络系统形成的主要推动力

新疆煤制天然气行业绿色转型发展是相对于传统发展模式的转变，行业绿色转型发展的主体是行业内的各个企业，企业不是独立的个体，而是社会网络中一个节点，其发展既受自身发展战略的影响，也受到社会网络中其他关联者的影响。在这个社会网络体系中，新疆煤制气企业实现绿色转型发展在当下既是政府规制下的必然选择，也是企业承担社会责任的具体要求，同时受到利益相关者的推动。因此，企业实施绿色发展转型必然受到企业生态网络中各要素的影响，企业与其生态网络中要素之间存在着信息交换、资源获取、支持合作、资源综合利用、规制、服务与监管等互动行为，企业的绿色发展需要系统地考察企业生态网络及其相互影响，企业的生态网络既有政府机构、行业协会、社会公众、科研教育机构，也有相关上下游企业和其他辅助服务机构和企业。

事实上，没有一个企业个体或单个组织是单独存在的，在一定区域内，企业存在于与其他企业个体和社会组织构成的生态系统网络中，相对于这个特定的企业，这个网络中的其他企业和组织构成了它的外部环境。企业网络间所有互动关系的集合构成了企业的生态网络系统。企业内部与企业间的人、事、物之间的关系链接状态构成了企业生态网络。企业生态网络关系包括企业之间的外部网络关系和企业内部的网络关系，它们对科技创新的产生和传播有较大影响。在企业生态网络系统中企业主体间由于人、组织和事件的联结必然产生创新点的流动，这是企业创新的重要源泉。在当今时代，企业更多地依赖于外部合作和内部创新能力的提升。新疆煤制气企业绿色发展的生态网络系统离不开政府机构、高校、研究机构、行业协会、公众、服务行业机构等相关力量的支持，同时也离不开直接关联的价值链企业，包括煤炭资源开采企业、资源加工企业和综合利用企业及辅助企业等相关机构的合作。

不同市场规模的煤制气企业由于技术合作、竞争关系、产业关联关系、行业协会组织关系形成产业链，其不同类型的企业之间形成纵向产业链，产业链越长表明可能的生产加工环节越多，可能附加价值越高，但同时也产生相应的经营性风险；同类型企业形成横向产业链，产业链上企业越多，竞争越激烈。煤制气企业生态网络系统中的外部网络，对企业的发展有着重要的影响，主要表现是生态网络系统中的政府通过政策制度影响企业，市场的作用在于通过市场机制来配置资源，提供产品供给与市场需求，其他教育、科研、金融、服务机构则为企业发展提供人才、资金、技术和其他服务，行业协会具有行业自律、协调和信息沟通的作用，在企业与政府和其他行为主体之间起到桥梁和纽带作用。在生态网络系统中的纵向产业链的企业间通过互补产品、副产品和废弃物交换，形成共生关系，并互相支持需求方的发展，有利于减少污染物排放和促进企业的专业化发展；而横向产业链的企业间生产技术存在共性，通过合作技术创新可以大大降低研发成本、研发风险并促进知识资源共享，因而形成区域内产业集群。集群内的企业间由于人员、物质和资金的直接流通而使信息得以传播；由于生态网络系统中的政府、行业协会、高校和科研院所的服务具有公共属性，使得生态理念、技术、人才、文化和制度在系统中传播。这种相对稳定的正式或非正式关系是知识溢出的渠道，所产生的协同效应有利于促进资源型企业的绿色转型。

煤制气企业生态网络系统中各行为主体通过协作安排实现资源共享、技术合作、信息流动等，这种互动使企业生态网络的各行为主体成为一个有着复杂关系的整体，形成了共生的经济关系，从而对各行为主体带来合作的好处。煤制气企业在生态网络系统中可以通过与其他组织的联系来获得知识、信息和其他资源以促进创新。煤制气企业网络中的链接提供了相互学习的机会和创新的条件，企业之间创造了一个知识流动和扩散的模式，并区别于网络外企业获得外部规模经济和范围经济以获得竞争优势；合作技术创新是煤制气企业生态网络系统形成的主要推动力，生态网络系统对区域技术创新有积极作用，网络中企业更容易形成知识扩散和创新。由于煤制气企业生态网络系统中的企业形成了较为稳定的、持久的链接关系，企业间的信任度增加，更加有利于促进合作技术创新。新疆煤制气企业的绿色发展转型受到系统中各行为主体的影响，其转型动力来源于政府、公众诉求、行业竞争者、技术创新替代产业、企业自身责任，其资源利用率与产业链上其他企业相关，与网络中其他企业合作进行技术创新是企业绿色转型能力提升的重要来源。

煤制气企业的绿色转型是企业在其生态网络系统中的必然选择，既有企业伦理责任导致的自觉，也有企业树立良好公众形象、建立竞争优势的需要，还有政府规制的推动以及价值链上企业之间的合作以及企业与科研机构和高等学校的合作，政府规制通过制定法律、规则、许可证、税收等措施对企业发展方式和行为实行干预和干涉，公众（包括利益相关者、消费者、股东等）通过消费行为选择，向政府投诉，企业决策中股东投票、建议等方式影响企业的绿色行为，而企业因为承担社会责任和获取竞争优势的需要而主动采取措施进行绿色转型。

煤制气企业绿色发展行为除了受到政府规制、利益相关者和高层管理者的压力外，企业自身的技术、信息、财力和环境行为可能带来的创新产品、创新流程、工艺等也会影响企业的行动。一般来讲，严格执法对企业在环境方面的守法行为有显著促进作用。政府规制、利益相关者和公众的压力能促进企业的环境行为，而企业营业收入和利润比率的压力对企业环境行为有负面影响。煤制气企业进行绿色技术创新的动因主要有遵守政府监管、制度驱动和业绩驱动，但遵守政府监管是最大动力。利益相关者的压力与企业采取积极环境战略呈正相关关系。事实上，遵守环境法规、增强企业竞争力和履行企业责任是促进企业响应生态文明和绿色发展的主要因素。环境规制、利益相关者压力、经济利益、管理者的环境观念是企业进行绿色技术创新的驱动力。此外，除了规制和竞争压力外，企业同行的环境行为示范对本企业的环境管理决策有显著正向影响。遵守政府监管是中国企业进行绿色技术创新的主要动机，一般来说，国企比民企更重视遵守环境规制。企业的环境管理体系的驱动因素可以归纳为宏观制度、产业组织、企业组织、企业内组织行为四个方面。而利益相关者的压力比管理人员对环境政策的感知更能驱动企业的绿色技术创新。也就是说，政府规制压力、公众诉求、企业承担社会责任和建立企业竞争优势等因素共同促进了企业环境行为，另外，企业规模、所有制结构、企业文化、管理层环境意识、企业能力等也在一定程度上影响着企业的环境行为。

2013 年 9 月 7 日，习近平主席在哈萨克斯坦发表演讲时提出共同建设"丝绸之路经济带"，2013 年 10 月 3 日，习近平主席在印尼国会发表演讲时表示愿与有关国家共同建设 21 世纪"海上丝绸之路"的重大倡议，开启了中国新一轮对外开放以及通过开放促发展的新篇章。"一带一路"合作倡议以亚洲国家为重点方向，以陆上和海上经济合作走廊为依托，贯穿欧亚大陆，涉及 65 个国家。"一带一路"合作倡议提出及实践 3 年多以来，取得了丰硕成果，已有 40 多个国家和国际组织与中国签署了合作协议，与俄罗斯、蒙古、哈萨克斯坦、欧洲等国（地区）的战略蓝图形成对接，由中国倡议设立的多边金融机构亚洲基础设施投资银行提供金融支持。随着我国以制造业快速发展为特点的经济规模快速扩张以及汽车使用量快速增加，我国对石油、天然气、煤炭、电力、矿石及其他原材料等的需求快速增长。在今后一个较长时期内，中国对石油天然气进口的依赖将会长期存在，不断增高的油气对外依存度使中国的能源安全面临严重挑战，因此，保障国家能源安全，降低能源危机的风险，确保国家经济和社会平稳发展成为摆在政府面前的重要课题。中国的能源安全不仅包括能源的供应安全，也包括能源生产和使用能源的生态环境安全。在中国石油天然气的供给中，"一带一路"地区或国家蕴藏着丰富的油气资源，中国与有关国家的合作有着重要的战略意义。对中国而言，以上国家和地区对中国稳定的石油天然气供给是确保中国能源需求的重要保障；对以上国家而言，中国也是重要能源需求市场，双方有巨大的合作空间。

在中国能源安全战略中，新疆有着特殊的地缘优势，承载着国家的能源储备、能源通道、能源供给等方面的重要战略地位。新疆已经建成了门类较为齐全的石油化工、煤化工产业链。在国家的能源战略规划中，新疆是我国最大的能源储备区和国际能源进口战略通道，另外新疆还具有建设风能、太阳能等可再生能源的巨大潜在优势，因此，在"一带一路"合作倡议中，新疆的能源战略地位将日益重要。新疆地处欧亚大陆的核心区域，是国家东联西进，联通中亚、西亚能源富集区的重要枢纽，是当前中国与俄罗斯、中亚国家石油天然气贸易进口的主要通道。2014 年中俄达成的天然气合作协议规定，从 2018 年起俄方将通过东线天然气管道向中国供气，累计 30 年，合同金额达 4 000 亿美元。2016 年，中亚

A、B、C 三条输气管道一共向我国输送了 350 亿立方米天然气，正在建设中的 D 线设计供气能力为 300 亿立方米 / 年，完全建成后中亚天然气管道能够每年向国内输送 850 亿立方米天然气。其中 D 线起点位于土库曼斯坦复兴气田，途经乌兹别克斯坦、塔吉克斯坦、吉尔吉斯斯坦进入中国，到达新疆乌恰站，A、B、C 三条输气管线从新疆霍尔果斯口岸入境，与西气东输二线、三线相连接。

"一带一路"建设中的"中巴经济走廊"和"瓜达尔港"是连通中东与新疆的重要通道，是"一带一路"合作倡议的重要组成部分，起点位于新疆喀什，终点位于巴基斯坦的瓜达尔港，是一条包括公路、铁路、管道、港口、园区、油气和光缆等在内的贸易走廊，中巴双方已在多个重要领域开展合作，已经开工（或完成）建设卡西姆港火电项目、大沃风电项目、巴基斯坦 900 兆瓦光伏电站项目、喀喇昆仑公路、巴基斯坦瓜达尔港自由区项目，"中巴经济走廊"正在成为"一带一路"合作倡议的建设示范区。"中巴经济走廊"和"瓜达尔港"的建成，将进一步促进中巴商贸、物流、资金和人员往来，同时可以通过瓜达尔港将中东等地的能源运往中国，从而避开海路运输咽喉"马六甲海峡"，密切中国与南亚、中亚、北非、海湾等国的经济和能源合作，以"中巴经济走廊"为枢纽开辟一条内陆能源通道。

在"一带一路"合作倡议中新疆区位和地缘优势明显，将有利于新疆煤制气企业与"一带一路"沿线国家的企业合作，保障气源供给，延长煤制气产业链，增加产品附加价值，提高煤化工企业对新疆经济和社会发展的贡献。在今后相当长的时期内，石油和天然气资源仍将是重要的战略资源，新疆凭借自身丰富的油气资源和"一带一路"合作倡议中相关国家的油气资源输入，新疆的能源战略地位必将更加突出。新疆煤制气企业可依托国内的科技能力占领区域内煤化工产业链的技术制高点，加大煤制气装备产业发展，形成科技高地，提高经济效益。依托"一带一路"合作倡议，新疆的煤制气企业将在国家的煤化工行业中拥有更加重要的地位，发挥更大的作用，获得更大成长空间，有机会与"一带一路"国家相关企业开展更密切合作。新疆煤制气企业通过技术创新，在实现绿色生产以及工艺升级等方面产生巨大的辐射作用，因此，"一带一路"合作倡议有利于促进新疆煤化工企业的绿色创新发展。

此外，国家政策支持力度升级，又有新项目获得核准，煤制天然气迎来新发展。2021 年颁布的《中华人民共和国国民经济和社会发展第十四个五年规划和 2035 年远景目标纲要》首次提出"油气核心需求依靠自保"这一底线思维，对煤制油气产业定位具有重要意义，明确将煤制油气基地作为"经济安全保障工程"之一。提出"稳妥推进内蒙古鄂尔多斯、陕西榆林、山西晋北、新疆准东、新疆哈密等煤制油气战略基地建设，建立产能和技术储备"。2022 年 4 月，内蒙古华星新能源 40 亿立方米煤制天然气项目获得国家发展改革委核准。这是时隔 4 年，又一项目获批准，标志着项目审批由严格走向放开，预示煤制天然气行业迎来新发展机遇。

4.3　新疆煤制气企业绿色发展的数字化驱动机制

4.3.1　数字化驱动新疆煤制气企业绿色发展的内在逻辑

近年来，党和国家加快了面向数字化绿色发展的政策部署，2023 年 2 月 27 日由中共中央、国务院印发的《数字中国建设整体布局规划》中，指出建设数字中国是数字时代推进中国式现代化的重要引擎，是构筑国家竞争新优势的有力支撑。从这个意义上看，立足企业为微观市场主体与创新主体系统推进数字化范式下的企业绿色发展，成为中国式现代化进程中的必由之路。在企业数字化如火如荼的发展进程中，不容忽视的现实是，从数字化情境下的企业绿色发展现实状况来看，不少企业存在数字技术渗透率低、关键核心技术严重匮乏、数字化转型程度低以及企业面向数字创新能力偏低等一系列问题，集中反映在企业数字化认知、数字化能力以及数字创新水平等多个层面，一定程度上制约了企业绿色高质量发展进程。数字化对企业绿色发展的重要作用，主要表现为数字化对生产力层面的要素投入、宏观层面的资源配置效率与全要素生产率、微观层面的信息效应与匹配效率、产业层面的产业创新与转型升级等方面的重要驱动效应，尤其是数字化对关键技术的支撑即数字技术具备高度的包容性，能够支撑共同富裕的目标以及实现区域的均衡性增长。

数字化驱动新疆地区煤制气企业绿色发展具备多重模式选择，煤制气企业绿色高质量发展是相对于低水平、低层次、低质量、高污染的企业发展而言，是企业发展追求的目标状态或理想状态。从发展状态来看，新疆煤制气企业绿色发展意味着企业的发展水平，包括企业管理水平、技术水平以及产品与服务水平，达到了较高水平的状态，呈现出管理效率、技术创新效率以及产品与服务质量均处于高水平的较优的竞争状态，即相较于同行业企业、同地区企业乃至全球范围内的同产业链范围的企业而言，煤制气企业处于高水平的竞争状态，呈现出企业发展过程中各个参数、各个模块的最优状态。从企业生命周期的视角看，意味着煤制气企业发展已经进入相对成熟阶段，这种成熟阶段并不意味着企业会步入衰退，而是整体层面数字化驱动企业绿色发展，具备较高的市场竞争力乃至全球竞争力。从企业的发展过程来看，煤制气企业绿色发展意味着煤制气企业生产整体处于较优的状态，即各类生产要素在限定条件下处于最优供给，企业作为资源配置的生产能够实现特定生产下的最优产出，且生产的要素比例关系处于较优状态。此外，新疆煤制气企业绿色发展过程表现为企业的价值链与创新链运转过程处于高水平协同与运转状态，各类生产要素能够在价值链与创新链之间充分传导与有序流动，实现企业价值链与创新链管理状态的最优化。从发展结果来看，新疆煤制气企业绿色发展产出主要表现为企业的产品、服务以及技术等，能够转化为经济价值、社会价值与环境价值，实现企业与利益相关方之间的共生发展。

从新疆煤制气企业绿色发展的基本实现过程来看，需要一定的资源基础、能力基础以及战略使命的支撑。从资源基础来看，企业是资源的集合，资源的丰富性、稀缺性以及价值性等决定了企业的竞争力，新疆煤制气企业绿色发展的实现意味着企业资源基础具备各类数据资源、人力资源、物力资源以及财务资源、技术资源等有序支撑企业的产品与服务生产，且这些资源一定程度上具备不可替代性以及难以模仿性等特征，保证企业能够在资源竞争中凸显优势，保持市场竞争力。从能力基础来看，体现为组织的吸收能力、学习能力、创新能力等多种能力范畴。支撑新疆煤制气企业绿色发展的能力不仅仅是企业的核心能力，企业能够根据环境的改变具备自我适应、自我调整以及自我演化的动态能力，在数字化背景下动态能力进一步体现为数字能力，即数字资源配置、数字机会捕获以及数字协同等多重能力，能够实现数字情境下的能力再造，为煤化工企业绿色发展提供相应的能力基础。

从企业战略使命来看，新疆煤制气企业绿色发展是综合价值创造使命驱动，而非单一企业经济利润最大化的市场使命驱动，其融合了股东逻辑与利益相关方逻辑，是多重制度逻辑混合下的综合性使命，能够为新疆煤制气企业在运营管理与业务实践的过程中提供前置性的目标指引，驱动企业开展面向利益相关方的价值创造体系的升级与跃迁。新疆煤制气企业绿色发展的驱动条件或者前置性条件是企业使命驱动、资源驱动以及能力驱动的综合性过程，在上述因素驱动下企业最终产出高水平的产品与服务，体现为对利益相关方的综合价值创造。

从支撑条件来看，新疆煤制气企业绿色发展意味着企业具备资源能力突出以及综合价值创造本位的综合特征，这意味着煤制气企业能够以独特的要素资源，包括数据资源、人才资源、物质资源以及其他资源等实现高水平竞争，且能够对资源进行合理配置与开发，确保资源利用与资源配置的效率最大化，实现资源的优化配置以及与企业内外部环境的协同发展。从企业发展的基本过程来看，新疆煤制气企业绿色发展意味着企业管理融入绿色发展理念以及价值链与创新链协同运转，呈现出管理能力一流与治理机制有效的综合特征。从管理过程来看，新疆煤制气企业绿色发展必然是建立在高质量的一流管理基础上，形成了一套有效的管理范式与相应的管理模式，如人才管理、利益相关方管理等，形成内部交易成本与机会主义风险最低化的治理范式与相应的治理机制。从企业发展结果来看，煤制气企业绿色发展意味着企业具备高水平的综合价值创造，具体体现为市场绩效卓越、社会环境绩效突出，呈现出对利益相关方的高水平综合价值特征。企业作为市场主体，其运营管理必然最终服务于市场产品与服务供给以及解决社会问题，进而创造相应的经济价值与社会环境价值。绿色发展状态要求企业具备高水平的产品与服务供给，创造卓越的市场绩效或者经济绩效，形成市场与企业的相互反哺效应。

4.3.2　数字化赋能新疆煤制气企业绿色发展的主要方向

生产制造是企业高水平价值创造的核心环节，生产制造能力是实体经济的生命线，更是新疆煤制气企业绿色发展的基础能力。而数字化直接为企业生产能力的升级强化提供新的技术基础，并形成智能生产模式，实现企业生产制造能力赋能升级。具体来看，智能生产的重要技术基础在于数字智能技术，即依托大数据、物联网、智能算法以及云平台等技术实现对消费端个性化需求的精准捕获以及分析，并实现需求端、供应端、生产端的多维端口的能力协同与高效合作，其包括面向工厂生产制造环节的智能化以及面向生产端与其他系统的智能感知与智能响应的协同，包括多个工厂之间、企业与企业之间、企业与供应商之间的多维协同。未来，面向生产端的智能化主要是新疆煤制气企业的生产环节能够利用数据分析开展精准的个性化定制，包括大规模定制与小规模批量生产，形成面向数字化的范围经济效应与规模经济效应，最终实现企业的产销融合。面向生产端与其他系统的智能感知、智能响应的多维能力协同主要体现为企业基于数字智能技术构建的智能生产系统，而不仅仅是生产环节的智能化，智能制造系统能够立足研发、设计、生产制造以及销售服务的全生命周期开展企业的市场需求识别、研发设计以及智能制造。

组织管理也是新疆煤制气企业绿色高质量发展的重要支撑，是提升企业动态能力的重要剖面，数字化直接为组织管理提供了新的赋能机制以及新的组织管理范式，实现组织管理的数字化重构，支撑新疆煤制气企业绿色发展。在数字化背景下，企业通过数字技术深度嵌入与数字技术自主研发创新形成面向数字技术的管理能力，数字技术能够帮助企业形成数据要素，进而促进企业形成面向数据要素的新型数字能力，即通过面向数据要素的管理促进企业更好地优化生产要素的配置以及资源的整合，形成数字资源整合能力、分析能力以及动态能力等多重数字能力。同时，数字化能够驱动企业更好地开展组织内各层级员工与管理者、员工与员工的等级限制与心理距离，更好地实现组织内员工之间、管理者之间的动态交互，直接地降低了企业内部协调成本以及提升企业内部动态协同能力，在数字技术深度嵌入下帮助企业更好地响应员工价值诉求，实现组织与员工之间的真正共生发展。此外，数字化驱动的组织管理赋能模式还体现在数字化驱动企业平台化重构上，打造全新的平台型管理模式。平台型管理能够立足数字平台实现企业与员工、管理者以及其他利益相关方的动态参与以及扁平化管理，打破组织与利益相关方之间的潜在交互壁垒，促进企业组织结构的网状化，提升企业内部信息传递与外部信息传输的动态效率，且在整体上提高企业价值创造的动态开放性与包容性，更好地实现企业与多元利益相关方的协同共生发展。

数字人才是支撑新疆煤制气企业绿色发展转型以及推进数字技术创新发展的核心智力资本，也是深化推进新疆煤制气企业绿色高质量发展的原动力。当前面向数字人才供给体系严重缺失，未来需要加快面向数字化的数字研究型人才与产业应用型人才供给，并开展分类培养模式，明确数字人才培养目标、培养的专业范围以及主要应用场景等，拓宽数字人才的宽口径培养渠道，包括面向数据科学、化学工程、智能制造、人工智能等工学、管理学、经济学、理学等学科大类专业开展分类改革的数字人才培养试点工作，聚焦数字化发展中的重大技术创新需求开展人才培养，尤其是在智能算法、算力基础设施、生产模型模拟等方面持续发力，稳步推动研究型数字人才供给规模不断扩大，支撑数字化驱动新疆煤制气企业稳步发展。

数字化驱动新疆煤制气企业绿色发展的核心机制在于煤制气企业数字化转型，包括企业战略、管理流程、业务以及技术体系的全体系数字化转型。具体来看，新疆煤制气企业数字化的深度转型与创新依赖于企业有序开展生产工艺及过程数字技术渗透或者数字智能技术引进吸收，包括大数据技术、数字软件、智能算法技术以及区块链等技术，推动数字智能技术在企业研发设计环节、生产制造环节以及销售服务与组织管理等不同价值链环节的有序嵌入，提高企业价值链之间的信息传递效率与降低企业内部管理协同过程中的交易成本，提升企业价值链的协同效率以及创新链的创新潜能。更为重要的是，数字化驱动的煤制气企业绿色发展是立足服务主导逻辑下的产品创新体系，即企业的产品研发与生产制造的核心逻辑逐步从以企业为中心走向以客户为中心，以服务效能为目标推动企业创新链与价值链的数字化改造，通过数字智能技术动态引导企业的研发设计与生产制造环节，实现产品生产的节能高效，最终提升企业产品与服务的综合竞争力。

数字化驱动的煤制气企业绿色发展转型依然面临较大的资金、人才以及技术困境，需要通过政府的力量综合引导与保障企业更好地引入数字化，实现新疆煤制气企业绿色高质量发展。尤其是对于中小煤制气企业而言，因为实际上中小煤制气企业数字化驱动绿色发展的迫切性以及必要性十分突出，对于降低中小企业运营成本具有关键性作用。因此，政府部门需要针对不同类型企业开展分类化的企业数字化产业政策与创新政策体系，其中包括选择性产业政策与功能性产业政策，聚焦大型煤制气企业开展定向的数字技术创新研发激励以及税收优惠等，支持大型煤制气企业开展数字化赋能的关键技术研发，支持大型煤制气企业开展面向中小企业的融通创新以及数字赋能体系建设，激励大型煤制气企业稳步赋能中小企业的数字化发展，降低中小煤制气企业的数字化发展成本，此外主要还对煤制气企业数字化推动绿色发展的人才环境以及产业基础环境开展系统优化，包括提高数字产业技术人才的公共培训体系建设、人才基金体系以及产业关键核心共性技术研发体系建设等，提高整个煤制气产业数字化供给面的创新环境与市场环境，夯实煤制气企业数字化发展的产业基础。

数字化驱动新疆煤制气企业绿色发展的可持续性依赖于数字技术治理，数字技术治理主要是面向企业在应用数字技术、数字技术标准以及数字技术创新等方面的综合型治理体系，即围绕数字技术的责任式创新、数字技术的可持续应用以及数字技术可持续地赋能煤制气企业综合价值创造等方面持续发力，推动数字技术本身的正外部性最大化。围绕企业数字技术治理体系需要着重在三个层面发力。第一，政府部门需持续加快推进面向煤制气数字技术的标准体系建设，主要包括面向新疆煤制气企业的数字技术创新标准、数字技术应用场景的行业标准等，以标准引领更好地提高新疆煤制气企业研发设计数字技术的合理性以及规范性。第二，煤制气企业自身需要加快向数字企业转型，积极承担企业数字化推动绿色发展过程中的数字责任，包括面向特定利益相关方的数字责任以及广泛意义上的综合型数字责任，具体包括数字技术责任、数字治理责任以及数字技术应用衍生的社会责任等。与此同时，逐步构筑企业内生化的数字治理体系，推动企业在数据采集、数据分类、数据应用等过程中的责任治理。第三，要发挥社会组织与行业协会在推动数字技术治理体系中的重要作用，尤其是引导行业协会关注与研究煤制气行业数字技术应用的标准体系，强化用专业性力量实现数字技术治理。

新一轮技术革命与产业革命交替融合不断推进，数字化已经成为推动新疆煤制气企业绿色高质量发展的重要基础。在全新的数字化范式下，新疆煤制气企业绿色发展具备了全新的生产要素、全新的生产动能、全新的交易形态与交易方式以及全新的生产模式。数字化驱动新疆煤制气企业绿色高质量发展的核心模式在于立足企业价值链、创新链融合的视角，基于开放式创新为基础的研发赋能模式、以智能生产为基础的生产制造赋能模式、以组织管理交互为基础的组织管理赋能模式等多重实现模式。未来，数字化驱动新疆煤制气企业绿色发展需要在要素层面、人才供给层面、企业技术创新层面以及产业政策与治理层面多重发力，逐步构建面向煤制气企业绿色发展需求的政策体系，深入推进数字化驱动新疆煤制气企业绿色高质量发展进程。

4.4　新疆煤制天然气企业绿色发展的投资驱动机制

投资是拉动中国煤制天然气行业发展的最重要驱动因素，主要因为煤制天然气行业有巨大的资金需求，同时有可靠安全的融资途径。煤制天然气行业整体劳动生产力水平的不断提高需要依靠产业不断创新、不断升级，而技术创新、产业升级需要依靠投资。煤制天然气行业作为重资产投资行业，在一段时间里行业发展及推动较大程度需要依赖投资，尤其是基础设施和设备、原材料、技术研发突破等都需要大量的资金支持，这是正常的，也是必须的。但是煤制天然气行业作为资源、技术、资金密集型产业，通常具有风险程度高、不确定性大等特点，而传统投资理念及方法由于缺乏对项目投资灵活性与管理柔性的关注，往往会忽略不确定性价值，从而低估项目投资价值。

绿色低碳发展既是煤制天然气行业面临的战略选择，又是行业追求的发展目标。在落实碳达峰、碳中和总体部署时，煤制天然气行业正积极采用节能提效、优化工艺、与清洁能源耦合、推进二氧化碳捕集利用与封存等多种措施，努力走出一条高碳产业低碳排放、二氧化碳循环利用的新路子。

新疆煤炭资源高度集中在中西部地区，发展煤制天然气行业有效延伸了煤炭产业链，将煤炭资源优势转化为产业竞争优势，有助于推进当地城市化进程、基础设施配套建设和服务业发展，可吸纳大量就业人口，为农村和小城镇创造更多的就业机会，对巩固当地脱贫攻坚成果具有重要作用。在这样的背景下，新疆维吾尔自治区政府积极鼓励煤制天然气行业抓住机遇，坚持以碳达峰、碳中和目标为引领，加快产业结构优化升级和产业融合，促进绿色低碳技术研发和推广应用，大力推进节能降碳，全面提高资源利用效率，积极推行清洁能源生产改造，构建现代煤制天然气生态化产业体系，同时鼓励投资机构及当地龙头企业积极稳妥地进行相关煤制天然气项目的投资，鼓励煤制天然气企业降本增效、节能减排，走绿色低碳发展之路：通过技术进步，逐步降低单位产品能耗、水耗和排放指标；探索构建降本增效的长效机制，通过开展成本对标工作，加强生产物资消耗定额管理，全面推行作业成本和预算控制；加大煤制天然气行业绿色低碳工艺、技术和装备的研发、示范及推广力度；针对废水装置和综合利用等关键技术问题，开展行业环保示范，提升"三废"资源化利用水平；研发二氧化碳甲烷多重整制合成气、二氧化碳加氢合成甲醇技术、二氧化碳制取降解塑料等二氧化碳综合利用技术，探索开展二氧化碳综合利用新途径，降低温室气体排放对环境的影响。新一轮的煤制天然气行业发展机遇需要强有力的投资，驱动助力煤制天然气行业实现绿色高质量发展，增强行业整体市场竞争力。

新疆维吾尔自治区要强化产业投资引导，投入优势要素催生煤制天然气行业发展新模式、新动能，加强对煤制天然气行业及其配套新型基础设施建设的投资，充分发挥政府投资的引导撬动作用，有效调动民间投资的积极性，提高投资效能是高质量发展的应有之义。投资力争精准滴灌是适应当前形势的现实需求，自治区政府可以选择保持常态化出资，与金融机构共同设立市场化母基金，并不断吸引投资机构和基金投入新疆煤制天然气行业长远发展的建设中，同时，可根据实际需要灵活转变监管思路、做好税收优化等进一步优化投资行业营商环境，积极扩大融资和退出渠道，打通各类机构投资者参与瓶颈，放宽市场准入和资本流动的限制，建立市场化、多元化投资驱动机制，加快资本流转，实现投资良性循环与煤制天然气企业长期可持续发展；自治区政府也可引导金融机构，对企业予以长周期、低息抵押措施的贷款支持，减少企业发展过分依赖股权投资的需求；积极发挥律师在政府投资项目中的风险防范与化解作用，强化对政府投资项目进行全过程合规风控能力；以市场化手段优化资源配置，重塑煤制天然气产业面貌，引进优质资本和标志性项目，发挥龙头企业的引领作用，加强企业引资的专业度、精准度，同时立足地区发展战略布局和产业布局协同的逻辑，站在全球链条合作竞争的角度，进行煤制天然气行业发展集群招商引资，集中资源吸引和打造新疆重大煤制天然气优质项目落地。

第五章

新疆煤制天然气全产业链绿色技术研发体系与发展路径分析

5.1　煤制天然气行业绿色发展内涵

绿色发展是以高效、和谐、可持续为目标的经济社会发展方式，是高质量、可持续促进人与自然和谐共生的发展，用最少资源环境代价取得最大经济社会效益。当今世界，绿色发展已经成为重要趋势，许多国家把发展绿色产业作为推动经济结构调整的重要举措。我国国务院新闻办公室于 2023 年 1 月 19 日发布的《新时代的中国绿色发展》白皮书指出，中国顺应人民对美好生活的新期待，树立和践行绿水青山就是金山银山的理念，站在人与自然和谐共生的高度谋划发展，协同推进经济社会高质量发展和生态环境高水平保护，走出了一条生产发展、生活富裕、生态良好的文明发展道路。中国坚持创新、协调、绿色、开放、共享的新发展理念，以创新驱动为引领塑造经济发展新动能、新优势，以资源环境刚性约束推动产业结构深度调整，以强化区域协作持续优化产业空间布局，经济发展既保持了量的合理增长，也实现了质的稳步提升，开创了高质量发展的新局面。

2015 年年末，巴黎气候大会通过的《巴黎协定》确立了 2020 年后国际气候治理的新机制，提出了控制全球气温上升不超过 2℃并努力控制在 1.5℃以下的目标，以保护地球的生态安全。然而，全球应对气候变化仍面临紧迫形势，各国设定的国家自主贡献目标与现实相去甚远。长期以来，我国积极参与全球气候治理，将减少温室气体排放任务纳入国家五年规划和中长期发展战略目标。特别是党的十八大以来，习近平总书记高度重视生态文明建设和环境保护。"五位一体"总体布局稳步推进，

"创新、协调、绿色、开放、共享"五大发展理念深入人心。在减排政策方面,通过调整产业结构、优化能源结构、提高能源效率、建立碳交易市场、增加碳汇等一系列措施,中国的节能减排行动取得了显著成效。2020年9月22日,习近平主席在第75届联合国大会上郑重承诺:中国二氧化碳排放将在2030年前达到峰值,力争在2060年前实现碳中和。随后,在2020年12月12日举行的联合国气候雄心峰会上,习近平主席进一步提出了中国应对气候变化的明确指标和要求,其中中国将以新发展理念为指导,在推动高质量发展的同时,推动经济社会发展全面绿色转型,脚踏实地到2030年实现二氧化碳排放峰值,努力到2060年实现碳中和目标,为全球应对气候变化做出更大贡献。在新的发展阶段,制约我国煤化工行业的主要因素已从传统的污染物控制转向低碳排放。

在"双碳"政策约束下,煤炭减量是大势所趋,但煤炭在中国能源供应中的主导地位预计在未来几十年内将保持不变。2020年中央经济工作会议强调,要成功实现碳达峰和碳中和目标,制定到2030年碳排放达峰行动计划,加快调整优化产业结构和能源结构,在大力发展新能源的同时,尽快推动煤炭消费达峰,完善能耗双控系统。这一系列目标的提出具有重要的战略意义,指明了中国煤化工行业转型的方向。绿色发展既是理念,也是方式。作为一种通过煤炭气化生产清洁气体的技术,煤制天然气具有化工与能源双重属性。近年来,国家能源局一直未批复新的示范项目,对煤制天然气行业持谨慎规划和管控的态度,形成了示范为主、有序发展的整体政策导向。在"双碳"目标的大背景下,新能源和可再生能源对传统能源的替代能力将显著增强,来自资源、环境、安全等多方因素的约束将更加强化。在这些因素博弈下,预计未来新建煤制天然气项目将审批得更加严格,如果不能解决碳排放问题,煤制天然气产业整体很难有大幅增长。

在"双碳"战略背景下,新要求、新挑战的不断涌现,使煤制天然气产业的发展面临更大的碳减排压力,但同时也为产业的绿色转型和技术升级提供了宝贵机遇。煤制天然气产业需要在原料调整、过程强化、产品升级上加大探索,优化生产要素配置、能源梯级利用,把市场与新材料、新能源、新技术紧密融合,提高能效,降低资源消耗和污染排放,促进产业高端化、多元化、低碳化和高质量发展,走出适应"双碳"目标的新发展路径。未来具备成本优势并且率先在碳中和领域布局的煤制天然气项目仍将更具竞争力和生命力。因此,在绿色发展背景下,大力推行绿色生产方式，推动能源绿色低碳发展，是其重要的发展方向。煤制天然气应将绿色发展理念融入生产全链条各个环节，构建绿色低碳循环发展的生产体系，以提质、增效、节能、减污、降碳为目标，大力推进技术创新、模式创新、标准创新，全面提升产业绿色化水平。

为实现"提质、增效、节能、减污、降碳"的绿色发展目标，构建煤制天然气全产业链绿色技术研发体系，应重点从以下几方面入手。

（1）升级全产业链技术，优化生产工艺流程，提高能源转化效率。

（2）提高资源化利用水平，发展副产物高值化加工技术。

（3）提升全过程污染防控技术水平，降低对生态环境的扰动。

（4）推动过程碳捕获利用与封存技术应用。

（5）优化能源结构，增加可再生能源比例，发展绿氢耦合煤制天然气技术。

下文将分别就上述 5 项内容展开详细论述。

5.2　全链条技术优化升级，提高能源利用效率

现代煤化工是以清洁能源和化学品为目标产品，应用先进的煤炭转化技术，实现煤炭资源的有效合理利用的化工技术。煤化工生产的全产业链包括上游的煤炭开采加工和下游的煤炭利用与转换。根据 2023 年发表于《自然通讯》期刊的一项研究计算（图 5-1），在所有煤化工项目的现场及上游工艺碳排放中，煤制天然气与煤直接液化制油处于最低水平，远低于焦炭、电石和煤制氨等传统煤化工生产过程（焦炭、碳化钙、氨和甲醇等传统的煤化工产品占煤化工生产温室气体排放总量的 79%），充分体现出煤制天然气相比于其他利用方式的低碳清洁优势。进一步分析发现，综合所有技术平均来看，现场化学反应排放占温室气体总排放量的 43%，其中仅水煤气变换反应就占 33%，自备锅炉的现场燃料燃烧产量和发电占温室气体总排放量的 21%，而上游工艺排放占总工艺的 36%，包括电网电力、供热以及煤炭开采和加工。而对于煤制天然气，其现场化学反应碳排放强度则占总量的 63.8%，远高于平均水平。因此，对煤制气现场装置的节能增效、系统优化和综合利用的技术升级，提高整体能量利用效率和碳的利用率，将是降低煤制天然气全生命周期碳排放的最

有效手段。此外，上游工艺贡献煤制气总碳排放当量的 16.3%，也存在优化的空间。煤制天然气作为典型的现代煤化工技术，其全流程技术现状在本书第三章已有介绍，此处不再赘述。本章内容将按生产链延伸方向，结合最新行业技术研发进展，探讨煤制天然气全流程生产技术中潜在的提质增效升级与优化方向，以期为行业的绿色发展决策与实践提供指导与参考。

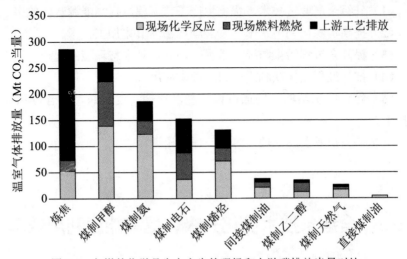

图 5-1 各煤基化学品生产产生的现场和上游碳排放当量对比

数据来源：Nat Commun14，8104（2023）. https：//doi.org/10.1038/s41467-023-43540-4

5.2.1 原料煤的供应环节（煤炭开采、洗选及辅助过程）

进入新阶段，在生态环境治理与碳排放控制的双重约束下，中国煤炭工业面临着外部环境的巨大挑战。大多数煤炭资源丰富的地区生态环境脆弱，煤炭开采与生态环境保护之间存在冲突。因此，煤炭开采过程中的生态保护和资源回收再利用是绿色煤炭发展和减少碳排放的基础，有必要通过加强地下水资源科技创新和地表生态保护，提高矿区地表生态管理水平，增加矿区碳汇潜力，并采用高效的绿色开采技术来提高开采效率和资源回收率，以实现生态保护和碳排控制的绿色发展目标。绿色开采旨在通过控制或利用开采岩层的破断运动，从开采源头减少煤炭开采对环境的影响，实现煤层及伴生资源的共采或保护。在谢克昌院士等编写的《煤炭革命的战略与方向》一书中，提出了煤炭 3.0 阶段、4.0阶段、5.0 阶段的战略发展蓝图和煤炭技术革命路线图。而在当前的煤炭

4.0 阶段（2020—2035 年），重点任务应在于突破深部无人化开采、低碳清洁化利用及矿区生态建设等变革性任务。

绿色矿山建设是推动煤矿行业可持续发展的关键。从产业链各环节来看，上游勘探与开采、中游选矿与加工均具备较大的减排空间。除开采过程中甲烷逃逸导致的碳排之外，煤矿企业可通过清洁电气化、燃料替代、采选技术创新、瓦斯减排与利用、循环经济等转型举措实现全面脱碳。由于煤矿企业 60% 以上的碳排放源于电力消费和燃料，因此可率先从电力和燃料两端入手，逐步实现清洁脱碳。煤矿企业各产业链条减碳技术措施如图 5-2 所示。

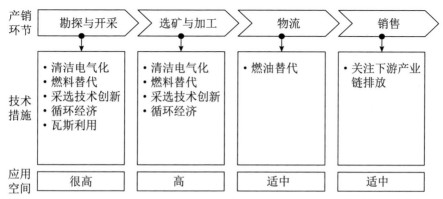

图 5-2　煤炭企业各产业链条减碳技术措施

1. 清洁电气化

我国矿业企业约有 40% 的能耗来源于电力使用，其余的生产作业仍主要依赖化石能源作为直接动力源，然而，在现场作业设备电气化方面，仍存在较大的提升空间。随着可再生能源发电的经济性日益凸显，矿场的用电结构可以逐步向清洁能源转型，拥有自备电厂的企业应优化自身的电源结构，逐步减少化石燃料发电比例。矿厂可立足矿区的资源禀赋和地理条件，研究可实施的新能源建设项目，如光伏电站、风场电站、储能电站、生物质电厂、制氢及加氢站建设等，通过系统化项目建设，逐步实现能源生产清洁替代、能源消费电能替代、新能源就地消纳、源网荷储一体化运作的综合能源利用系统。对于那些尚未建设自备电厂的采选企业来说，随着未来发电结构的整体清洁化，通过与可再生能源发电厂签订购电协议或向电网购电，可以减少用电过程中的温室气体排放。与此同时，随着可再生能源成本的下降，这些企业也可以逐步部署可再生能源电站，从而推动矿业企业全面向清洁电气化转型升级。

2. 综合能源利用

矿厂可利用煤炭开采等余热资源，开展余热发电、余热供暖，提高系统综合能效，减少煤炭消费。建设电、热、冷、气等多种能源协同，矿区综合能源利用系统包含了多种的能源，是"双碳"目标下实现清洁绿色、多能互补、智慧互联的全新体系，能将能源与用户需求进行深度融合，以电为核心，提供电、热、冷、气、水等能源一体化的解决方案，通过中央智能控制，实现横向能源多品种之间、纵向"源—网—荷—储—用"的灵活接入、高效应用。综合能源利用系统包括：多能互补、一体化的清洁能源基地；空气源、地源、液源冷热泵、水处理、废液处理及预热回收等能源转化系统；适当的储能系统。各板块既可以是生产源头，也可以是运行负荷，实现多能互补，互联互通。

3. 矿山生态保护与修复

矿山生态保护的目标是实现矿产资源的可持续利用和生态环境的健康发展，通过引入绿色技术和绿色生产方式，提高资源利用效率和能源利用效率，促进矿山企业的可持续发展，此外，积极推动资源的综合回收利用，减少废弃物的排放和土地的破坏，实现资源循环利用和生态修复。矿山生态保护旨在通过可持续的矿产资源开发和生产，实现经济效益、社会效益和环境效益的协调发展。生产矿山应以保护生态环境为主要任务，通过技术创新和采用新技术、新工艺和新装备，不断改进生产方式和提高生产效率，以尽量避免和减少环境污染和生态植被破坏。其目的包括：一是营造绿色、安全、舒适和宜居的生产、生活环境；二是确保对矿区周边土地、空气和水体不造成环境污染和危害，保障当地居民安全。在矿山开采过程中也需要进行局部生态修复，例如，对闭库的尾矿库进行处理，对停用排石场的土地复垦和生态恢复与治理工程，处理露天采场稳定性边坡等。此外，还需要对塌陷地、滑坡等地质灾害进行治理。

闭坑矿山是指所有生产活动已停止的废弃矿山，对其进行生态修复是一个综合性的系统治理工程。这种修复治理需要一个完整的设计方案、施工蓝图、工程安排以及技术与经济保障。其主要任务是根据具体地区的特点，采取因地制宜、一矿一策的原则进行修复治理。其目的包括以下两个方面：一是对各种安全隐患（如陡坡、落石、危岩、滑坡、地裂缝等）进行预先治理，然后进行植被和生态恢复，以实现与周边生态环境的协调一致；二是在有条件、有需求和可行的情况下，尽可能进行生态环境重建，开发建设一个新的环境，形成新的产业，例如，打造矿山公园、生态园区、康养中心、深坑酒店等，为当地创造新的经济社会价值。

4. 物流运输燃油替代

随着技术的进步和成本的下降，使用氢燃料、生物质燃料代替柴油、煤炭等化石能源成为采选企业的另一转型必选项。英国英美资源集团（Anglo American）与法国 ENGIE 集团共同开发全球最大的氢动力矿用卡车，通过太阳能电解水制氢为其提供氢燃料。淡水河谷公司同样开展了多个燃料替代项目，在传统金属领域使用生物柴油、在球团厂利用生物燃料替代煤炭等，实现经济性的低碳转型。预计到 2027 年，氢燃料电池汽车的总拥有成本将有望低于电动汽车或内燃机汽车。我国矿业企业应乘时借势，提前布局，通过氢燃料、生物燃料对传统化石能源的替代，大幅降低来自燃料使用的碳排，并最终将其降至为零。

经过近 20 年努力，我国绿色矿山建设从倡议探索到试点示范，再到全面推进，已经成为社会广泛共识。同时，理论与技术研究也在稳步推进，目前在该领域，以中国煤炭科工集团、中国矿业大学（北京）、中国矿业大学等为代表的龙头央企、科研院校展开了广泛研究与实践，在高效采煤与智能矿山建设、煤矿智能供配电与节能技术、矿山海量数据存储管理与并行分析技术、基于云服务和大数据的矿山智能预测与决策系统、高强度、大规模开采条件下应研究和制定水资源保护策略、矿井水的有效处理和利用技术、矿区遥感环境监测技术、采矿损害监测和地表自修复技术、生态系统重建和土地复垦技术、煤矿井下储层智能监测与综合运输—地下开采—选择和填充的综合技术和设备以及煤炭和天然气联合开采等方面取得了一系列进展。

5.2.2　煤气化环节

煤气化技术作为现代煤化工的共性关键技术，对煤化工项目，甚至对煤化工行业的成败起着决定性作用。我国煤炭资源丰富，种类繁多，煤化工产品路线灵活多样。煤气化过程也因采用的煤质、气化剂、气化条件和气化炉结构等的不同而不同。煤气化技术正朝着多元化方向发展，以适应不同煤质和煤化工产品路线的要求。目前全球拥有上百种煤气化技术，其中国内外已实现工业化应用的有 30 多种，我国是全球煤气化技术应用规模最大和气化炉数量最多的国家，占全球煤气化技术的 1/3 左右，已投产和正在建设的气化炉达 1 000 余台，且 60% 以上的气化炉已投产运行。

根据我国富煤、缺油、少气的资源禀赋特点，煤制天然气产业兴起，国家在"十二五"和"十三五"期间一共规划了 550 亿方的煤制天然气产业，总投资超过 4 000 亿元，国内各厂家组织了不同气化技术全流程的技术比选，参与比选的主要气化技术类型有流化床、气流床和固定床三大类气化技术，比如水煤浆气化（GE、华理四喷嘴、晋华炉）、航天炉、SHELL、鲁奇（赛鼎炉、MAX+）、BGL/YM 等。固定床气化炉出炉粗煤气中含有 10% ~ 15% 的甲烷，占到最终产品甲烷的 40%，可使后续工序设备大大减少。同时，固定床气化氧耗极低（详见表 5-1），生产成本相对较低且技术成熟度较高。因此，由固定床干法排渣的鲁奇气化技术成为了国内煤制天然气技术的首选。

表 5-1 目前国内主流气化技术指标对比

技术名称	Lurgi 炉（固定床）	GSP 炉（干粉气流床）	Shell 炉（干粉气流床）	Texaco 炉（水煤浆气流床）
进炉要求——粒度（mm）	~ 5-50	<0.5	<0.2	<0.085
进料要求——水分（wt.%）	< 40	< 10	< 2	< 8
进料要求——灰分（wt.%）	< 30	~ 12-25	~ 12-25	< 12
进料要求——进料形式	块煤	粉煤	粉煤	煤浆
操作温度（℃）	500 ~ 1 100	1 350 ~ 1 650	1 400 ~ 1 700	1 250 ~ 1 430
操作压力（MPa）	4	4	4	4/6.5/8.7
大型化能力（吨/天）	950	2 600	2 600	2 500
出炉气 CH_4 干基含量（vol.%）	~ 11.5-13.5	< 0.1	< 0.1	< 0.1
出炉气 H_2 干基含量（vol.%）	~ 37.2	~ 26-29	~ 20-27	~ 37.0
出炉气 CO 干基含量（vol.%）	~ 10.6	60-64	63-70	~ 44
出炉气 CO_2 干基含量（vol.%）	~ 33.9	~ 9-12	~ 3-8	~ 19.5

续表

技术名称	Lurgi 炉 （固定床）	GSP 炉 （干粉气流床）	Shell 炉 （干粉气流床）	Texaco 炉 （水煤浆气流床）
出炉气 CmHn 干基含量（vol.%）	～ 0.65	＜ 0.01	＜ 0.01	＜ 0.01
有效气（H_2+CO+CH_4）干基含量（vol.%）	～ 59.3-61.3	～ 88-91	～ 91	～ 75-80
煤消耗（折标煤 kg/kNm^3 有效气）	～ 485	～ 560-720	～ 610-700	＜ 600-750
水消耗（kg/kNm^3 有效气））	/	/	/	～ 360-450
蒸汽消耗（kg/kNm^3 有效气）	～ 375	～ 130-150	＜ 100	/
氧气消耗（Nm^3/kNm^3 有效气）	～ 151	～ 340-360	～ 315-390	～ 380-430
排渣特征	固态	液态	液态	液态
灰渣残碳（wt.%）	＜ 5	＜ 5	＜ 5	＜ 5
废水（煤气水）产生量（kg/kNm^3 有效气）	～ 946	～ 200	～ 200	～ 200
碳转化率（%）	～ 90-97	～ 99	～ 99	～ 98-99
冷煤气效率（%）	～ 70-80	～ 78-82	～ 80-83	～ 70-76

　　中国赛鼎工程有限公司在消化吸收德国鲁奇、德国 PKM 电子有限公司等气化技术的基础上合作，开发出了国产碎煤加压固态排渣气化"赛鼎炉"，自 20 世纪 90 年代末起已在国内市场已经完全取代鲁奇炉。截至目前，100 余套不同规格的赛鼎炉先后应用于内蒙古大唐克旗、新疆庆华和新疆伊犁新天煤制天然气项目以及其他煤制气、合成氨、甲醇等项目，其中建于内蒙古大唐克旗的"赛鼎 3800-40"型气化炉已达世界领先水平，是世界首台成功投运的 4.0MPa 碎煤加压气化炉。然而，赛鼎炉在本质上并未突破鲁奇炉的技术框架，美国大平原项目鲁奇炉所遇到的碳转化率低、水耗高及环保压力巨大等技术障碍，在赛鼎炉的生产运行中也有充分的体现。"十二五"以来，应用赛鼎炉气化技术做煤制天然气的企业均长期处于亏损状态，庆华集团新疆伊犁 13.5 亿方 / 年项目、新疆新天 20 亿方 / 年项目、大唐国际内蒙克旗项目 13.5 亿方 / 年项目，都处于长期亏损状态，大唐国际辽宁阜新项目经过评估开车也将面临亏损，至今没有开车。

实际运行经验表明,除固有的水耗高、"黑水"产生量高的顽疾外,鲁奇炉(赛鼎炉)还存在着碳转化率低、整体热效率低、碳排放高等一系列问题,亟需新的技术突破与迭代升级。同时,由于设备材料与操控条件的限制,固定床气化技术一直无法突破"大型化"的瓶颈,难以满足国家大规模的煤制气需求。煤气化技术研发除了不断向大型化、高能效、低污染方向继续发展,随着炉型不断增加,未来将向着根据煤质特性、粒度、最终产品等,深挖技术潜能为目标,最大限度发挥煤种特性优势和最大限度满足最终产品要求,最大限度优化全流程等细分领域发展,强调普适性的气化技术将不再为市场认可。

针对上述技术问题,国内企事业研发机构开展了大量探索与攻关,试图突破煤制气的成本困局。国内一些企业想以组合气化来解决上述问题,即以干粉煤或水煤浆气化来和固定床组合气化,但是,对于水煤浆因成浆性问题(对于长焰煤浆浓度低于50%)和煤种水分含量高(通常为25%),带来氧气消耗高、冷煤气效率低的同时,能消耗的固定床废水少;而如果耦合干粉煤气化,一方面投资大幅增加;另一方面,基于干粉煤技术做全流程对比分析发现,煤制气成本也显著增加,形成"解决旧问题又带来新问题"的尴尬局面。另外一种提议是参考美国大平原制气厂的经验,打破产品结构单一局限,通过"一头双尾"的工艺路线,走多联产路线,通过下游工艺改进与升级提高副产品利用水平。这不失为一种提高综合效益、维持企业生计的有效手段。然而从根本上看,这种方式依然"治标不治本",无法为我国的煤制气技术困局带来实质性的改变,开发"大型化、环保性"和能使用粉煤气化并兼顾粗煤气中产甲烷的技术才是应对当前困局的重要突破方向。基于此,国内一些企事业研发机构将目光投向了流化床气化方向,最具代表性的为新疆庆华煤制气公司牵头研发的4.0MPa、1 500吨/天投煤量的"庆华炉",其干基粗煤气中甲烷设计值为7.7%。该技术如果在4.0MPa压力下能实现长周期稳定运行,将成为一种解决目前问题的一种可选技术,值得期待与持续关注。同时,庆华公司以此技术与固定床鲁奇炉搭配展开了工业化示范,推进块煤、粉煤技术的耦合,以提高资源利用水平。该方法将有效解决固定床技术无法消化沫煤的硬伤。然而,上文中所提及的固定床气化技术本身的缺陷仍未得到改变。

固定床气化技术应向着大型化(2 000吨/天~2 500吨/天)、环保型(低废水排放)固定床熔渣气化技术方向发展,提高气化炉的整体效率，拓宽煤种适应性，提高气化炉单炉生产能力，降低停车风险保障装置的可靠性，降低气化技术对环境影响程度，推动煤气化与可再生能源制氢技术耦合集成。在熔渣气化方面，鲁奇公司早在 1974 年就与英国煤气公司合作进行鲁奇炉的液态排渣改造，形成了 BGL 气化技术并完成了中试验证。2005 年，我国云南解化公司获授权后将其原有的 Mark I 型鲁奇炉改造为熔渣式气化炉并进行了两年的工业试验，解决了炉内耐火衬里磨蚀等影响气化装置长周期运行的问题，自此 YM/BGL 技术走向了成熟并开始了国内的商业应用。截至目前，已有 30 余台 YM/BGL 固定床熔渣气化炉应用至云南先锋化工、中煤图克、内蒙金新和黑龙江宝泰隆等煤化工项目中。YM/BGL 技术提高了操作温度，提高了碳的转化率，蒸汽分解率也大大提高，减少了气化产生的废水量。然而，对于煤制天然气来说，YM/BGL 气化技术的粗煤气中甲烷含量有所下降，将对下游变换与甲烷化装置的投资与规模提出更高的要求，目前其在煤制天然气行业尚无应用案例。同时，困扰固定床碎煤加压气化技术的大型化障碍，如反应器设计、材料和控制等问题，一直也未有有效解决方案。

综上所述，在我国的能源供需格局与"双碳""双控"政策背景下，针对煤制天然气行业，如何提高气化炉的整体效率、大型化水平，提高气化炉单炉生产能力，拓宽煤种适应性，降低停车风险，保障装置的可靠性，降低对环境影响程度，是当前亟须解决的关键技术问题。针对这一需求，中国科学院过程工程研究所团队牵头研发的新型中科气化技术碳转化率高，冷煤气效率高，灰渣含碳量低，油气产率高，二氧化碳排放少，更可将废水产生量大幅减少。该气化技术除了自身投资大幅降低外，还能降低整个煤化工装置的投资，经济效益、环保效益显著，将成为当前解决煤制气项目气头技术系列难题的最优解。该技术目前已在新业能化公司展开工业化验证及示范，未来有望为破解我国煤制气成本困局，保障国家能源安全，推动新疆煤制气行业高效与绿色发展提供关键技术与装备。

5.2.3　气体净化与制冷环节

单套变换气处理能力超过 65 万方 / 小时的甲醇洗技术，最终实现 40亿方规模使用 3 系列低温甲醇洗。低温甲醇洗工艺是目前国内外公认的最为经济且净化度高的气体净化技术，具有其他脱硫、脱碳技术不能取代的特点。该工艺气体净化度高，选择性好，气体的脱硫和脱碳可在同一个塔内分段、选择性地进行。国外主流工艺有 Lurgi 低温甲醇洗工艺、Linde 低温甲醇洗工艺，国内也有大连理工大学和赛鼎工程有限公司的专利技术等。低温甲醇洗设备国产化方面进程较快，20 世纪七八十年代建设的低温甲醇洗装置基本上都是全套引进的，90 年代引进的低温甲醇洗装置设备国产化率有了很大的提高，一般大于 45%，若国内能解决低温材料，设备的国产化率还会进一步提高。目前，在新建煤化工项目中，低温甲洗已成为工艺标配，除了个别专利设备、少数关键性的动设备以外，其他设备均立足于在国内解决，材料在国内不能满足要求时，仅从国外引进材料，国内自行设计和制造，以此来降低建设成本。

目前，低温甲醇洗工艺的普遍缺点为：设备材料要求较高，设备、管道要求采用低温材料；对溶液泵同样要求采用低温泵；需要补充冷量，系统保冷要求高；工艺流程长，甲醇洗流程特别是再生过程较为复杂；甲醇溶剂存在毒性且为易燃介质，对设计的安全、消防要求较高等。综合对比各家技术，目前仍以德国 Lurgi 和 Linde 的技术最为成熟，是国内煤化工企业的首选。但引进国外技术不仅要耗费大量资金，并且技术专利和部分低温钢材料设备制造技术封锁严密。近年来，国内低温甲醇洗技术的研究及开发也取得了长足进展，一些技术设备已实现国产化，并且在工业化生产中不断完善。低温甲醇洗技术正朝向单系列、大型化的方向发展。

低温甲醇洗装置所需的 0℃和 -40℃级冷量由制冷装置提供。煤化工项目中常见的液体气化制冷方法包括吸收制冷、压缩制冷和混合制冷。吸收制冷需要消耗大量蒸汽和循环水，制冷效率相对较低，主要适用于流程中存在大量低位热能或无法利用低压蒸汽的情况下，才能发挥其优势。压缩制冷采用离心式压缩机，具有较大的制冷量。它的结构紧凑、重量轻、尺寸小，占地面积较小。同时，压缩制冷设备没有气阀、填料、活塞环等容易损坏的往复式零件，因此工作可靠、操作方便、运转率高，然而压缩制冷设备的投资较大。混合制冷是将吸收与压缩制冷两种方法结合，以提高制冷效率的方式。从绿色发展角度来看，煤制天然气项目应优选压缩制冷，在提升工厂的电气化率、消纳绿电的同时降低碳排放。

5.2.4 甲烷化环节

催化剂是甲烷化工艺的核心和重要载体，但其生产加工长期被国外垄断，价格昂贵，受技术和长距离运输条件等不确定因素的制约，存在着断供的潜在风险，是亟待解决的重点攻关难题。目前主流的催化剂是采用Ⅷ族金属，其中镍基催化剂的性能优异，如雷尼镍催化剂。为提高催化剂的比表面积，常以氧化铝、二氧化硅、氧化锆、碳化硅、海泡石、分子筛、石墨烯及碳纳米管作为催化剂载体。国外的催化剂供应商有丹麦的托普索、英国的戴维等。目前国内外催化剂各参数除了外观形态、规格型号、装填密度和化学组分略有差异外，其外观已经非常相似。国内主要有西南化工研究设计院有限公司、大唐国际化工技术研究院有限公司（简称"大唐研究院"）以及中国科学院大连化学物理研究所（简称"大连化物所"）等研究单位在煤制天然气催化剂领域开展深入研究，并相继完成了中试。甲烷化的催化剂已打破国外技术垄断，实现国产替代。从反应器方面来看，目前工业中采用的氢气甲烷化技术是以固定床甲烷化工艺为主，该工艺较为成熟可靠；除此之外，还有流化床甲烷化、浆态床甲烷化和等温甲烷化等工艺。国内拥有成熟的绝热固定床反应器设计和制造经验，甲烷化反应器也已实现国产化。总的来说，国内甲烷化催化剂、工艺、设备和控制的专利群已经形成，完全可以打破国外专利技术商对甲烷化技术的垄断。假以时日，从技术成熟度、知识产权保护等方面考虑，国内的甲烷化技术完全可以与国际甲烷化技术进行竞争。

2022年8月，西南化工研究设计院有限公司联合中海石油气电集团有限责任公司开发的甲烷化技术在新疆庆华大型煤制天然气项目中首次实现110%满负荷平稳运行，获得的甲烷浓度为61.7%，高于国外引进技术近3个百分点，标志着我国自主研制的大型煤制天然气甲烷化技术取得重大突破。此次甲烷化催化剂整炉替代成功，能使催化剂采购成本节约近一半，未来应进一步深化催化剂的研发攻关，开发催化效率更高、稳定性更好的新型催化剂，降低催化剂装量、延长催化剂使用寿命。另外，我国应基于国内催化剂攻关的基础，实现10亿方级国产甲烷化技术的产业化突破，形成具有我国自主知识产权的国产大型化甲烷化工艺技术。

5.2.5　全过程节水

水资源短缺对煤化工产业是硬约束，挑战十分严峻。现代煤化工项目用水量不断增加，在今后较长一段时期，水资源供需矛盾将更加突出。煤化工项目由于工艺复杂、涉水环节多，需要大量的水资源，业内流行着"没有水就没有煤化工，煤化工也可以称为'水化工'"的说法。近年来，尽管煤化工行业在节水方面开展了大量工作，粗放式用水问题有所改善，但行业的总体水资源利用水平还有很大提升空间。煤制气项目的全过程节水不仅要从源头和全工艺流程进行贯彻，制定相应的节水规则和提高管理水平，更应注重废水处理流程末端高浓度废水的处理和利用，尽可能避免废水外排或泄漏对环境形成影响。在绿色发展目标下，对煤制气项目全过程节水的实施建议如下：

（1）严控生产过程中的用水细节。煤制气行业的高耗水问题除了技术工艺因素外，生产作业中的操作和监管问题也不容忽视。伴随着我国市场经济体制和环境的不断优化，煤化工行业迅速发展，人才、技术和生产设备不配套的现象日渐凸显，导致生产作业工程中出现流程不完善、技术不规范、生产监督不到位的问题，造成能源的大量浪费和无节制用水现象。为此，煤化工企业要加强生产过程管控力度，尤其要针对生产用水环节进行着重监管，要从根本上提高职工的节水意识，做好企业本部、分支、车间用水的三级计量工作。

（2）采用过程控制系统加强节水。过程控制系统是对企业生产管理全流程、各要素环节进行全面把控，在生产中要实现节水减排就要加强优化整个水网络系统。企业应对本项目的水资源作平衡测试，然后参照平衡测试结果使用夹点分析法合理调配各环节的生产用水量并严格监管，以此确保各系统的生产用水安全。同时，要加强把控厂外排水，明确区分污染水和回收水，并实施不同的处理方法：可回收水要最大化回收，提高循环利用率；不可回收水要进行无害化处理，然后合理排放；废弃污染物要按相关法律法规要求处理处置，避免破坏生态环境。

（3）提高全流程技术和设备水平。煤化工自身对于生产工艺的要求极高，节水减排对企业生产技术的挑战性更大，所以必须依托更先进的生产设备和工艺技术，如煤炭开采环节的矿井疏干水处理回用或生态植被补充水利用，循环冷却水系统节水升级，密闭式冷凝液的回收利用，废水的分质分类处理、梯级利用和"零排放"技术升级等。

5.2.6 全过程数字化和智能化升级

为实现煤化工行业安全、环保、绿色、低碳的高质量发展战略目标，提升行业安全、环保、提质、降本、增效水平，智能制造技术、新一代信息技术在煤化工行业的应用研究是实现行业高质量发展的战略目标、提升行业竞争力的技术支撑、工具和抓手。随着工业化进程，数字技术将赋能现代煤化工能源体系，促进现代煤化工减排降碳。智能制造的概念于 20 世纪 90 年代由美国提出，其后各发达国家纷纷将智能制造装备产业列为国家级计划并着力发展。例如，德国"工业 4.0"战略，其根本目标是通过构建智能生产网络，推动德国的工业生产制造进一步从自动化向智能化和网络化方向升级。我国也积极部署，实施"以信息化带动工业化，以工业化促进信息化""走新型工业化道路"的发展战略。目前，煤制气行业的信息化程度有待进一步提高，生产过程中的各种数据与信息无法互联互通，无法达到有效协调与联控的目的，生产过程控制、安全风险防控、生态环保等尚未实现智能化管控。国内大多数煤化工装置的升级和改造仍处于基础网络和通信设施升级、设备升级为主要内容的初级阶段，各系统之间数据无法互联互通，信息不共享，孤岛现象严重，进一步加大了升级难度。智慧生产系统将物联网、移动互联网、云计算、大数据、人工智能、地理信息服务等技术与煤制气生产的各个环节深度融合，构建企业安全生产和管理的可视化、智能化综合性管控平台，能够实现对生产过程中的数据实时精准采集、高可靠传输、资源集成融合、智能化分析与处理等，满足多维感知、实时互联、协同控制、智能预警等需求，覆盖煤制气生产的全流程，提升管控能力，助力企业实现精细化、安全化生产，智慧化管理。数字化技术与煤制气生产深度融合，带来更加精准的创新，推动智能制造和精益化生产，将成为煤制气行业绿色发展的主要动力。

5.3　提高资源化利用水平，发展副产物高值化加工技术

1997 年，煤炭地质总局第三次全国煤田预测显示，我国垂深 2 000 米以浅的低阶煤资源量为 26 118.16 亿吨，占全国煤炭资源总预测储量的 57.38%，主要分布在陕西、内蒙古、新疆等西部地区，而且随着国家能源重心西移，低阶煤产量的占比仍将扩大。低阶煤硬度低、发热量低，且具有低灰、低硫、高挥发分、高活性及易燃易碎等特点。根据其特点，直接燃烧虽然是一种直观的低阶煤利用方式，但其热效率低，还会排放

大量粉尘等污染物，对环境的影响较其他煤种更大，其所蕴含的潜在价值也无法被充分挖掘。新疆煤种以长焰煤和烟煤为主，挥发分高、反应活性高、粘结性弱、灰熔点低，是用于煤制油气项目的理想原料。因此，通过"气—油—化"多联产及多项煤炭转化及深加工技术集成优化，实现低阶煤清洁高效利用，可提高煤炭转化效率，提高资源综合利用率，降低产品生产成本，对环境也更友好。"煤基气—油—化"多联产模式的可行性与价值已在美国大平原项目的经验中充分证实。由于经济性不足大平原项目投运一年后破产转让，改设为达科他气化公司后开始打破单一天然气产品结构的局限，走"煤化工多联产"路线，提高副产焦油、氨、硫磺以及其他化学品获利。美国大平原制气厂项目是一次宝贵的先行探索，在美国页岩油气大发展的时代下仍有立足空间，足以证明"煤基油—气—化多联产"项目的经济可行。

煤的热解＋气化的耦合固定床加压气化是发展煤炭分级分质利用的"油—气—化"多联产的有效途径。中国科学院过程工程研究所团队牵头研发的新型中科气化技术有望在固定床加压气化的基础上实现煤炭干馏＋气化的有机耦合，提高气化炉的整体效率、大型化水平、单炉生产能力与油气产率。在该技术的基础上，对相应副产物进一步加工，通过焦油提酚、混酚精制、焦油加氢等技术，优化产业链工艺路线，生产高附加值产品、特种油品，真正做到资源梯级利用、"吃干榨净"、物尽其用、高效转化，是副产物高值化环节的绿色发展方向。

5.3.1 中低温煤焦油提酚及混酚精制技术

与高温煤焦油相比，中低温煤焦油馏分轻，密度小，H/C 原子比高，酚类和链状烃含量高，重油含量低。中低温煤焦油多被当作燃料直接销售，仅少部分被蒸馏分离或加氢精制，目前的利用方式未能充分发挥中低温煤焦油的价值，燃烧更带来新的环境问题，因此，探寻一条适合中低温煤焦油的高附加值、多元化加工利用途径，是今后煤化工发展的一个重要方向。酚类在合成纤维、医药、增塑剂、染料中间体等方面应用广泛。中低温煤焦油中酚类物质含量高且种类繁杂，西北大学一项研究借助现代分析技术，对陕北地区某企业煤焦油中酚类物质的含量及种类进行的分析发现，轻油和重油在 170℃～240℃温度段馏分中酚类物质含量分别高达 92.87% 和 93.80%，轻油馏分中酚类物质约 56 种，其中低级酚约占 40.95%；重油馏分中酚类物质约 60 种，其中低级酚约占 51.76%。

然而，酚在加氢过程中会增加氢耗，使加氢油品易味臭、变色且使残炭量增加，因此在中低温煤焦油进一步加工前进行提酚，不仅可使终端产品多元化从而实现中低温煤焦油的高值及高效利用，还可降低对后续加工的不良影响。

传统提酚法可分为物理提取和化学提取两大类。物理提取采取萃取法，通过高沸点萃取剂富集酚类，过热水萃取法、盐类水溶液萃取法、醇类水溶液萃取法等均属此类方法；而化学法是酚类物质与其他物质发生化学反应生成酚盐，之后还原为酚，酸碱法、碳酸钠溶液抽提法、硫氢化钠抽提法、离子交换树脂法、沉淀法等均属此类方法。目前，应用最为广泛的为酸碱洗提工艺，但该工艺污染排放高、能耗高，难以实现规模化和可持续发展。而萃取法由于需要回收萃取剂，也存在能耗高、萃取剂流失造成污染等问题，且所得粗酚产品中夹带大量吡啶类和中性油杂质，推高了粗酚精制成本。近年来，很多研究机构尝试引入其他领域较为成熟的方法来提取煤焦油中的酚类物质，如协同—络合萃取提酚法已在废水提酚领域广泛应用，其充分考虑酚类物质结构特点，将不同萃取剂按一定比例组合，提酚效果明显。该方法在实际应用时，需要根据具体项目的煤焦油成分选择合适的协同剂、络合剂，同时要考虑如何分离回收溶质以及怎样实现复合萃取剂的循环利用问题。

工业上为了将粗酚除杂，并分离提取出高纯度的苯酚等高附加值产品，必须要对粗酚进行精制。粗酚的精制过程一般分为两步，首先对粗酚进行预处理以除去其中的水分、油渣、树脂状物质等杂质；其次以经过预处理的粗酚为原料，进行精馏处理以获取纯度较高的单体酚类化合物及其同系物产品。由于酚类沸点较高，为防止高温下发生聚合反应，精馏常在减压下进行。酚的精制工艺分为间歇精制和连续精制两条路线，间歇精馏具有设备简单、投资低、条件温和、控制灵活、操作方便等优势，而连续减压精馏工艺具有更高的资源/能源利用率，可以实现高度自动化控制并具有较高的大型化水平。目前来看，粗酚连续精制技术在煤焦油加工行业中越来越受到关注和应用，其高效连续生产的优势使其在提高生产效率和降低能耗方面具有相对优势。未来发展方向更加偏向粗酚连续精制路线，可能通过进一步优化和改进，充分发挥其环境保护和资源有效利用的优势。同时，也可以探索将连续精制技术与其他先进技术相结合，实现更高效、可持续的煤焦油加工产业发展。

5.3.2 低温煤焦油加氢精制

煤焦油加氢技术指对煤焦油采用加氢改质工艺，在催化剂作用下完成脱硫、不饱和烃饱和、脱氢反应、芳烃饱和，达到改善其安定性、降低硫含量和芳烃含量的目的，最终获得石脑油和优质燃料油，其产品质量可达到汽油、柴油调和油指标。煤焦油加氢处理过程中发生的反应主要有加氢脱硫、加氢脱氮、加氢脱氧、加氢脱金属及不饱和烃如烯烃和芳烃的加氢饱和反应。煤焦油中包含多种含有酚类、氮杂环和硫杂环化合物以及其他的金属物质和烃类化合物，因此氢流程所涉及的化学反应类型较为复杂。针对煤焦油进行的加氢反应能使得煤焦油中所包含的各类物质结构中的碳硫结构、碳氮结构、碳氧结构中的键位断裂，同时能够让断裂后的碳、氮、氧元素转化为水、氨以及硫化氢等其他物质。煤焦油根据干馏温度和方法的不同可以分为低温煤焦油、中温煤焦油和高温煤焦油。高温煤焦油一般用于提取化工产品，而中低温煤焦油的利用率较低，所以对煤焦油加氢技术的研究，重点要考虑中低温煤焦油。经过近十几年的研发工作和工业生产，国内已经形成了不同特点的多种加氢转化技术。根据加氢反应器形式来分类，近几年针对煤焦油全馏分加氢发展了三类技术，即固定床加氢、沸腾床加氢和悬浮床加氢。

固定床加氢技术的工艺和设备结构，在所有技术中最为简单，而且装置的投资和操作费用低，运行安全简单，是迄今为止工业应用最多和技术最成熟的煤焦油加氢技术。然而，固定床加氢技术对煤焦油原料要求很严格，煤焦油中的金属和灰分会大大地降低催化效率，甚至会造成催化剂的中毒，使得催化剂完全失去催化活性，难以实现高沥青质、高金属含量的煤焦油加氢加工。因此，固定床焦油加氢技术的研发重点是如何开发低成本、高效率、长寿命的催化剂，以及如何通过设计优化来避免催化剂床层堵塞的问题，以保证装置长周期、高效率的运行。

沸腾床加氢裂化反应器中，煤焦油进料从反应器底部进入，加氢炼化后的轻制化油品从反应器上部蒸发出去，而催化剂一直停留在反应器中，这相比于固定床，大大降低了床层堵塞、产品分馏固含量高的问题，适合加工较为劣质的原料。代表性的沸腾床技术有美国 Axens 公司的 H-Oil 技术，Chevron 公司的 LC-Fining 技术和德士古公司的 T-Star 技术。此外，沸腾床技术还具有原料适应性强、传热传质好等优点。然而，由于通常采用加氢、脱氢功能和酸性功能的双功能催化剂，在加工原料金属等杂质含量高的反应过程中同样面临着催化剂失活快，需频繁再生、补充的问题。同时，为了尽可能减缓催化剂结焦，延长催化剂的使用寿命，通常反应温度控制在 420℃～ 430℃ 以内，因此重油转化率通常不超过 90%，至少有 5% 的未转化油需要外排。这些问题至今都未有有效的解决方案。

悬浮床加氢技术是将固体催化剂、液体原料油以及气体氢气在反应器中进行加氢反应，目前该技术已在煤直接液化和石油渣油加氢裂化上应用，并有工业示范装置建成。从经济角度来分析，BP 公司对于沸腾床、悬浮床加氢以及延迟焦化技术做了经济性评估。当原油价格超出每桶 50 美元的时候，悬浮床加氢裂化比沸腾床加氢的结焦会延迟，反应器使用的周期会延长，催化效果比延迟焦化更高，因此悬浮床加氢具备更高的经济价值。悬浮床加氢还具有催化剂价格低廉 / 用量低，沸腾床技术还具有原料适应性强，反应温度高 / 转化率高等优点。

综上所述，各类煤焦油加氢技术均存在其优点，亦有不足之处。总的来说，固定床加氢技术最为成熟，且设备简单，投资成本较低。悬浮床更具潜力，但仍有部分技术问题需要解决，如开发新型催化剂，提高催化剂对沥青质等重组分的裂化转化效果，进一步降低催化剂用量；探究悬浮床反应器内气液固三相物料的流动与传质机制，为与催化剂相匹配的悬浮床反应器设计与工业放大提供理论指导；优化悬浮床加氢反应的产物质量，防止催化剂粉末的携带，减少催化剂对后续固定床反应床层压降的影响；提升装置规模大型化水平，开发大型化工程技术，降低能耗，节省投资。

5.4 提升全过程污染防控技术水平

煤制天然气等现代煤化工产业主要分布在水资源短缺、生态环境承载力较差的西部地区，其产业的绿色发展必须以生态环境承载为前提，减少污染排放，走可持续发展道路。

在废气治理方面，要加强对现代煤化工挥发性有机物的治理。一方面，做好设备动静密封点、循环水系统、废水处理系统、储运装卸等区域污染物无组织排放的管控，做好密封改造；另一方面，继续推动锅炉烟气、低温甲醇洗尾气等有组织气体排放的升级改造治理。针对现代煤化工高水耗的痼疾，应坚持"开源节流"的思路，一方面，探索煤矿矿井水循环使用新路径，降低地表水使用量；另一方面，针对现有高盐废水处理装置运行成本高、稳定性差、杂盐处置难等问题，进一步开展关键技术攻关。此外，还要针对循环冷却水用量大、消耗大的问题，进一步优化工艺技术路线和各系统之间的耦合，并积极推广节水消雾型凉水塔的应用。

在废水治理方面，煤制天然气项目的生产过程复杂，产污节点众多，包括气化废水、净化废水、生活及实验室废水、循环污水、化学水站排水、初期雨水以及污水处理回用过程中产生的浓盐水等。产生的废水通常含有酚类、氨、氮杂环物质（NHCs）、多环芳烃（PAHs）、长链烃和氰化物。气化废水的质量和数量因气化技术的不同也有很大差异，且同一装置的废水量与污染负荷也存在很大的波动性。固定床加压煤气化所使用的气化温度相对较低，废水中的污染物浓度高，化学需氧量（COD）通常为 3 000 ～ 10 000mg/L，且组成更复杂。而水煤浆气化与粉煤气化技术由于气化温度高，废水中有机物浓度低，COD 通常为 1 000mg/L 以下，具有良好的生物降解性，但含有较多的总溶解固体（TDS），通常超过 3 000mg/L。另外，循环冷却水出水量一般占整个项目排放量的 20% ～ 30%，但其 COD 浓度较低，TDS 的浓度较高。化学水站的排水主要是化学水制备过程和离子交换树脂再生过程产生的废水，主要特征为盐度高。由于煤制气项目选址往往选择在没有环境容量或排放目的地的地区，我国目前正在建设或在建的煤化工示范项目大多采用废水零排放的方案。然而，到目前为止，已投入运营的大多数项目都难以实现长期稳定的废水零排放。废水处理的难题根源在于气头技术。在煤制气项目中应用率较高的是鲁奇炉，该方法缺点之一是污水量大、处理难度大，其"黑水"处理的难题，从美国的大平原项目到我国的大唐克旗项目，始终困扰着应用企业。另外，对于高盐废水处理，在目前已投运的大多数项目中，由于不存在浓缩盐水废水的专用储存设施，大量废水被排放到蒸发池中。蒸发池受当地蒸发能力以及许多其他干扰因素的影响，如空气温度、风力、盐水浓度和有机物含量。在冬季连续雨雪天气的情况下，蒸发效果会降低。此外，连续生产会导致大量废水的排放。因此，蒸发池基本上处于饱和状态。同时，由于缺乏完整的管理体系，政府部门无法有效监督高盐度废水的排放，因此，许多企业将蒸发池视为废水排放池，甚至将完全未经处理的废水直接排放到蒸发池中，从而增加了这些池中的有机污染物水平。一些企业的蒸发池表面甚至漂浮着一层油膜浆液，这进一步降低了蒸发效率，并造成了严重的环境问题。例如，2014年9月内蒙古腾格里沙漠腹地部分地区出现多个污水塘，当地企业将未经处理的废水排放到他们的污水池中，让其自然蒸发，然后挖出厚厚的沉积物，直接埋在沙漠中，造成了恶劣的环境影响，也引起了公众的广泛批评。

废水污染全过程控制的核心在于源头减排、过程控制、末端处理，其中源头减排最为关键。正如上文所述，煤制气过程废水及其有机污染物主要来自气化单元，因此对气头技术升级优化，实现废水量及有机污染负荷的源头减排是煤制气过程水污染控制的最有效手段。值得一提的是，相比于目前广泛采用鲁奇气化技术，中国科学院过程工程研究所团队牵头研发的新型中科气化技术，由于采用了更高的气化温度，提高了碳的转化率，蒸汽分解率也大大提高，最终大幅减少了气化产生的废水量。同时，较高的气化温度也使有机污染物的裂解更为充分，废水中的有机污染物分子量更小、结构更简单、可生化性更高，进一步降低了处理难度。因此，该技术的诞生也有望解决困扰行业数十年的"黑水"处理难题。末端处理方面，在科研人员几十年来的努力下，虽然废水处理全流程各个环节的处理技术均有突破，如酚氨回收资源化预处理技术、共代谢生物降解强化技术、高级氧化强化深度降解技术等，但控污成本也大幅提升，以高能耗换高处理效率的控污模式，难以支撑行业的绿色可持续发展。

为了实现零排放目标，目前形成了综合物理化学和生物处理全过程处理工艺，即气浮、生化降解（厌氧和好氧）、深度氧化、超滤、高效反渗透、蒸发和结晶相结合的工艺（图5-3）。从行业的运行现状来看，大多数已投入运营的项目都会造成不同程度的环境问题。到目前为止，这

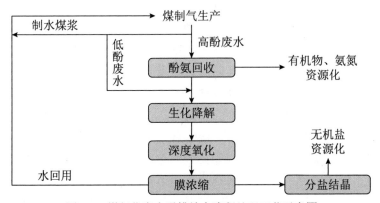

图 5-3　煤气化废水零排放全流程处理工艺示意图

些项目都无法实现废水的长期稳定零排放。末端废水污染控制技术和煤气化废水处理的主要问题包括以下方面。

1. 全厂水系统不平衡，无法实现长时间稳定运行。实际循环水量超过了对再生水的需求。此外，冷却塔季节蒸发量的差异，以及工艺设备在非正常工况（如开启、关闭和维护）下的排水不平衡，将导致即使已达到循环水的回收标准，污水也无法完全回收。部分工程废水临时储槽设置不合理，不能保证大部分废水得到回用。一旦水箱装满，废水就无法完全重复使用，企业被迫停止并进行维护，频繁的暂停会造成更严重的污染。

2. 污水处理工艺相互衔接，前置处理技术的效果影响后续工段的处理效果。前处理工艺的效果决定了后续工艺的稳定性。例如，在碎煤加压气化的煤制气项目中，酚氨的回收和处理效率较低，导致出水中的油和有毒物质含量较高，生化处理系统的稳定性受到严重影响，废水处理系统的整体运行不稳定。

3. 废水处理过程周围有严重的气味，废水中的一些污染物可以转移到大气中。生化废水处理大多以池形装置的形式进行。许多企业用开放的生化池，会将废水中的挥发性污染物转移到大气中。曝气池就是一个特别突出的例子，它本质上是一种污染转移。

4. 高盐度废水的处理已成为零排放的限制因素。煤制气高盐废水主要由工艺过程中产生的废水、循环水排污水、废水处理回用产生的浓盐水等组成。高盐废水中通过从水源补充新鲜水而带入的盐分含量占到约50%以上，生产过程中添加的化学药剂而带来的盐分含量占到了约30%左右。煤制气高盐废水的来水成分复杂，污染物含量高，是一种"高有机物、高含盐量、高硬度、高含硅"的工业废水水质，采用常规的工业回用水处理工艺，水系统的回收率不高，产水水质不稳定，同时排水水质不能保证达标排放，水资源做不到最大化的利用。对于高盐废水的零排放处理，传统处理方法为直接蒸发结晶。直接蒸发结晶可以达到零排放目的，但是耗资耗能巨大，同时也浪费资源。此外，由于企业管理粗放，蒸发池往往被用作污水处理池，废水在蒸发池中的渗透可能会污染当地地下水，可溶性盐处理不当会造成二次污染。采用膜技术可将高盐废水进一步浓缩成超高盐废水，淡水部分可以直接回用，被浓缩超高盐的废水再经过蒸发结晶，达到零排放。这种方法不仅降低了能耗，同时可实现水资源的回用，对于水资源供需矛盾突出的西北地区，显得尤为重要。然而，膜法零排放仍面临工艺难度大、流程长、系统复杂、装置投资大、运行稳定性差、成本高等问题，存在优化提升空间。此外，蒸发结晶法生产的结晶盐也尚没有合适的处理方法。

针对以上问题，煤制气过程废水污染末端控制技术的绿色发展，应重点从以下几方面入手：

1. 水网优化。工业园区水资源短缺与水环境污染问题是绿色发展的重要挑战之一。水网络优化是解决工业园区水资源短缺和污染问题、提升工业生产节水减排能力的重要方法。煤制气项目应从整个园区角度，以新鲜水用量最小、碳排放量最少、系统稳定性最强、水处理成本最低为目标，充分考虑水量平衡、供需平衡、可供水量、非负和碳水关系指数约束，构建面向绿色低碳约束的工业园区水网络优化模型，进行多目标的优化求解。

2. 生物强化处理技术研发。废水生物处理技术以其消耗少、效率高、成本低、工艺操作管理方便可靠和无二次污染等显著优点而备受人们的青睐。生物处理工艺的选择，既要有利于难降解有机污染物的开环和降解，去除高浓度的COD，又要有利于强化硝化反硝化作用提高废水中氨氮的去除。目前针对煤化工废水的处理主要采用厌氧—缺氧—好氧多种方法结合的组合工艺。然而，气化废水中毒性物质和难降解有机物含量较高，常抑制活性污泥正常功能的发挥，传统的生化处理技术面临技术挑战。因此，对于煤制气项目的废水生物处理工艺，应特别注重提高微生物的抗毒、抗冲击性能，维持稳定高效的COD和总氮去除能力。对于厌氧过程，一般来说，厌氧细菌对气化废水中有毒污染物的存在非常敏感，并且在传统厌氧过程中通常观察到其对微生物的抑制作用。为了减轻这种抑制作用，使用颗粒活性炭吸附和稀释废水方法已经被提出，显然，由于需要大量的颗粒活性炭和淡水，这两种选择在经济上不可行，也不环保。随着科研人员的持续努力，已有多种改进或强化厌氧处理技术被提出并验证，如厌氧甲醇共代谢、零价铁强化厌氧水解、电场强化厌氧水解等，各强化技术对特征污染物的适用性不同，实际技术选择应根据厂区废水污染物组成确定。对于好氧处理环节，活性污泥与载体或活性炭吸附相结合被认为是一种很有前途的减轻厌氧废水毒性和抑制作用的方法。生物强化是改善煤气化废水中难降解有机化合物去除的另一种选择。对于气化废水中主要的有机组分，苯酚、萘、菲、荧蒽、芘、喹啉和吡啶等的高效降解菌株均已有发现，可针对特定污染物进行靶向的强化去除。需要注意的是，即使采用强化生物降解技术，COD 也无法根除，通常会有 80 ～ 300mg/L、且可生化性极差的有机物随出水排出。如果需要进一步去除这些化合物，应考虑高级氧化方法，如多相催化臭氧氧化、二氧化钛（TiO_2）光催化氧化、催化超声氧化等。

3. 高盐废水处理。煤制气高盐废水成分复杂，需根据不同性质进行分级分质处理，以系统工程思维进行工艺流程设计和优化，进行回用水分级分质利用。在单体技术方面，应该开发高效低耗的有机物去除技术，减少工艺设备复杂程度，提升系统操作便利性。针对废水中的硬度和硅等杂质，从资源化利用角度，开发新型高效的除硬除硅预处理技术，实现钙、镁和硅的资源化利用。开发新型抗污染膜材料，减轻膜污染，延长膜组件清洗周期，提高膜使用寿命。同时，开发结晶盐资源化和高值化利用技术，实现结晶盐的资源化利用，提升环境效益和社会效益。

5.5　推动过程碳捕获利用与封存技术应用

将煤化工、燃煤电厂和石油化工装置排放的二氧化碳经捕获浓缩后注入地下封存的技术称为 CCS（Carbon Capture and Storage）技术，二氧化碳经捕获浓缩后注入油田，用于驱油后再封存的技术称为 CCUS（Carbon Capture, Utilization and Storage）技术。国际能源署的研究表明，为了实现《巴黎协定》的 2℃气候目标，到 2060 年，14% 的累计减排将来自 CCUS，而 37% 的额外减排也将来自 CCUS。许多其他国际机构，如 IPCC 也证实，如果没有 CCUS，国际气候变化目标就无法实现。在 CCUS 领域，重点是大规模、低成本的 CCUS 技术在煤炭开发、煤化工、火力发电等系统中的覆盖和应用。由于现代煤化工项目产生的二氧化碳浓度高，碳捕获成本显著低于发电厂和其他工业过程，从而为二氧化碳的技术创新和大规模利用带来了独特的机会。现阶段我国 CCS/CCUS 项目规模尚小，高昂的成本投入是制约项目大规模开展的主要原因。目前煤燃烧后尾气捕集二氧化碳成本需 300 ～ 400 元 / 吨，煤化工低温甲醇洗可以较容易地捕集获得高浓度（90% 以上）二氧化碳，捕集成本仅 100元 / 吨。所以，煤化工对接 CCS/CCUS 项目具有天然的技术优势。除捕集成本外，还有压缩储存、运输和注入封存成本。预计到 2030 年，我国全流程 CCS/CCUS（按 250 千米运输计）技术成本为 310 ～ 770 元 / 吨二氧化碳，2060 年将逐步降至 140～410 元 / 吨二氧化碳。2021 年 7 月，我国碳交易市场正式上线，通过碳定价和碳补贴，对 CCS/CCUS 项目发展将起到激励作用。随着 CCS/CCUS 技术的不断突破，二氧化碳封存成本的持续降低与合理碳税的加持，预测在 2030 年以后我国 CCS/CCUS 技术将会得到规模化的推广应用，将有可能使煤化工产业减少亿吨级以上的二氧化碳排放。

图 5-4 为煤化工中典型的二氧化碳封存及资源化利用示意图。煤化工与 CCS/CCUS 技术耦合对接，至少可以减少 60% 以上的二氧化碳排放。截至 2022 年年底，我国已投运或在建的 CCS/CCUS 示范项目约 40 个，总的二氧化碳捕集能力约为 300 万吨 / 年，以石油、煤化工、电力行业小规模捕集驱油示范为主，缺乏大规模、多种技术组合的全流程工业化示范。2020 年，全球 CCS/CCUS 项目超过 400 个，正在运行的装置每年可捕集和永久封存约 4 000 万吨二氧化碳。另外，在煤制天然气装置中，利用二氧化碳返炉替代部分水蒸气作为气化剂，可减少水蒸气用量和碳排放，实现碳资源循环利用。新疆庆华能源将来自低温甲醇洗的二氧化碳与水蒸气混合并返炉用于伊宁碎煤加压气化，2017 年 8 月进行了工业试验。当二氧化碳返炉量为 2 000 立方米 / 小时时，可节约蒸汽量 5 000 千克 / 小时；另外，二氧化碳返炉后氧负荷增大，可增大单炉投煤效率，提高粗煤气产量，一氧化碳含量提高了 1.28%。大唐阜新公司及华南理工大学团队对基于二氧化碳返炉的煤制天然气联产甲醇和乙二醇工艺方案进行了全流程模拟，研究表明，当气化炉二氧化碳返炉量为 2 600 立方米 / 小时时，仅气化装置就可减少高压蒸汽消耗 91.7 万吨 / 年；由于一氧化碳产量增加，提高了氢气利用效率，甲醇产量提高了 7.92 吨 / 年。

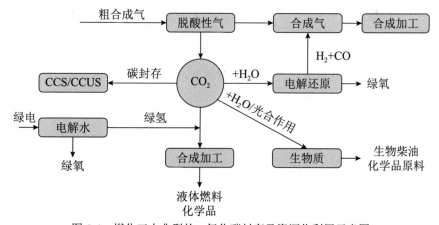

图 5-4　煤化工中典型的二氧化碳封存及资源化利用示意图

另外，目前国内外正在探索开发从含二氧化碳浓度很低（体积分数约 0.04%）的空气中直接捕集（direct air capture，DAC）二氧化碳技术，DAC 技术是一种使用二氧化碳吸附剂通过吸附—解吸来提纯二氧化碳的技术，提纯浓缩的二氧化碳可与二氧化碳封存技术（CCS）结合将二氧化碳注入地下固定，也可将浓缩的二氧化碳作为原料进行二氧化碳资源化利用。DAC 技术是一种负碳排放技术，它不仅可直接降低空气中的二氧化碳浓度，而且适合于煤化工装置散发排放的二氧化碳的捕集，如公用工程中蒸汽锅炉排放的二氧化碳等，也可包括煤化工产品在消费端使用时排放的二氧化碳的捕集。DAC 技术的优势是不限捕集地点，可在封存二氧化碳的现场实施应用，能够减少二氧化碳存储与运输环节及成本。最近全球最大的直接从空气中捕集浓缩二氧化碳的工厂在冰岛建成运转，该工厂通过吸附材料从空气中吸附二氧化碳并分离提浓，分离出的高浓度二氧化碳与水混合，泵入地下深井咸水层后使二氧化碳矿化为岩石（DACCCS），该工厂年固定封存 4 000 吨二氧化碳。目前全球已有 15 座 DAC 工厂运行，年捕获 9 000 吨以上二氧化碳。2018 年哈佛大学 Keith 教授估测 DAC 成本为每捕获 1 吨二氧化碳耗费 94～232 美元，目前 DAC 成本仍然过高，迫切需要开发高效的吸脱附材料和成本低廉的工艺系统。若煤化工企业采用 DAC-CCS 技术封存二氧化碳，封存的二氧化碳量可用于置换一部分煤化工生产过程中排放的二氧化碳量，因此未来 DAC 技术的发展将可能间接促进煤化工产业的发展。目前，国内 DAC 技术发展相对滞后，多处于实验室研究阶段。

对于煤化工与 CCUS 耦合项目中的二氧化碳利用问题，基于新疆地区的地质气候条件，二氧化碳适用于强化深部咸水开采（CO_2-EWR）。CO_2-EWR 是将二氧化碳注入深层含水层以封存二氧化碳的过程，同时提高盐水/盐水的回收率。与传统的二氧化碳地质储量相比，CO_2-EWR 具有两个优点：其一，通过合理的抽水井工程设计，可以控制储层压力的释放和产水量，实现二氧化碳大规模地质储量的安全稳定；其二，可以收集和处理已处理后的深层盐水，用于生活饮用、工业或农业用途，以缓解缺水情况以及对生态环境的影响。此外，收集到的高盐度水或盐水资源可以通过矿化利用创造可观的利润空间，例如使用 $MgCl_2 \cdot H_2O$（一水合氯化镁）矿化二氧化碳，以回收盐酸和碳酸镁，或级联提取包括钾、溴、锂等在内的液态矿产资源，可用于填补主要由当前 CCS 情况下的捕获和封存过程产生的成本缺口。因此，CO_2-EWR 技术可以被认为是一种通过缓解水资源短缺危机来大规模减少二氧化碳排放和改善环境的清洁技术。在我国西部地区，尤其是新疆地区，含水层系统类型主要为冲湖砂、细砂和粘性土，煤、石油、天然气等化石燃料富集，形成了各种煤化工和油气工业。而高浓度的二氧化碳排放以及对工业用水的巨大需求成为这些企业发展的严重障碍。另外，我国水资源呈现出南富北穷的分布格局，与煤炭资源分布格局的逆相关使煤电和煤化工面临严重的水压力，从而引发了一系列尖锐而复杂的社会、经济和环境问题。以新疆准噶尔盆地准东煤炭基地为例，预计煤炭储量达 3 900 亿吨，占新疆总预测储量的 17.81%。而煤炭工业的发展离不开水资源的保障，尤其是煤化工行业，属于资源密集型行业，用水量非常巨大。准东地区属于沙漠地带，水资源极度匮乏。在新疆，31 条河流中的大多数都是较短或是独立的流域。目前，准东地区地表水利用率已超过警戒水平，此外，由于严重的超采，已形成最大的地下水漏斗区。不断的降水和排水使含水层系统边界向外移动，水源枯竭，从而导致植被干涸、土壤肥力下降和作物损失等。如果继续抽取地下水，将给原本生态环境脆弱的地区带来无法弥补的生态环境问题。CO_2-EWR 技术将二氧化碳稳定地储存在深层含水层中并泵出盐水，盐水淡化处理后可用于生活饮用和用于工业或农业。CO_2-EWR 技术有效缓解了缺水状况，从而减少了一系列生态环境问题。因此，CO_2-EWR 技术在我国西部早期有发展机遇。煤化工二氧化碳捕集分离后，用于蓄水层封闭，结合 CO_2-EWR 技术，不仅可减少碳排放，而且可为西北地区煤化工装置提供额外供水，缓解用水压力。中国适合 CO_2-EWR 的盆地分布面积大，封存潜力巨大。准噶尔盆地、塔里木盆地、柴达木盆地、松辽盆地和鄂尔多斯盆地是最适合进行 CO_2-EWR 的区域。2010 年，神华集团在鄂尔多斯盆地开展 CCS 示范工程，是亚洲第一个也是当时最大的全流程 CCS 咸水层封存工程。新疆地区封存地质条件相对较好，塔里木、准噶尔等盆地地质封存潜力巨大。将来自低温甲醇洗工艺的二氧化碳压缩至 12MPa，输送并注入深层含盐含水层，采出水脱盐后进行市场销售。以项目寿命 20 年、国内 2016 年现代煤化工项目全部投产计算，CO_2-EWR 技术可以低于 30 美元 / 吨二氧化碳的相对较低成本每年利用 8.78 亿吨二氧化碳，可减少 74% 的二氧化碳排放，同时每年提供 13.18 亿吨水资源。需要注意的是，CO_2-EWR 技术的发展总体处于前中期，仍有技术和系统问题需要提升和优化。例如，在盐水提取过程中，如果泵送时间太短，盐水量有限，能耗和成本可能是很大的浪费。然而，如果时间过长，通过抽油井很容易发生二氧化碳泄漏，浅水和大气因此被二氧化碳污染。因此，如何最大限度地降低储层压力和利用深层盐水，出现了一些关键问题。抽油井的布置（如抽油井数量、抽油速率和抽油距离）、地层参数、过滤管长度和位置等因素可能对储层压力和二氧化碳的运移溶解机制产生不同的影响。由于地下环境的复杂性，数值模型和模拟在评估 CO_2-EWR 的二氧化碳迁移和盐水回收方面发挥着重要作用。因此，应采用模拟来优化各种因素，以寻求具有更低泄漏风险、更多水回收率和更低能耗的最佳解决方案。

二氧化碳还可用于强化油田开采（CO_2-EOR）。国家发展改革委、国家能源局于 2022 年 3 月 22 日印发的《"十四五"现代能源体系规划》提出，减少能源产业碳足迹，加快二氧化碳驱油技术推广应用，在晋陕蒙新等地区建设 CCUS 示范工程。新疆一直是我国 CCUS-EOR 技术探索的先锋地区。据天山网报道，早在 2015 年，新疆便开始启动 CCUS/CCS 百万吨示范区规划研究，2019 年开始了八区 530 井区二氧化碳混相驱先导试验。同年，新疆油田准噶尔盆地 CCUS 项目被 OGCI（油气行业气候倡议组织）推选为全球首批 5 个 CCUS 产业促进中心之一。最初，新疆油田驱油的碳源来自中石油克拉玛依石化有限责任公司，到现在已扩展到新疆 10 余个地方，包括玛纳斯县工业园区、乌鲁木齐甘泉堡经济技术开发区（工业区）等地，都在往新疆油田输送碳源。新疆二氧化碳地质封存潜力巨大，塔里木、准噶尔、吐哈三大盆地具备规模化应用二氧化碳驱油和地质封存条件。据中国工程院院士、中国石油化工股份有限公司教授级高级工程师李阳估算，三大盆地的油田二氧化碳资源利用和埋存潜力约 40 亿吨，是开展规模化二氧化碳地质封存和资源化利用示范的理想场所。据天山网统计，截至 2023 年年底，新疆已建成二氧化碳捕集装置 150 万～ 160 万吨 / 年产能，产能规模同比增长三四倍，而落地注册准备做碳捕集的企业一年间增长数十倍。现在，新疆四大油田——新疆油田、塔里木油田、西北油田、吐哈油田均在实施 CCUS 项目，推动新疆 CCUS 产业初步形成。2023 年，新疆广汇碳科技综合利用有限公司的吐哈油田三塘湖二氧化碳驱动原油开采项目中，累计有效封存二氧化碳 3.5 万吨，增油 1 万余吨，平均 3 吨"碳"换出 1 吨油。

除了 EWR 和 EOR，在其他二氧化碳资源高附加值利用技术方面，清华大学、天津大学、厦门大学、中国科学院大连化学物理研究所、中国科学院过程工程研究所、中国科学院上海高等研究院、中国科学院山西煤炭化学研究所等高校院所在二氧化碳化学转化制低碳烯烃、芳烃、甲醇、碳酸酯、橡胶、N,N-二甲基甲酰胺（DMF）等领域开展持续研究，提出接力催化技术，并探索电催化、光催化等新反应路径，将二氧化碳从化石能源利用的终结排放者转化为碳循环利用的参与者，减少碳排放。国内建成了多个中试装置并计划实施工业化项目。例如，2017年山西潞安集团煤制油基地甲烷二氧化碳自热重整制合成气装置实现满负荷生产；2020年9月，惠生工程与惠生泰州订立惠生泰州二氧化碳合成化学品EPC合同，将在江苏泰兴建设二氧化碳高效合成化学品项目；2020年，中国科学院大连化物所牵头多家单位联合开发的千吨级二氧化碳与绿氢合成甲醇（太阳燃料）示范项目成功运行，探索出末端二氧化碳捕捉及资源化利用的新方向。此外，2021年3月，全球首套万吨级二氧化碳制芳烃工业试验项目在内蒙古启动，以内蒙久泰新材料公司低温甲醇洗高纯度二氧化碳排放气和合成气为原料，采用清华大学流化合成气一步法制芳烃（FSTA）技术，其中合成气可通过技术手段替换成二氧化碳，产品为9722t/a1,2,4,5-四甲苯及12.8kt/a氢气。循环二氧化碳回收率超过95%，芳烃基选择性超过75%。该技术在兼顾更好原子经济性的同时，实现了二氧化碳资源化利用。

此外，煤制天然气工艺中产生的二氧化碳浓度高，把捕集的二氧化碳与绿氢结合，通过化学转化制成零碳天然气（PTM）和液态燃料（PTL），能够实现可再生能源和氢能的深度融合，实现大规模的二氧化碳资源化利用，并实现大宗二氧化碳的资源化、循环利用，给煤制天然气带来绿色转型。

5.6　发展绿氢耦合煤制天然气技术

近年来，氢已成为一种很有前途的能源，由于其较高的热值，在全球引起了极大的兴趣。它被誉为传统化石燃料的可能替代品，尤其是可作为未来几年的汽车燃料。氢能由于其作为化石燃料替代品的潜力而越来越受欢迎，这主要是由于其高能源潜力、无碳性质、不含污染物和环境效益。与其他天然气相比，氢气的能量含量更高（142kJ/g），管理更简单。氢原子通常包括1个质子和1个电子，没有颜色和气味。它的密度低于空气，具有比化石燃料高得多的能量重量密度，估计约为化石燃料的 7 倍。此外，1 公斤氢气储存的能量是汽油的 2.75 倍。此外，它的燃烧产生能量和水蒸气，使其成为一种环保的选择。这些因素使氢气成为化石燃料的理想替代品，现在它被广泛认为是最可行的替代品，是一种没有污染的安全燃料。据《中国氢能源及燃料电池产业白皮书 2020》估算，2030 年我国氢气的年需求量将增长至 3 715 吨，2060 年将增加至 1.3 亿吨，增长潜力非常可观。2021 年发布的"十四五"规划纲要正式将氢能列入重点发展的方向之一："在氢能与储能等前沿科技和产业变革领域，组织实施未来产业孵化与加速计划，谋划布局一批未来产业。"根据氢能生产来源和生产过程的排放情况，氢能又分为灰氢、蓝氢和绿氢。其中，绿氢是利用可再生能源（例如太阳能、风能、核能等）发电后转化为电能，将电能通过电解水制氢设备转化成氢能，因其制取过程中只产生水，碳排放可以达到净零。故绿氢被称为最纯正的绿色新能源，在全球能源转型中扮演着重要角色。截至 2020 年年底，中国风电、光伏发电累计装机分别为 282GW 和 254GW，分别占中国电力装机总量的 12.8% 和 11.5%；中国风电、光伏全年发电量为 $4.7×10^{11}kW·h$ 和 $2.6×10^{11}kW·h$，占中国全年总发电量的 6.1% 和 3.4%。绿氢作为一个"产业"在世界各国都还处于初步发展阶段，中国现有 25Mt 氢气产量中绿氢还不到 1%。

2022 年《政府工作报告》指出，我国能耗强度目标在"十四五"期内将统筹考核，落实碳中和、碳达峰目标，针对能耗双控的机制建设也将不断优化和完善。2022 年 3 月国家发展改革委、国家能源局联合发布的《氢能产业发展中长期规划（2021—2035 年）》也提出建设以工业副产氢和可再生能源制氢为主的氢能供应体系，全力发展风光互补耦合发电制氢系统，为中国实现"双碳"目标做贡献。国家发展改革委、国家能源局、工信部、科技部、生态环境部、应急管理部六部门联合发布的《关于"十四五"推动石化化工行业高质量发展的指导意见》明确提出，鼓励石化化工企业因地制宜、合理有序开发利用绿氢，推进炼化、煤化工与绿电、绿氢等产业耦合示范。煤化工行业的降碳是大规模开发绿色氢气的机会，这将促进技术创新，降低绿色氢气生产成本。2022 年，我国发布《氢能产业发展中长期规划（2021—2035 年）》，特别鼓励在工业部门进行现场应用。煤化工行业目前是中国最大的氢气生产和消费行业。2020 年，煤化工系统中的水煤气变换反应产生了 1 700 万吨煤基氢气，占中国氢气总产量（3 300 万吨）的 50% 以上。预计到 2030 年，中国的煤化工生产将需要 2 100 万吨绿色氢气来取代基于水煤气变换的氢气。煤化工生产和绿色氢气的耦合是扩大绿色氢气部署和利用低碳原料进行煤化工生产的双赢机会。首先，绿色氢气可用于煤化工部门的无碳原料。其次，煤化工行业是中国使用氢气最多的行业，它将促进绿色氢气生产的规模扩大和成本降低。作为水电解的副产品，电解氧气可以取代原来的氧气，从而减少空气分离装置的现场燃料燃烧。除了温室气体减排外，绿色氢气和氧气的使用还对空气质量和人类健康产生好处。在化工厂中使用绿色氢气和氧气可以减少原料和燃料的现场煤炭使用，从而减少煤气化和燃烧产生的空气污染物排放。值得注意的是，虽然全国有 31 个省（自治区、直辖市）均发布了氢能产业发展的相关政策，但主导方向和重点放在了燃料电池汽车及其产业链的发展方面。我国还没有煤化工与绿电绿氢耦合发展的工业化成功案例，还处于研发和产业化示范阶段。

5.6.1　绿氢生产工艺现状及关键技术研发方向

目前，以可再生能源制取氢能主要有三种途径，分别是水的电化学分解制氢、水的热化学分解制氢、水的光催化分解制氢。其中，水电解制氢是制取氢气的主要方法，其生产原理是施加直流电破坏水分子的氢氧键从而将水分解成氢气和氧气，并将电能转化为化学能。水电解制氢的产品气纯度高、杂质少，经过净化后可得到纯度为 99.00% ～ 99.99% 的高纯度氢气，同时副产氧气。电解水制氢操作灵活度较高，相较于化工装置可以实现大幅度负荷调节、低负荷功率运行和较快速响应条件。基于可再生能源利用的水电解制氢方式不使用化石燃料，电源来自水利、风力或太阳能发电，装置在运行过程中不会产生各种有害气体和二氧化碳等温室气体排放，是节能环保的制氢技术。水电解制氢的主要缺点是目前技术水平下电耗和能耗较高，致使氢气产品成本较高。

目前，水电解制氢技术主要有碱性电解（AWE）、固体聚合物质子交换膜（PEM）电解以及固体氧化物（SOEC）电解。其中，质子交换膜电解技术动态响应速度快，适合可再生能源发电的波动性电解制氢。近几年，产业化进展十分迅速，目前在欧美等发达国家已经开始规模化推广，而在国内相关技术产业化刚刚起步。固体氧化物电解技术是高温电解水技术，正处于初步示范阶段。碱性电解技术在国内有着 60 多年的发展历史，发展最为成熟，商业化程度最高，同时具有结构简单、安全稳定、成本相对低廉等优势，是现阶段的主流应用路线。我国碱性电解槽装备制造除生产隔膜的树脂材料等部分原料仍需从国外进口外，其他设备和材料均已实现国产化。

碱性电解水制氢系统的核心是碱性电解槽主体，其余部件包括极板和极框、隔膜、电极、BOP 辅助系统等。碱性电解水制氢的电解质为氢氧化钾水溶液，效率通常在 63% ～ 70%。由于该技术可使用非贵金属电催化剂（如 Ni、Co、Mn 等），因而催化剂造价较低。碱性电解槽的负荷调节范围一般为 30% ～ 110%，但难以快速启动或变载，启停一般需要 30 ～ 60 分钟，负荷调节为分钟级响应，因而与可再生能源发电的适配性较差。

从碱性电解槽的结构及成本组成来看（图 5-5），除了双极板、端板、拉紧螺杆等工艺相对简单的机加工件外，电极、隔膜、密封垫片等材料的成本占比较高，且工艺相对复杂。电解槽的升级发展，以电极、隔膜、密封垫片为代表，其核心材料的技术和工艺路线正在得以改进。

1. 电极。电极也可称为电催化剂，是电化学反应发生的场所，每个电解小室各有一个阴极、阳极电极，主要有镍网喷涂雷尼镍、泡沫镍等形式，在电解槽成本中大约占据 30%，也是决定制氢电解槽制氢效率的根本。在电极面积一定的情况下，电流密度的大小决定电解槽的气体产生量，因此电流密度是衡量电极性能的主要性能指标，传统碱性电解槽的电流密度仅为 3 000 ～ 4 000 安 / 平方米。近年来，国内生产企业陆续推出了电流密度在 8 000 安 / 平方米以上的电极网产品，如苢纳科技公司的 JA-10000M/F、保时来公司的第四代电网等，均需等待市场的检验。

2. 隔膜。隔膜在电解槽内将氢、氧严格地隔离开，因此隔膜质量的好坏直接关系到氢、氧的纯度和电耗。当前的隔膜产品已经历经了石棉、聚苯硫醚（PPS），已经发展到在 PPS 的基底上两面涂覆浆料的第三代复合隔膜。复合隔膜是业界公认的碱性电解水隔膜材料升级发展方向，具备良好的隔气性、稳定性及低电阻、低能耗。目前，第三代隔膜在欧美国家已获得应用，国内则刚刚起步。碳能科技作为国内较早从事复合隔膜研究和生产的企业，已经开发出了第三代复合隔膜产品。

3. 密封垫片。密封垫片解决极片与极片之间的绝缘问题，关系到电流效率和安全问题，绝缘性能的好坏一方面影响气体产量和稳定性；另一方面，也间接决定了极板和隔膜的使用寿命。碱性电解槽密封垫片多选用复合聚四氟乙烯材质，国内以氟达氢能为代表的材料商正加紧扩充产能，其 2 万平方米 ALK、PEM 密封垫片与塑料极框半自动化生产流水线正在建设中。

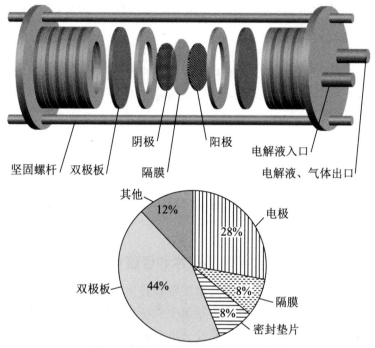

图 5-5　碱性电解槽的结构及成本组成

数据来源：艾邦氢能源技术网，https://www.htech360.com

随着绿氢项目的爆发式增长及规模化降本需求，碱性电解槽开始向高产氢量、低能耗、快响应的方向发展。

1. 高产氢量。目前，市场规划的项目需求均在万吨／年以上，对设备投资和场地要求都非常高，单体槽制氢设备的成本低于采购同等产量多台套设备，提升单机产氢量才能满足市场需求，国内碱性电解水制氢设备正在快速向大标方迈进中。目前，碱性电解槽 1 000 标准立方米／小时的产品已经趋于成熟，2 000 标准立方米／小时产品开始推出。2022 年 10 月 13 日，明阳智慧能源公司的 2 000 标准立方米／小时碱性水电解制氢装备正式下线，是目前全球最大的单体碱性水电解制氢装备。

2. 低能耗。能耗是电解槽走向商业化和规模化必须要考虑的核心指标之一，包括碱性电解槽部分的直流电耗（占比约 90%）和电源部分的损耗，当前行业的普遍电耗水平在 4.5 ～ 4.6kWh/Nm³，设法降低电解槽的直流电耗是电解槽技术升级的重要方向。2023 年年初，隆基绿能公司推出的 ALK Hi1 产品，在直流电耗满载状况下可低至 4.3kwh/Nm³。为了适应更高利用小时数的制氢场景，隆基绿能还同时推出了 ALK Hi1plus 产品，直流电耗满载状况下低至 4.1kwh/Nm³，在 2 500A/m² 电流密度下，更可低至 4.0kwh/Nm³。

3. 快速响应。电力来源从稳定的网电向高波动性的新能源转变，要求电解槽有分钟级的启动时间和更快的响应速度，目前，由于碱性电解槽动辄数十分钟的冷启动响应以及功率波动不利于适配可再生能源制氢场景，"快"成为碱槽厂商集体追求的目标。然而在工业领域，任何技术指标的变化往往牵一发而动全身，如碱性电解槽产氢量的提升背后是扩大电解槽的体积大小（增加电解小室数、电极面积）或者增加运行电流密度；能耗降低关乎极间电压控制、电解槽流场优化、小室一致性、材料电导率等。以上无一不对电解槽厂商的制造工艺，甚至上游材料产品性能提出了更高的要求。

5.6.2 煤化工耦合绿氢的技术和经济可行性分析

煤化工与绿电绿氢业务耦合发展整体技术可行，经济性可期。无论是单个大型风光发电的技术，还是单个大型电解水制氢、储氢、输氢技术都已经成熟，技术难点在于能经济可行地解决可再生电力不稳定性与用户平稳用氢需求的矛盾。目前，中国石化、宁夏宝丰等正在研究绿电专线制绿氢技术、绿电增量配网售电主供制绿氢等新型电网技术、电和氢储能技术、生产智能化控制等多种组合技术，准备开展万吨级绿氢与煤化工耦合发展产业化示范，相信不久示范成果就能达到工业推广要求。另外，国家 4 个现代煤化工产业示范区风光资源条件好，风光发电成本已低至 0.2 元 / 度左右，光伏制氢成本基本上能做到 20 元 / 公斤以下（据宁夏宝丰能源公司报道，其国家级太阳能电解水制氢项目综合成本可以控制在 1.54 元 / 方，约合 17 元 / 公斤），低于中国氢能联盟统计的 2021 年 9 月辽宁、上海、江西、川渝等地工业氢价（2 ～ 2.5 元 / 立方米），低于中国几乎所有地区道路交通高纯氢售价（2 ～ 4.5 元 / 立方米）。如果考虑煤化工产业因绿氢替代带来的减物耗、减碳排、节能和提产等带来的合理利润分成收益，绿氢生产企业副产高纯氧的销售收入和配套光伏项目绿电销售收入，绿氢生产成本能进一步大幅降低到天然气制氢或高煤价制氢的生产成本，而这需要现代煤化工企业、电网企业、绿电绿氢生产企业深度合作，找到一个各方均能盈利的合作模式。从绿氢行业来看，由于光伏、风力等可再生能源天然具有能量波动性特点，实现高比例可再生能源连续制氢供氢还面临着很多技术和经济性挑战。目前，除日本福岛一个小型氢能研究项目外，全世界还没有建成严格意义上绿电直接制绿氢项目。国内外已建电解水制氢项目大多采用光伏、风能发电上网后用网电电解水制氢（如宁夏宝丰）或直接采用网电电解水制氢。煤化工与绿电绿氢耦合发展全流程的技术工艺、设备选型、参数设计、材料选择、关键配件、各系统最优匹配等方面都没有标准、规范和成熟经验的可以借鉴，大规模电解水制绿氢技术有待工业示范进一步验证和优化，风电、光伏等新能源发电直接制氢的产氢波动性和化工企业平稳用氢需求之间的矛盾还需要研究解决，现有电网交易机制下如何保障绿电制绿氢也有待进一步探索。另外，目前绿氢价格高于化石能源制氢和工业副产氢价格，但国家还没有出台体现绿氢零排放的"高质高价"定价政策。据北极星氢能网报道，煤价 600 元 / 吨、天然气 3 元 / 立方米时，煤和天然气制氢的成本分别为 0.93 元 / 立方米和 1.17 元 / 立方米。光伏电价为 0.3 元 / 度时电解水制氢成本为 2.12 元 / 立方米，企业从经济性角度考量用绿氢替代灰氢的意愿不强。

5.7　煤制天然气绿色发展路径

"双碳"目标对煤制天然气产业提出了更高的降碳和环保要求，高碳排放限制了产业未来的发展潜力，迫切需要解决碳排放问题。通过科技创新并与其他低碳或零碳能源融合发展有望实现低碳化转型。在"双碳"战略背景下，新要求、新挑战的不断涌现，使煤制天然气产业的发展面临更大的碳减排压力，但同时也为产业的绿色转型和技术升级提供了宝贵机遇。煤制天然气产业需在原料调整、过程强化、产品升级上加大探索，优化生产要素配置、能源梯级利用，把市场与新材料、新能源、新技术紧密融合，提高能效，降低资源消耗和污染排放，促进产业高端化、多元化、低碳化和高质量发展，走出适应"双碳"目标的新发展路径。未来，具备成本优势并且率先在碳中和领域布局的煤制天然气项目仍将更具竞争力和生命力。

基于以上论述，本书提出一种煤制天然气全产业链绿色发展蓝图，如图 5-6 所示。

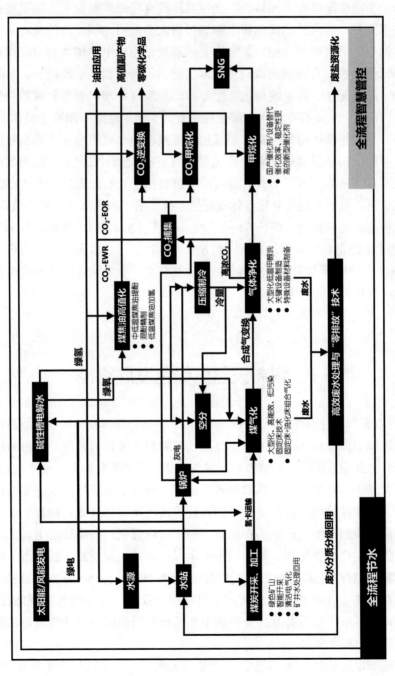

图 5-6 煤制天然气全产业链绿色发展蓝图

　　本蓝图中提供了一种传统煤制天然气途径与可再生能源行业耦合发展的方向，梳理了从传统煤制气行业的关键攻关问题到可再生能源的替代及高附加值副产物的制造和应用，最后到如何真正实现"净零排放"。在煤炭开采加工环节通过耦合风光发电及综合能源利用实现清洁电气化，并加强矿山生态的保护与修复，实现矿井疏干水处理回用或生态植被补充水利用。煤炭运输环节实现物流运输燃油替代，使用氢燃料、生物质燃料代替柴油，如氢动力矿用卡车，并通过风光电电解水制氢为其提供氢燃料。进入生产环节，优先选用"大型化、环保型"的固定床技术，以及能使用粉煤气化并兼顾粗煤气中产甲烷的技术。气化过程使用电解制氢的副产绿氧，以减少空分制氧的负荷。同时，空分与压缩制冷过程消纳风光电，进一步实现清洁能源替代。气化的副产物煤焦油进一步深加工，通过焦油提酚、混酚精制、焦油加氢等技术，优化产业链工艺路线，生产高附加值产品、特种油品，真正做到资源梯级利用、"吃干榨净"、物尽其用、高效转化。煤气净化环节，采用单套变换气处理能力超过 65 万立方米 / 小时的大型化低温甲醇洗技术，最终实现 40 亿方规模使用 3 系列低温甲醇洗。同时，耦合 CCUS 技术，对于低温甲醇洗环节产生的高浓度二氧化碳以及锅炉等燃料燃烧产生的二氧化碳进行捕集应用，通过二氧化碳甲烷化，耦合绿氢生产天然气，或使用绿氢对二氧化碳进行逆变换生产合成气，再用于甲醇等零碳化学品的制备；二氧化碳还可用于 CO_2-EWR 和 CO_2-EOR，强化深部咸水开采以缓解缺水情况以及减少对生态环境的影响，强化新疆地区油田开采。甲烷化环节，利用绿氢来补充合成气中氢含量不足的问题，提高天然气产量，同时达到减排的效果。对于生产过程产生的煤化工废水，通过高效废水处理与"零排放"技术，实现污染物的控制与水资源的循环利用，进一步缓解缺水问题，提高资源利用效率。同时，在产业链全过程中逐步提高数字化技术与煤制气生产深度融合，带来更加精准、安全、高效的管理和创新，推动智能制造和精益化生产。

　　基于此发展蓝图，本书提出我国煤制天然气全产业链绿色发展路径，如图 5-7 所示。我国的煤制天然气行业在 2012 年前完成了初步探索的破冰期，进入 2013—2024 年的稳步示范阶段，产业持续演化。2025 年左右逐步攻克大型化 / 环保型固定床气化、国产大型化甲烷化和国产大型化低温甲醇洗等关键技术，为进入 2025—2030 年的升级示范期奠定基础。到 2030 年左右，集力打通绿能耦合和全流程智能控制等关键技术，迈入

2031—2035 年的绿能耦合期。在 2035 年前后，全链条技术的升级完成，标志着产业进入成熟阶段。

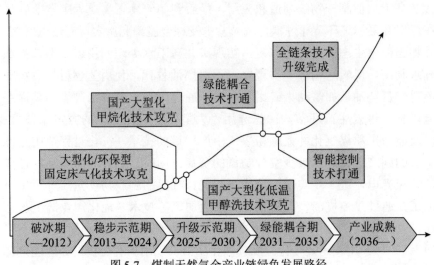

图 5-7　煤制天然气全产业链绿色发展路径

第六章

新疆煤制天然气行业绿色发展典型案例——新疆新业集团[*]

6.1 企业发展情况简介

　　煤炭是工业稳增长的"定盘星"。依托丰富的煤炭资源，新疆维吾尔自治区推进一批煤炭分质分级清洁高效深加工综合利用一体化项目、洁净能源多联产项目、煤炭清洁高效转化综合示范基地建设等重大煤化工项目落地并建成生产，推动煤化工产业链健康稳定发展。其中，新疆新业国有资产经营（集团）有限责任公司聚焦国家能源安全战略和国家赋予新疆"五大战略定位"，紧扣自治区"九大产业集群"和"三基地一通道"建设，在众多煤化工企业中表现突出，通过不断向下游延链、补链、强链，构建起集资源开发、就地转化、综合利用为一体的高效煤化工产业链，让煤炭资源"吃干榨尽"、循环利用，支撑新疆实现煤炭到煤化工全产业链的自主可控。

　　新疆新业国有资产经营（集团）有限责任公司（以下简称新业集团）成立于 2007 年 9 月，是按照新疆维吾尔自治区人民政府《关于设立自治区国有资产经营有限责任公司的批复》（新政函〔2007〕99 号）文件精神，由新疆维吾尔自治区人民政府出资设立、按照商业一类国有企业实施直接监管的国有独资公司，注册资本 22.92 亿元。

　　新业集团自成立以来，一方面根据自治区国资委的战略意图，积极配合自治区国资委监管企业开展重组整合、增发、不良资产处置等工作，较好地履行了作为自治区国资委职能的延伸、资本运作的平台作用；

---

*　本章内容参考自新业集团网站和公众号文章。

另一方面紧紧依托自治区丰富的煤炭资源和新疆特色农林牧业资源的优势，以现代煤化工产业为主体，以金融服务业和农林牧产业为两翼打造了"一体两翼"的实体产业发展战略；同时大力发展金融、类金融业务，搭建起了国有资产经营平台业务框架。经过 17 年的艰苦创业，资产规模从成立之初 1 000 万元增长到 806 亿元，净资产从 1 000 万元增长到 121 亿元，累计实现利税 120 亿元，信用级别连续 15 年被评定为 AA+；新业集团从一家国有资产经营平台公司转型发展成为拥有实业投资（煤化工、清洁能源和现代农业）、金融服务、资产管理"三足鼎立"业务架构的综合性投资集团，现拥有全资、控股、参股企业 23 家，其中全资子公司 5 家、控股子公司 5 家、投资（参股）公司 13 家；主要产业分布于现代煤化工、化工新材料、新能源、金融等领域；现有员工 2 650 人，平均年龄 32 岁，大专以上学历 2 276 人，占 85.89%；具有高级职称 36 人、中级职称 232 人、注册（执业）资格 76 人。集团党委下设 39 个党组织，其中党委 3 个、党总支 2 个、党支部 34 个，现有党员 557 名，占员工总数的 21%。

6.2　企业经营管理理念与赋能优势

本节将全面介绍新疆新业集团的经营理念、企业文化、集团作风和战略定位等，见图 6-1。

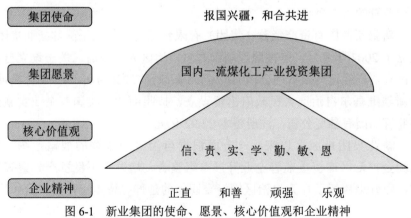

图 6-1　新业集团的使命、愿景、核心价值观和企业精神

资料来源：作者根据新业集团中长期发展规划整理

6.2.1　新业集团经营理念

1）安全理念：排查到位，措施有力，预案有效

新业集团要高度警惕、一丝不苟，严密排查各类事故隐患，要在强化企业安全生产基础建设之上，形成有力的安全举措和行动，要建立健全安全生产风险评估机制，对潜在的或可能发生的安全隐患，事先制定一对一的应对方案。

2）人才理念：英才不问出处，实干必有空间

英才不问出处，是新业集团不拘一格的用人观，在新业集团，汇聚了来自五湖四海，不同地域、不同背景的员工，无论来自何方，只要能团结起来为新业的发展贡献力量，就是新业人，就是新业的人才。

3）廉洁理念：清清白白做人，明明白白做事

清清白白做人是指做人要有高洁的品格，杜绝贪念，两袖清风，严守做人操守。明明白白做事是指在做事的过程中要做到过程透明化，脉络清晰化，杜绝暗箱操作。

6.2.2　新业集团企业文化

新业集团企业文化包含两大主题：和合理念、实干精神。

新业集团企业文化主题解析：和合理念，其核心就是"和而不同的命运共同体"。以"和谐"和"合作"为核心思想的和合文化，是中国传统文化的精华，是一种方法论，更是一种生存哲学，它凸显了传统文化的精神与价值。"和合"作为一种思维方式与生存哲学，也是新业集团企业文化的核心思想之一。

实干精神，其核心就是新业人的实干六字箴言："想、敢、会、成、好、实"，即想干事、敢干事、会干事、干成事、干好事、干实事，它是新业人的共识，是新业人做事、做人的标杆。

6.2.3　新业集团作风

新业集团的作风是励精图治和创新求强。

励精图治是指振奋精神，于危机中求生存，在困难面前不退缩，正是这种理念鼓舞着新业人将事业不断地发展壮大。

创新求强是指创新为新业集团发展与成长的不竭动力，没有创新就没有未来。敢于突破固有模式，打破传统观念和惯性思维，这使得新业人具有了顽强的生命力和强大的、钢铁般的信念。

6.2.4　企业战略定位

基于集团自身资源与自治区发展需要，新业集团将其战略定位为：新疆煤化工产业发展顶梁柱、现代煤化工自主创新示范者、国家能源保供体系的生力军，具体展开如下。

新疆煤化工产业发展顶梁柱：扛起发展煤化工产业的国企责任，在新疆煤炭资源富集地区规划建设具有大规模和高效益的煤制天然气项目集群，构建"资源—产业—科技—生态"融合发展模式，实现千亿级投资、千亿级收入，为自治区"九大产业集群"创新性建设破题立标。

现代煤化工自主创新示范者：通过煤制天然气实现煤炭大规模清洁高效利用，突出科技创新在破解产业瓶颈中的关键地位和作用，突出煤化工与新能源等产业的耦合、联动、集群、融合式发展，为我国现代煤化工产业高质量发展探索新路。

国家能源保供体系的生力军：实施 60 亿立方煤制气项目，使新疆天然气产量直接达到 600 亿立方米，在全国占比 25% 以上，使新疆天然气产量直接能够跃居全国首位，成为国家战略性气源基地，提升新疆在国家能源安全版图中的扛鼎地位。

总而言之，新业集团将转型发展成为贯通煤炭、煤化工、化工新材料、煤化工综合服务全产业链条的垂直型产业投资集团；以科技与资本双轮驱动为核心动力和增长基础的创新型产业投资集团；以一体化、园区化、基地化"三化发展"为突出优势和特色的生态型产业投资集团，为把新疆建设成为国家战略性气源基地，实现自治区在国家能源安全保障体系中有更大作为贡献新业力量；突出创新主线，为把新疆建设成为实现国家能源科技自立自强的科技创新高地贡献新业力量；确立生态思想，为把新疆建设成为我国现代煤化工产业创新发展的重要策源地贡献新业力量。

6.2.5　企业赋能优势

在上述经营理念与企业文化、集团作风引领下，新疆新业集团在资源、能力方面已形成了以下七个方面的企业发展赋能优势。

1. 信心优势。新业集团作为自治区国有重要骨干企业，其发展壮大离不开自治区党委、政府长期以来的关心和各厅局、地州的大力支持。特别是 2024 年 5 月 9 日李强总理亲临新业集团所属新业能化公司视察工作，对企业创新发展成果表示赞许，强调要立足资源禀赋，顺应能源变革趋势，大力发展能源、煤化工等特色优势产业，打造完整产业链。李强总理的重要指示精神，令我们备受鼓舞、倍增信心，更加坚定了我们高质量发展现代煤化工产业的信心和决心。

2. 产业基础优势。2012 年以来，新业集团紧紧依托新疆鲜明的煤炭资源优势，积极投身发展煤化工事业，按照"煤—电—油—气—化—材"的煤基多联产发展思路，在五家渠经济技术开发区东工业园区设立新业能化公司，从零起步，累计投资 130 亿元，已建成了"50 万吨煤制甲醇 +22 万吨液化天然气 +1 亿方氢气 +10 万吨甲醇制高清洁汽油 +20 万吨 1,4- 丁二醇（BDO）+4 万吨聚甲醛 +9 万吨二氧化碳捕集"的现代煤化工—高端新材料产业基地，形成以煤为"头"，以甲醇联产天然气产品、甲醇制精细化工 BDO 产品、甲醇制新材料聚甲醛产品、甲醇制汽油产品的"一头四尾"的产品布局，吃干榨尽、循环利用，实现了多元化、高端化，成为自治区煤化工产业链最长的企业，也是兵团煤基新材料产业链主企业、国家级高新技术企业、绿色工厂及科改示范企业；年原煤消耗 285 万吨，年煤化工产品生产能力 100 万吨，产品结构能够实现柔性生产，具备抵御周期性风险的能力，连续三年利润创历史新高，目前已完成混改工作，争取 2025 年完成 IPO 上市申报工作。在大型煤化工项目的建设运营管理等方面积累了丰富经验，连续实现装置安稳长满优运行，为发展壮大煤化工产业奠定了坚实的基础。

3. 人才团队优势。新业集团通过十余年的煤化工产业发展，培育出 1 800 余名成熟的经营管理、专业技术职工队伍，其中，具备煤制气生产经验的成熟整装队伍 400 余名（包括技术人员、管理人员、操作工）。同时，新业集团还为准东 20 亿立方米 / 年煤制气项目招聘了原央国企长期从事煤制天然气项目建设运营的团队，为项目建设运营提供了坚实的人才保障。

4. 科技创新优势。新业集团建成了自治区级企业技术中心、西北能源碳中和教育部工程研究中心、新疆煤炭清洁转化与化工过程自治区重点实验室分实验室、自治区级产教融合示范基地和自治区天山创新团队的"两中心一实验室一基地一团队"科研阵地，承担国家、自治区、兵团师市级科技项目 10 项，获得专利 120 项，其中 1 项发明专利荣获第二十三届中国专利银奖，2 项为国内首创；2023 年 6 月，新业集团与中国科学院过程工程研究所在赛鼎炉基础上，投资近 7 000 万元共同开发新一代固定床加压气化技术——中科气化技术，以期实现煤制气气化炉大型化、低碳排、环保型、高油气的突破，目前项目已进入设计实施阶段，预计于 2025 年完成产业化应用，有望将天然气成本降低 15%，为准东 20 亿立方米 / 年煤制气项目实施提供技术支撑。该项目获批 2022 年自治区重大科技专项，并获得首期 500 万元资金支持。

5. 安全生产管理优势。在通过质量、环境、职业安全卫生、能源管理"四标一体化体系"和安全标准化二级体系认证的基础上，引入英国劳氏安全管理体系，并通过信息化集成，形成了适用、管用独具特色的安全管控模式，在项目建设和生产运营中实现安全生产零事故。

6. 绿色低碳优势。新业能化公司地处"乌—昌—石"大气联防联控区，坚持高起点规划、高标准建设、高水平管理，先后投入 13 亿元用于 VOCs 治理升级等重点环保项目建设及环保设施改造工作，实现了废水零排放、废气全治理、废渣综合利用，完成兵团环保绩效"创 A 晋 B"工作，自主技术低温甲醇洗装置 VOCs 排放气蓄热氧化及余热利用碳减排技术成功入选 2023 年度新疆工业重点领域重大低碳技术推荐名单，排放指标较同行业指标降低 70% 以上，成为自治区首家 VOCs 排放低于 20 毫克 / 立方米的煤化工企业，年减排 VOCs1.1 万吨、减排二氧化碳 30 万吨，碳减排技术和环保水平位居行业前列；自主研发的焦油渣循环利用技术及先进管理经验将在准东煤制气项目上作为示范亮点推广应用。

7. 在准东地区发展煤制天然气产业具有的独特优势。新业集团与在煤制气技术处于国际领先地位、市场占有率具有绝对优势、引领行业发展的中国化学集团赛鼎工程公司已有 12 年之久的长期友好合作关系，在新业能化公司项目上共同拥有的"碎煤加压气化综合利用工艺"荣获第 23 届中国发明专利银奖；并且双方从业务合作到技术合作，最终形成了股权资本合作，赛鼎工程公司已成为新业能化公司的重要股东之一。

新业能化公司煤炭来源全部为准东煤，拥有纯烧准东煤循环流化床锅炉防沾污关键技术和新疆高碱煤二氧化碳强化水洗脱碱减碳综合利用两项国内首创技术，为准东煤的气化和燃烧积累了丰富的经验。气化装置采用了国内外先进、运行成熟的赛鼎碎煤加压固定床气化技术（赛鼎炉），并针对准东煤高碱高氯等特性，在炉体防护、布气、工艺等方面对赛鼎炉进行了优化升级，目前已拥有十多年成熟的运行经验，是唯一拥有长期成功使用高碱高氯准东煤固定床碎煤加压气化应用经验的企业，为在准东地区发展煤制气产业提供了强有力的技术支撑；新业集团在准东地区建设煤制气项目不需要进行煤种适应性磨合、工艺技术磨合、建设运营磨合、人员操作磨合，将大大提高煤制气项目的投资建设运营效率，拥有较其他企业的独特优势。

6.3　千亿级产业体系构建

近十年来，我国煤化工产业实现了一系列的重大突破与稳健发展，关键技术水平已居世界领先地位，但是现代煤化工五大方向中的煤制油因高额燃油税原因成本售价倒挂；煤制烯烃发展空间有限，下游需求减弱；煤制乙二醇产能过剩，盈利能力堪忧；煤制芳烃尚未实现规模化、工业化生产；只有煤制天然气同时具备技术成熟、规模化、产业化、市场缺口大、盈利能力强和产品输送便捷的条件和优势。

新业集团作为自治区属国有企业，为聚焦国家能源安全战略和国家赋予新疆的"五大战略定位"，紧扣自治区"九大产业集群"和"三基地一通道"建设，奋力扛起发展壮大自治区"九大产业集群"之一的煤化工产业集群的大旗，新业集团依据自治区人民政府《加快新疆大型煤炭供应保障基地建设 服务国家能源安全的实施方案》（新政发〔2022〕57号）布局，深刻领会国家能源安全战略和自治区"五大战略定位"的丰富内涵和重大意义，紧扣自治区"九大产业集群"建设，对标科技创新、产业控制、安全支撑"三个作用"，抢抓"全国能源资源战略保障基地"建设的历史机遇，聘请国内顶级咨询机构，全面系统地对当前国内国际能源格局、煤化工产业发展形势、新疆煤炭资源及国内外优秀煤化工企业进行了深入的分析研究，对集团公司的发展现状、优势不足和在煤化工产业积累的经验进行了客观总结分析，提出了以建设国内一流煤化工产业投资集团为愿景，以煤炭煤化工、化工新材料作为主业，以新疆煤化工产业发展顶梁柱、煤化工产业自主创新示范者、国家能源保供体系的生力军为战略定位，以新疆煤化工链长企业、全国煤制气龙头企业为目标，开展企业产业体系布局，选择在新疆煤炭基地规划投资千亿元，建设以年产60亿方煤制天然气项目为主的煤化工、化工新材料产业。

6.3.1　核心思路

集团将实施党建引领、文化润企、绿色发展、改革攻坚、人才强企、资本运作六大战略的核心思路，构建未来煤化工产业的千亿级示范体系。

党建引领战略，建设责任新业。其内容包括：牢固确立党在领导推动企业改革发展创新中的中心地位，切实发挥好党组织把方向、管大局、保落实的中心作用；将党的二十大精神，自治区党委有关全会精神落到实处，将自治区国资委关于国企党建的各项要求落到实处，将党的领导融入集团治理机制，确保方向正确、决策科学；坚决扛起自治区现代煤化工产业发展的主力和先锋责任，为自治区发展"九大产业集群"探索新路和破题立标。

文化润企战略，建设活力新业。其内容包括：始终将塑造先进企业文化作为固本之举，不断完善符合集团发展实际和要求的企业文化与品牌建设体系；培育昂扬奋进、勇于创新的文化基调，营造鼓励创新、宽容失败的文化氛围，建设具有一流执行能力的组织体系，打破内部的舒适区固化态，为干事者提供敢试敢为的容错空间，激发员工的生机与创造力，激活组织变革创新的内在动力与活力。

绿色发展战略，建设绿色新业。其内容包括：贯彻国家"碳达峰""碳中和"战略规划部署和要求，推动集团实体产业全面绿色转型，积极发展煤制天然气产业，依靠和运用科技力量有效降低二氧化碳排放，采取与风光制氢、油气产业、农业耦合的创新思路和举措实现二氧化碳的利用和转化。坚持将绿色发展作为发展底线和刚性约束，在煤炭、煤化工、化工新材料全产业链条的各个环节贯彻落实绿色发展要求，把集团建设成为绿色发展的引领示范企业。

改革攻坚战略，建设创新新业。其内容包括：用全局观念和系统创新思维谋划改革，推动理念创新、商业模式创新、管理创新、科技创新及其他各个方面的系统创新；坚定走在自治区国企改革发展前列，积极探索、主动融入、切实参与自治区和国资委部署的各项重大改革，推动企业联合重组、结构优化，推动项目体制和立项建设监督评价机制的有效创新，推动人才体制和选拔培养使用激励机制的有效创新，推动资金体制和投资融资资金管理机制的有效创新。

人才强企战略，建设人才新业。其内容包括：将人力资源特别是优质人力资源作为事关集团长远发展的核心要素，下大力气建设一支规模大、素质高、结构优、战斗力强的骨干员工队伍；适应集团战略发展需求，建立关键岗位职责体系和能力素质模型；加大内部人才选拔力度，畅通优秀人才晋升机制和晋升通道；加大外部人才引进力度，着力解决部分关键岗位人才短缺问题。

资本运作战略，建设价值新业。其内容包括：加强产业与资本互动，推动实现资本功能发育的重大突破。加快资产证券化进程，加快推进新业能化 IPO 上市节奏，未来推进新的适合的产业主体上市规划，推动实现集团构造上市公司平台量的有效突破和质的有力提升；适应集团战略发展需求，加大融资力度和融资方式创新，构建面向疆内疆外、融合股权债权的多元化融资组合池。

6.3.2　产业布局

五家渠现代煤化工—高端新材料产业基地：一是投资 14 亿元建设二期 6 万吨 / 年聚甲醛项目，2026 年建成投运后，将成为国内最大的聚甲醛化工新材料生产企业；二是投资 20 亿元续建 20 万吨 / 年 BDO 项目二期工程，目前已提前一个月实现中交，已于 2024 年 9 月底正式投运；三是规划投资 22 亿元建设 10 万吨 / 年 PTMEG、10 万吨 / 年氨纶项目，将打通甲醇 - 甲醛 -BDO-PTMEG- 氨纶弹性体产业链，打造"西部氨纶谷"，实现从"一块煤到一块布"的跨越。

准东现代煤化工—能源保供基地：重点打造准东 40 亿立方米 / 年（一期 20 亿立方米）煤制天然气重大项目，该项目由新业集团全资子公司沃疆清洁能源（新疆准东经济技术开发区）有限责任公司承担，该公司已于 2024 年 2 月注册成立。在自治区党委政府、自治区国资委、发改委、昌吉州和准东管委会等部门大力支持帮助下，已完成一期 20 亿立方米项目可研报告编制、项目赋码及初步设计工作，目前处于项目核准阶段；目前已具备施工图设计和大型设备订货条件；能评、环评、职评、安评、水资源论证、水土保持、防洪等已完成报告编制，近期将获得相应批复；EPC 招标文件已完成编制工作，待核准后进行实质谈判阶段，计划 2025 年 4 月主体开工建设，2027 年 9 月投产运营。一期项目计划总投资 155 亿元，项目建成后预计实现年营业收入 46.9 亿元，利润总额 15 亿元，增加值 28 亿元，上缴税费 3.8 亿元，直接用工 1 200 人。待一期工程完成后，接续实施的二期工程同时，新业集团与兵团第六师成立合资公司，积极争取在兵准工业园区投资建设 20 亿方 / 年煤制天然气项目。

6.4 系统完善的绿色技术体系与未来规划

新业集团一直坚持向以煤化工为核心定位的产业投资集团转型发展这一主线，落实煤炭、现代煤化工、化工新材料产业链一体化经营，着力做大煤化工产业，做精化工新材料产业，努力建设成为新疆煤化工产业发展顶梁柱、现代煤化工自主创新示范者、国家能源保供体系生力军，在主业领域建立起系统完善的绿色技术体系，并对中长期发展具有清晰的战略认知。

6.4.1 煤化工

1. 煤化工定位与目标

现代煤化工是集团核心业务，是收入与利润的主要来源。这是以准东等项目为主体，发展现代煤化工业务，以煤制天然气项目作为集团各业务板块的基石，同时也是能源化工基地的大项目支撑，为基地内各园区企业提供稳定、价廉的基础原料和能源。

新业集团立足新疆煤炭资源禀赋和区位优势，以全面推进新时代"三基地一通道"建设，打造全国能源资源战略保障基地为指引，以加快打造"九大产业集群"为支撑的现代产业体系作为契机，坚持高效清洁转化，以煤制天然气为主线，做大规模，打造全国领先的煤制天然气供应商，为东部经济注入稳定的、自主可控的清洁能源，提高能源保障能力，促进东部经济接续高速发展。

2. 煤化工发展思路

新业集团的煤化工发展思路是以煤制气为主线，规划建设现代煤化工产业项目群。集团依托准东丰富的煤炭资源，抢抓新疆作为丝绸之路经济带核心区建设的历史机遇，大力实施自治区优势资源转换战略，按照建设一批、开工一批、谋划一批大项目的要求，按照煤化工产业向园区化、基地化、大型化方向发展的趋势要求，着力打造煤化工全产业链，以 60 亿方 / 年煤制天然气、73 万吨 / 年煤基高端新材料项目为切入点，大力布局现代煤化工—高端新材料行业。

新业集团正在有序布局和发展与煤制气形成产业耦合的项目体系。

一是探索布局与煤制气形成耦合的风光制氢项目。新疆拥有"九大风区"和覆盖全域的太阳能，风能和太阳技术开发量均位居全国第二。新疆是国家《"十四五"规划和 2035 年远景目标纲要》提出重点建设的九个大型清洁能源基地之一，也是唯一的"风光水火储一体化"基地。目前，电解水制氢工艺和装备日益成熟，制氢成本逐渐降低，依托新疆丰富的风光资源以及现有大规模的风电装机容量，与风光发电企业合作，探索布局电解水制绿氢项目，利用所产绿氢、绿氧与煤制天然气、化工新材料项目耦合，实现低碳绿色发展。

二是探索布局与煤制气形成耦合的油气项目。新疆拥有主要沉积盆地30多个，石油远景储量占全国陆上资源量的30%。目前，新疆维吾尔自治区石油探明储量全国第一，产量全国第二，已建成塔里木油田、新疆油田、西北油田和吐哈油田四大主要油气田。在煤制天然气低温甲醇洗工艺段，二氧化碳排放浓度高，捕集方便，成本低。二氧化碳得到捕集后，依托疆内大型油田，与中石化和中石油探索二氧化碳在开采石油中驱油技术，实现制造业与采掘业协同耦合发展，最大幅度减少煤化工生产过程的二氧化碳排放量，走出一条特色的能源企业低碳转型、绿色发展之路。二氧化碳驱油一般可提高原油采收率10%～20%，延长油井生产寿命15～20年。

三是探索布局耦合煤化工低碳发展的氢能产业。发展风光电制绿氢，探索绿氢在煤化工领域的场景应用，有利于推动现代煤化工产业与氢能产业一体化融合发展，助力煤炭清洁高效利用，拓展化工原料来源途径，形成氢能及可再生能源利用的产业新模式和发展新路径。

利用风光电发展绿色氢能产业，可以弥补新疆在氢能产业方面发展不足的问题，也有助于实现能源产业转型升级，同时积极探索天然气管道掺氢等创新示范，探索"疆风外送""疆光外送"的可行思路和方式。以煤制天然气项目为基本盘，以矿区"短途倒运"和城际物流为应用场景，推行燃料电池重卡运输示范，可助力自治区氢能产业发展。

四是适当布局和发展与煤化工相关的高端装备产业。这是指以120亿立方米煤制天然气项目为基石，利用公司科创平台，集聚创新资源，加大研发力度，以公司和中科院过程研究所合作开发的中科炉为切入点，进军高端装备制造行业。

对标世界一流，加大创新合作，构建"以煤化工装备为主，以新能源装备为辅"的产业发展格局，按照"制造＋服务"的发展模式，积极推进装备制造高端化、智能化、绿色化发展，可以加快形成高端装备制造新优势，打造国内领先的高端装备制造服务旗舰企业。

集团要依托"打造煤化工装备领先企业"和"培育高端装备制造新

优势"两条路径，坚持创新驱动、效益导向，以满足三个基地产业集群需求为导向，同时面向疆内疆外，利用好国际国内两个市场，以大型先进煤化工装备助力新疆制造业向高端化发展。

3. 煤炭开采定位与目标

煤炭开采是集团发展现代煤化工和化工新材料产业必备的重要前提和基础，是实现"煤炭开采—煤化工—高端新材料"全产业链的首要环节，是集团形成产业竞争力的重要构成要素，也是影响集团总体发展规模、发展质量的决定性因素之一。依托新疆鄯善丰富的煤炭资源，发展煤炭开采业务，为公司现代煤化工和化工新材料板块提供质优价廉、稳定可靠的原料和燃料，打通上下游一体化的资源保障。

4. 煤炭开采发展思路

以基地为起点，适时落实配套煤炭资源，优化公司上游资源配置，延伸产业链，打通公司"煤炭开采—煤化工—高端新材料"全产业链首要环节，实现产业链一体化，提升核心竞争力。

一是推进"智慧矿山"建设。以"机械化换人、自动化减人、智能化无人"为发展思路，从规划建设阶段强化科技赋能，充分运用5G、云计算、大数据、物联网、工业互联网、人工智能、虚拟现实和增强现实等先进信息技术与露天煤矿开采进行深度融合，进行智慧矿山建设。另外，通过重点建设万兆工业以太环网、5G无线通信系统、网络安全系统、调度指挥中心建设、智能分控中心建设、调度指挥中心会商室、云数据中心、视频综合分析管理平台、煤矿智能化综合管控平台、露天矿卡无人驾驶系统、磅房无人值守系统、气膜筛分集中控制系统、智能机器人巡检系统、智能地测采系统、智能爆破管理系统、智能供电监控系统、防洪水泵远程控制系统等多个系统模块，最终实现安全矿山、无人矿山、高效矿山、清洁矿山的建设。

二是推进"清洁开采"建设。坚持生态优先、绿色发展、清洁低碳原则，实施源头治理、全过程控制，在煤矿设计、建设、生产等环节，全面采用清洁生产技术工艺和装备；因地制宜选择陡帮开采等绿色开采技术，最大程度实现煤炭资源应采尽采，大力推进矸石不出矿和零排放；提高原煤入选率，采用湿法全重介选煤技术或新一代空气重介干法选煤技术，有效降低灰分和硫分，向下游供应优质清洁煤炭；从源头减轻开采对生态环境的破坏，严格执行边开采、边复垦原则，及时开展矿区生态恢复；大力发展矿区循环经济，利用采煤回填区及周边地区发展风电、光伏、现代农业、林业等产业。通过多种技术途径提高煤矸石、煤泥、煤矿瓦斯、矿井水等资源利用水平，推进固体废物减量化、资源化、无害化。

三是推进"煤炭出疆通道"建设。四川因供给侧结构性改革政策陆续关停小煤矿，导致全省煤炭产量大幅下降。近些年，煤炭缺口有逐年扩大趋势，2016 年四川煤炭外省调入量为 4 743.4 万吨，2021 年增加到 7 036 万吨。甘肃也是煤炭调入量较大的省份，2016 年调入量为 4 029.7 万吨，2021 年增加到 5 225.9 万吨。疆煤外运从运距来看，川甘两省距离较近，且煤炭消费缺口较大，是最合适的煤炭输出地。因此选择四川或者甘肃，以陕煤集团与重庆市共同打造的"能源保供 + 产能置换 + 常态储煤 + 物流投资"能源合作模式为样板，加快推进"疆煤入甘"或"疆煤入川"通道建设。

6.4.2　化工新材料

1. 化工新材料的定位与目标

新材料板块是集团高质量发展的"新引擎"、转型发展的"排头兵"，以新业能化和准东新材料公司为主体，以化工新材料为重点，向高附加值延伸，打造以聚甲醛、氨纶、聚烯烃弹性体（E-POE）、超高分子量聚乙烯为核心的产品链，实现从原料向材料转化、从大宗化学品向终端应用品拓展、从产业链中低端向高端迈进。

化工新材料板块围绕高技术、高附加值的化工新材料领域发力，实施一体化、精细化发展战略，通过延链、补链和强链，向下游延伸至高端工程材料等国家级战略新兴产业领域，建设成为西部比较优势明显的高端绿色化工新材料产业集团。

2. 发展思路

集团的发展思路是做精化工新材料，以打造特色鲜明、国内一流的"煤头化尾"煤化工—高端化工新材料基地为目标，大力发展化工新材料板块。其具体措施如下：一是完善五家渠煤化工—高端新材料产业基地，强链、延链、补链、拓链，完善甲醇 - 甲醛 - 聚甲醛产业链和甲醇 - 甲醛 -BDO- 聚四氢呋喃（PTMEG）- 氨纶弹性体两条产业链；二是在准东规划投资 245 亿元建设 73 万吨 / 年煤基高端新材料项目，重点围绕全密度聚乙烯（FDPE）、聚烯烃弹性体（E-POE）、超高分子量聚乙烯（UHMWPE）等高端聚烯烃前沿新材料等产业链进行布局，打造高技术含量的化工新材料基地，实现产业链增值、增效。

第七章

新疆煤制天然气行业绿色发展的趋势与展望

经过几十年的发展，我国现代煤化工已初具规模，生产工艺、关键大型装备和特殊催化剂等部分领域实现国产化，大型煤气化技术取得了跨越式进步。截至 2021 年年底，我国建成煤制油产能 931 万吨、煤制气产能 61.25 亿立方米、煤（甲醇）制烯烃产能 1 672 万吨、煤（尾气）制乙二醇产能 803 万吨，百万吨级煤制乙醇和煤制芳烃工业化示范项目实现长周期稳定运行，千万吨级低阶煤分质分级利用项目建设稳步推进。未来，我国煤化工行业的产能将进一步扩张。根据煤炭工业协会发布的《现代煤化工"十四五"发展指导意见》，我国煤化工行业的产能将进一步扩张，"十四五"期间我国煤化工行业的发展目标是建成煤制气产能 150 亿立方米、煤制油产能 1 200 万吨、煤制烯烃产能 1 500 万吨（不含甲醇制芳烃）、煤制乙二醇产能 800 万吨（不含尾气制乙二醇），完成百万吨级煤制芳烃、煤制乙醇，百万吨级煤焦油深加工，千万吨级低阶煤分质分级利用示范，建成 3 000 万吨长焰煤热解分质分级清洁利用产能规模。

目前，新疆煤制气行业正面临着转型升级的机遇期，现代煤制气产业规模稳步提升，未来行业总体朝着绿色发展方向迈进，煤制气行业将进入收敛聚焦新阶段，具体表现为进一步向资源富集地、优势领域项目和龙头企业集中。煤制气行业是典型的资源驱动型产业，煤炭、水资源都是极为重要的生产要素。新疆煤炭主产区生态环境较为脆弱，普遍面临水资源紧张问题，因此，统筹区域资源供给是推动产业健康发展的必要措施。未来，新建项目重点向资源、环境、安全承载力较好的地区集中，促进产业集聚化、园区化发展。

煤制气行业发展至今，除了存在碳排放量大、受水资源制约等问题以外，产品竞争力始终是无法绕开的另一难题。煤制气项目存在产业链条短、产品单一、抗风险能力相对不足等问题。未来稀缺的用煤指标将向具备产品竞争力、拥有技术创新突破、可实现补链强链的领域集中。一方面，煤制气绿色制备工艺、延伸发展通用新型合成材料是下阶段的技术创新方向；另一方面，煤制可降解塑料PGA（聚乙醇酸）也是值得关注的新兴细分方向。可降解塑料更为绿色友好、市场前景广阔，同时审批难度较低，预计将在新建项目当中占据更大的比重。

具备煤矿资源的龙头企业在成本上具备了与大型炼化企业竞争的实力。在煤炭保供稳价政策持续以及国际油价高位震荡的情况下，拥有煤矿资源的煤制气企业性价比显著提升，存量项目盈利能力改善明显。项目投产后，龙头企业的规模优势将更加明显。此外，可以鼓励现有产能规模较大的地区通过上大压小、煤炭用量置换等方式实施新建项目，避免同质化、低水平重复建设，未来行业的兼并重组将提速，资源有望进一步向龙头集中。

未来煤制气行业与可再生能源、绿氢等耦合发展将成为重要的降碳路径。煤炭资源集中的新疆地区风光资源同样丰富，利用绿电、绿氢等手段可以助推煤制气行业深度脱碳。新疆作为资源禀赋和产业基础较好的地区，推动煤制气行业绿色发展离不开与可再生能源、绿氢、二氧化碳捕集利用与封存等耦合创新发展。随着绿电成本的下降、制氢技术的成熟，越来越多的新疆煤制气企业将积极响应并开始配套相关设备。

为推动新疆煤制气行业绿色创新发展，拓展原料来源，加强科学规划，做好产业布局，未来煤制气行业将按照"产业园区化、装置大型化、产品多元化"的思路，规划布局产业示范区，立足资源禀赋，适度发展煤制气产业，对于保障我国能源安全、经济安全，促进原料多元化和供应链产业链安全都具有十分重要的意义和作用。

在创新方面，新疆煤制气行业的核心技术、关键催化剂、重大装备等不断取得新突破。气化技术方面包括水煤浆气化、粉煤气化等技术，可适应不同的煤种，开发并掌握了多喷嘴对置气化炉、航天炉、晋华炉、中科炉、神宁炉等自主技术和多种炉型，完全突破了发达国家过去在气化技术方面的封锁，在产业化方面实现了完全自主设计、自主制备。

通过产业化升级示范，新疆煤制气产业积累了非常宝贵的工程化、产业化经验和实际运行数据，已掌握关键核心技术、工程化设计、核心设备制造以及智能化控制系统等全产业链的关键要素，为我国深化能源革命、强化能源安全战略以及煤化工与石油化工的互补与协同发展都积累了宝贵经验。2022年俄乌冲突，导致油价高企、天然气价更高，煤制气的营收和效益都大幅提升，尤其是煤制气不仅价格处于高位，而且还解决了多年不能入网的瓶颈，这些利好因素的叠加，使煤制天然气迎来了自升级示范以来的最好年景。

党的二十大报告指出，坚持创新在我国现代化建设全局中的核心地位。新疆煤制气以国家战略需求为导向，聚焦力量进行原始性、引领性科技攻关，坚决打赢关键核心技术攻坚战，加快实施一批具有战略性、全局性、前瞻性的国家重大科技攻关项目，增强自主创新能力。煤制气领域高质量发展必须面对"双碳"战略对煤化工产业提出的新挑战，走产业高端化、多元化、低碳化的绿色发展道路，实施重大技术装备攻关工程，加快产业技术优化升级，推进原始创新和集成创新，聚焦大型高效煤气化、新一代高效甲醇制烯烃等技术装备及关键原材料、零部件，推动关键技术首批（次）材料、首台（套）装备、首版（次）软件产业化应用；持续优化调整产品结构，加快煤基新型合成材料、先进碳材料、可降解材料等高端化工品生产技术开发应用；深入探索大型高效"气化岛"，打造平台化原料集中生产、下游产品多头并进的发展模式，加快推动煤制气与可再生能源、绿氢、二氧化碳捕集利用与封存等耦合创新发展，推动煤制气领域智能工厂和智慧园区建设、设备数字化改造和企业的数字化转型。

新发展格局下，新疆由传统的边远地带变为枢纽地带和核心区，由封闭内陆变为对外开放前沿，正迎来全新的发展时期。特别是2022年7月习近平总书记视察新疆以及在2020年9月中央召开的第三次新疆工作座谈会上发表的一系列重要讲话，为新疆发展指明了方向，提供了根本遵循。自治区党委十届五次全会、六次全会、七次全会的召开，明确了新的形势和背景下新疆发展的指导思想、战略思路、大政方针、重大战略举措。立足新发展阶段、新发展战略，新疆亟须在能源化工领域培育雄厚的疆属国资产业力量。

一方面，新疆发展定位更加清晰明确。中央赋予新疆"三基地一通道"的重要战略定位：大型油气生产加工和储备基地、大型煤炭煤电煤化工基地、大型风电基地，国家能源资源陆上大通道。国家在政策层面大力支持新疆经济社会发展和"三基地一通道"建设，加快推进大型煤炭、煤电、煤化工基地等建设。同时，自治区政府"八大产业集群"的产业规划中，煤炭煤电煤化工是重要产业集群之一，自治区以准东、吐哈、伊犁、库拜为重点推进大型煤炭基地建设，实施"疆电外送""疆煤外运"现代煤化工等重大工程，依托准东、吐哈等大型煤炭基地一体化建设，稳妥推进煤制油气战略基地建设。准东、吐哈两个亿吨级基地及鄯善基地作为新疆距内地最近的煤制天然气基地在未来不断发展和升级示范中将形成基地化、大型化、矿山一体化、园区化、低碳化及国产化替代的发展特征，未来新疆煤制天然气行业集成创新能力将更加凸显，智能化控制技术、数字化管理水平将有序推进，使得煤制天然气行业能耗水平比"十四五"前明显提升，能源消耗明显下降，水资源消耗明显下降，环保水平明显提高，对与风光制氢和CCUS的耦合技术未来将持续不断进行探索，实现国家升级示范的目的，为今后煤制天然气行业的进一步发展打下坚实基础。

自治区深入学习贯彻党的二十大精神，更加明确新疆在全面建设社会主义现代化强国中的战略定位，提出积极将其打造成亚欧黄金通道和向西开放的桥头堡，构建新发展格局的战略支点、全国能源资源战略保障基地、全国优质农牧产品重要供给基地、维护国家地缘安全的战略屏障，明确为全面建设社会主义现代化国家、全面推进中华民族伟大复兴作出新疆贡献的清晰定位和历史使命。能源在新疆发展格局中始终占有不可替代的重要地位，新疆新的发展背景、新的高远目标呼唤国有企业在新征程上有更大的担当和作为，做强做优做大疆属国资产业力量。

另一方面，自治区国有企业改革、创新、发展已开启新篇。2022年，自治区召开国企改革发展推动会，对国企改革发展作出全面部署。自治区党委、自治区人民政府下发《关于深化改革完善体系 加快国有企业高质量发展的意见》，明确提出谋划与推动国有企业改革、创新和高质量发展的指导思想、发展目标、重点任务。自治区从全局和战略高度对国企改革发展作出顶层设计和进行全面部署。针对国有企业改革发展明确提出布局结构显著优化、创新能力显著提高、改革活力显著增强、规模质效显著提升、党建引领显著加强五项战略目标，并且系统部署九项重点战略任务：优化布局结构，引领现代产业体系建设；强化资本运营，提高资本证券化水平；加强科技创新，增强发展内在动能；深化混合所有制改革，注入发展新动力；深化协作机制，推动融合发展；健全激励约束机制，激发干事创业热情；以企业家队伍建设为重点，打造高素质专业化人才队伍；坚持放管结合，着力提升监管效能；加强党的建设，引领保障高质量发展，为新业集团加快推进改革、创新、发展工作提供了全面、系统、权威、具体的指导。

放眼整个煤化工产业，新变化、新趋势将为未来带来新机遇和新挑战。一是俄乌冲突背景下，欧洲能源供应紧缺，化工产业挑战加剧，中国化工产业迎来新机遇，市场份额有望扩大。2022 年之后，俄乌冲突引发全球原油供给恐慌，一度超过 137 美元/桶，创下 2010 年以来最高纪录，并持续在高位震荡。很多国家和国际石油公司在石油开采领域采用更加保守的策略，资本开支难以大幅增加，长期来看，全球原油供给缺乏弹性。在逆全球化过程中，欧洲受限于能源，我国通过国产替代，背靠国内大市场，下游的新材料需求不断刺激化工原料的产能扩张与升级，中国化工产业迎来战略发展机遇期，国内化工产业迎来升级机遇，市场份额有望扩大。

事实上，煤化工与石油化工下游具有产品共通性，在石油需求快速攀升和国际油价高企的背景下，我国以石油替代产品为主要方向的现代煤化工得到快速发展。石油炼化和煤化工是化工领域两大较为主要的生产工艺，除了在上游生产和提炼环节技术流程存在差异外，在行业中下游具有产品共通性，都可以实现烯烃、芳烃、油品及其他化工产品的生产。

二是，我国化工行业市场空间大，给予煤化工巨大的替代空间。2022 年化工行业实现收入和利润分别为 9.56 万亿，同比增长 10.1%。近十几年，我国煤化工经历过"鼓励引导—限制严控—回暖复苏"的发展阶段，基于我国"富煤少油"的资源现状，发展煤化工是我国化工行业重要的战略导向。"十一五"期间，国家政策导向为加强煤化工项目建设管理，引导行业良性发展；"十二五"期间，煤化工企业以获取煤炭资源为目的进行煤化工项目开发，导致行业呈现"无序"和"过热"，国家加紧控制煤化工项目建设。"十三五"以来，在高油价、技术革新加快的背景下，煤化工政策导向回暖，开启新成长周期，煤制油气产业开始新定位，煤制气时隔四年新项目获核准。同时，2021 年 12 月，中央经济会议首次提出"原料用能不纳入能耗总量控制"新能耗考核办法，接着国务院、国家发展改革委相继出台政策进一步强调新方法，为煤化工发展在能耗控制方面科学地腾出了新的发展空间，国内传统煤化工正加速向现代煤化工转型。煤化工产业链正由"PVC、焦炭、甲醇、尿素"等传统初级产品向"天然气、烯烃、芳烃、乙二醇"等新兴产品延伸。现代煤化工处于技术引领阶段，目前我国已掌握了具有自主知识产权的煤直接液化、煤间接液化、甲醇制烯烃、煤制乙二醇、甲醇制芳烃、煤油共炼技术，关键技术水平已居世界领先地位。

具体而言，气化技术种类多，根据煤质和产品选择是关键。已投产煤制天然气项目中固定床碎煤加压气化工艺是主流。新疆褐煤资源较多，块煤、粉煤比不平衡，不宜单独选择固定床气化工艺，只能与干煤粉气流床气化工艺组合使用。但这会面临两个问题：一是固定床加压气化炉难以大型化及废水较多；二是气流床气化炉产出的粗煤气中的甲烷含量较低。因此，研发大型化、环保型固定床熔渣气化技术，开展处理能力1 500～2 000吨/日气化炉工业化示范，加快固定床和气流床组合气化技术的应用，研发先进高效的酚氨回收、含酚废水生化处理、高盐水处理等技术，加强各单项技术的优化集成，研发先进高效且兼顾三项任务的气化炉至关重要。此外，为能源保供安全，国家开始支持新一轮的煤制天然气项目建设。已运行项目的气化炉替换及新建项目的利用，将给予新气化炉巨大的市场空间。

绿色化、低碳化是实现高质量发展的关键环节。加快节能降碳先进技术研发和推广应用，完善能源消耗总量和强度控制制度，逐步转向碳排放总量和强度"双控"制度，推动能源清洁低碳高效利用，深入推进能源革命，加强煤炭清洁高效利用是顺应当代科技革命和产业变革的大方向，必须抓住绿色转型带来的巨大发展机遇。当前，新一轮科技和产业革命深入发展，绿色低碳技术是关键。煤制气既是气源及石油化工的重要补充，又为国民经济提供重要配套和保障，在组织实施"十四五"规划提出的"绿色化工程"过程中，要落实好《关于推动现代煤化工产业健康发展的通知》对绿色低碳发展的要求。加快绿色低碳技术装备推广应用，有效实施节能、降碳、节水、减污改造升级，加强全过程精细化管理，提高资源能源利用效率，强化能效、水效、污染物排放标准引领和约束作用，稳步提升煤制气绿色低碳发展水平。此外，严格能效和环保约束，拟建、在建项目应全面达到能效标杆水平，主要用能设备能效水平达到能效标准先进值以上，能效低于基准水平的已建项目须在2025年年底前完成改造升级，主要产品能效达到行业基准水平以上。新建项目企业环保应达到绩效分级 A 级指标要求。加快高浓度二氧化碳大规模低能耗捕集利用与封存、制备高附加值化学品技术开发和工业应用。煤制气行业绿色、高质量发展，要深刻领会党中央对现代煤化工产业的战略定位，也要认真落实国家对现代煤化工产业健康发展的新部署和新要求。煤制气产业绿色、高质量发展挑战与机遇并存，也肩负着新时代的新使命，更是肩负着保障国家能源安全、经济安全和产业链供应链安全的特殊使命。未来，新疆煤制气行业绿色、高质量发展将打开协同创新、共创现代煤化工产业健康发展、共创能源化工园区协同发展的新局面，为建设中国式现代化作出新的更大贡献。

参 考 文 献

[1] 向征艰，王利宁，朱兴珊，等. 大变局下中国能源转型发展研究 [J]. 国际石油经济，2023（31-2）.

[2] 国家能源局网站. 国务院办公厅关于印发能源发展战略行动计划（2014—2020 年）的通知. http：//www.nea.gov.cn/2014-12/03/c_133830458.html.

[3] 刘朝全，姜学峰. 2017 年国内外油气行业发展报告 [R]. 北京：石油化工出版社，2018.

[4] 中国产业信息网 .2017 年我国天然气行业产量和消费量分析. http//www.chyxx.com/industry/201708/552169.html.

[5] 中国能源结构现状及发展趋势. https//wenku.baidu.com/view/d87ce7f6964bcf84b8d57b1a.html.

[6] 国内煤制天然气项目发展思考. https//wenku.baidu.com/view/9f5bd8f3760bf78a6529647d27284b73f24236d6.html.

[7] 盘点中国四大煤化工产业示范区！超 2000 亿煤制油、煤制气项目布局. http//baijiahao.baidu.com/s？id=1594077438074613211&wfr=spider&for=pc.

[8] 国内外煤化工技术进展和前景. https//wenku.baidu.com/view/dc5556387dd184254b35eefdc8d376eeaeaa1729.html.

[9] 中国产业信息网 .2015—2022 年中国煤制天然气市场深度评估与未来发展趋势报告. http：www.chyxx.com/research/201511/356512.html.

[10] BP. *bp Statistical Review of World Energy*[R]，2021.

[11] BP. *bp Statistical Review of World Energy*[R]，2022.

[12] BP. *bp Statistical Review of World Energy*[R]，2023.

[13] 杜传忠，郭树龙. 经济转轨期中国企业成长的影响因素及其机理分析 [J]. 中国工业经济，2012（11）.

[14] 范剑勇，冯猛，李方文. 产业集聚与企业全要素生产率 [J]. 世界经济，2014（5）.

[15] 范剑勇，刘念，刘莹莹. 地理距离、投入产出关系与产业集聚 [J]. 经济研究，2021（10）.

[16] 盖庆恩，朱喜，程名望，等．要素市场扭曲、垄断势力与全要素生产率 [J].经济研究，2015（5）.

[17] 郭小年，邵宜航．行政审批制度改革与企业生产率分布演变 [J].财贸经济，2019（10）.

[18] 贾生华，杨菊萍．产业集群演进中龙头企业的带动作用研究综述 [J].产业经济评论，2007（1）.

[19] 李贲，吴利华．开发区设立与企业成长：异质性与机制研究 [J].中国工业经济，2018（4）.

[20] 吕政．对"十一五"时期我国工业发展若干问题的探讨 [J].中国工业经济，2004（11）.

[21] 马忠新，陶一桃．企业家精神对经济增长的影响 [J].经济学动态，2019（8）.

[22] 王进猛，沈志渔．外资进入方式对交易成本的影响：实证检验及政策建议 [J].中国工业经济，2010（7）.

[23] 王永进，盛丹，李坤望．中国企业成长中的规模分布——基于大企业的研究 [J].中国社会科学，2017（3）.

[24] 徐尚昆，郑辛迎，杨汝岱．国有企业工作经历、企业家才能与企业成长 [J].中国工业经济，2020（1）.

[25] 阳立高，龚世豪，王铂，等．人力资本、技术进步与制造业升级 [J].中国软科学，2018（1）.

[26] 杨其静．企业成长：政治关联还是能力建设 [J].经济研究，2011（10）.

[27] 余泳泽，郭梦华，胡山．社会失信环境与民营企业成长——来自城市失信人的经验证据 [J].中国工业经济，2020（9）.

[28] 朱斌，吕鹏．中国民营企业成长路径与机制 [J].中国社会科学，2020（4）.

[29] 国际统计年鉴 [M].北京：中国统计出版社，2018.

[30] 富苛孝夫．能源产业，东洋经济出版社，1980.

[31] 对中国能源问题的思考 [J].上海交通大学学报（自然科学版），2008（3）.

[32] BP 世界能源统计 [J]，2019.

[33] 刘增洁．2000 年世界天然气市场回顾及未来展望 [J].中国能源，2001（11）.

[34] 林伯强.欧洲能源危机的可能影响及启示 [J].人民论坛，2023（23）.

[35] 程帆，姜玲玲.俄乌冲突对中国能源安全与高质量发展影响 [J].油气与新能源，2023 年 2 月第 35 卷第 1 期.

[36] 李君清，李寅琪.煤炭产业经济走势及煤炭企业对策研究 [J].中国煤炭，2023 年 3 月第 49 卷第 3 期.

[37] 朱吉茂，孙宝东，张军，等."双碳"目标下我国煤炭资源开发布局研究 [J].中国煤炭，2023 年 1 月第 49 卷第 1 期.

[38] 王慧，杨天敏.我国煤炭清洁高效利用现状及发展建议 [J].能源，2023（3）.

[39] 谢和平，任世华.煤炭碳中和战略与技术路径 [M].北京：科学出版社，2022.

[40] 严晓辉，杨芊，高丹，等.我国煤炭清洁高效转化发展研究 [J].中国工程科学，2022（24）.

[41] 宋晓波，胡伯.碳中和背景下煤炭行业低碳发展研究 [J].中国煤炭，2021 年 7 月第 47 卷第 7 期.

[42] 王建良，唐旭.大变局下的中国能源安全：挑战与破局 [J].国家治理，2022（20）.

[43] 冯玉军.国际能源大变局下的中国能源安全 [J].国际经济评论，2023（1）.

[44] 倪炜，朱吉茂，姜大霖，等."双碳"目标下煤炭与新能源的优化组合方式、挑战与建议 [J].中国煤炭，2022 年 12 月第 48 卷第 12 期.

[45] 李健，张金林，董小凡.数字经济如何影响企业创新能力：内在机制与经验证据 [J].经济管理，2022（8）.

[46] 刘艳霞.数字经济赋能企业高质量发展基于企业全要素生产率的经验证据 [J].改革，2022（9）.

[47] 刘洋，董久钰，魏江.数字创新管理：理论框架与未来研究 [J].管理世界，2020（7）.

[48] 戚聿东，肖旭.数字经济时代的企业管理变革 [J].管理世界，2020（6）.

[49] 宋宪萍，曹宇驰.数字经济背景下全球价值链的风险及其放大：表征透视、机理建构与防控调适 [J].经济学家，2022（5）.

[50] 夏杰长，等.数字经济赋能共同富裕：作用路径与政策设计 [J].

经济与管理研究，2021（9）．

[51] 肖红军，李平．平台型企业社会责任的生态化治理 [J]．管理世界，2019（4）．

[52] 肖红军，阳镇．多重制度逻辑下共益企业的成长：制度融合与响应战略 [J]．当代经济科学，2019（3）．

[53] 肖静华，吴小龙，谢康，等．信息技术驱动中国制造转型升级——美的智能制造跨越式战略变革纵向案例研究 [J]．管理世界，2021（3）．

[54] 熊巧琴，汤珂．数据要素的界权、交易和定价研究进展 [J]．经济学动态，2021（2）．

[55] 徐翔，厉克奥博，田晓轩．数据生产要素研究进展 [J]．经济学动态，2021（4）．

[56] 阳镇．关键核心技术：多层次理解及其突破 [J]．创新科技，2023（1）．

[57] 阳镇，陈劲．互联网平台型企业社会责任创新及其治理：一个文献综述 [J]．科学学与科学技术管理，2021（10）．

[58] 阳镇，陈劲，李纪珍．数字经济时代下的全球价值链：趋势、风险与应对 [J]．经济学家，2022（2）．

[59] 姚小涛，亓晖，刘琳琳，等．企业数字化转型：再认识与再出发 [J]．西安交通大学学报（社会科学版），2022（3）．

[60] 于立，王建林．生产要素理论新论——兼论数据要素的共性和特性 [J]．经济与管理研究，2020（4）．

[61] 陈冬梅，王俐珍，陈安霓．数字化与战略管理理论——回顾、挑战与展望 [J]．管理世界，2020（5）．

[62] 陈劲，阳镇，朱子钦．"十四五"时期"卡脖子"技术的破解：识别框架、战略转向与突破路径 [J]．改革，2020（12）．

[63] 陈小辉，张红伟．数字经济如何影响企业风险承担水平 [J]．经济管理，2021（5）．

[64] 郭家堂，骆品亮．互联网对中国全要素生产率有促进作用吗？[J]．管理世界，2016（10）．

[65] 何玉长，王伟．数据要素市场化的理论阐释 [J]．当代经济研究，2021（4）．

[66] 黄群慧，余泳泽，张松林．互联网发展与制造业生产率提升：内在机制与中国经验 [J]．中国工业经济，2019（8）．

[67] 黄速建，肖红军，王欣 . 论国有企业高质量发展 [J]. 中国工业经济，2018（10）.

[68] 谢克昌 ."十四五" 现代煤化工发展的几点思考 [N]. 中国能源报，2022-02-01.

[69] 季志业主编 . 俄罗斯中亚油气政治与中国 [M]. 哈尔滨：黑龙江人民出版社，2008.

[70] 金熙德 . 21 世纪初的日本政治与外交 [M]. 北京：世界知识出版社，2006.

[71] 陈峰君，祁建华主编 . 新地区主义与东亚合作 [M]. 北京：中国经济出版社，2007.

[72] 于立宏 . 能源资源替代战略研究 [M]. 北京：中国时代经济出版社，2008.

[73] 安维华，钱雪梅主编 . 海湾石油新论 [M]. 北京：社会科学文献出版社，2000.

[74] 杨洁勉，等 . 大整合亚洲区域经济合作的趋势 [M]，天津：天津人民出版社，2007.

[75] [俄]C. 日兹宁 . 国际能源政治与外交 [M]. 强晓云，史亚军，成键，等译 . 上海：华东师范大学出版社，2005.

[76] 冯昭奎，林涟 . 中日关系报告 [M]. 北京：时事出版社，2007.

[77] 吴晓明主编 . 通向大国之路的中国能源发展战略 [M]. 北京：人民日报出版社，2009.

[78] 夏义善主编 . 中国国际能源发展战略研究 [M]. 北京：世界知识出版社，2009.

[79] 国家能源局 . 立足国情统筹降碳与能源安全 . http://www.nea.gov.cn/202202/18/c_1310478264.htm.2022-02-18.

[80] 刘伦，王文权 . 天然气合成工艺的研究进展 [J]. 四川化工，2020，23（1）：21-24.

[81] 中国天然气发展报告（2022）[R]. 北京：石油工业出版社，2022.

[82] 贾媛 . 我国煤制天然气项目水风险评估及对策建议 [J]. 煤炭经济研究，2020，40（9）：58-65.

[83] 2020 年中国煤制天然气行业市场现状分析，产量呈逐年增长态势 . https://www.huaon.com/channel/trend/791250.html.2022-03-16.

[84] 申志敏，李宗文.煤气发生炉制气在陶瓷行业的应用分析 [J].中国陶瓷工业，2006，13（3）：37-38，30.

[85] 汪家铭.BGL 碎煤熔渣气化技术及其工业应用 [J].化学工业，2011，29（7）：34-39.

[86] 于遵宏，于广锁.多喷嘴对置式水煤浆气化技术的研究开发与产业化应用 [J].中国科技产业，2006（2）：28-31.

[87] 王鹏，戢绪国.鲁奇煤气化技术的发展及应用 [J].洁净煤技术，2009（5）：48-51，65.

[88] 记伟伟，赵思铭.我国煤制天然气发展现状、政策与应用分析 [J].化工设计通讯，2021，47（3）：1-2.

[89] 成艳丰.煤制天然气经济性探究 [J].内蒙古石油化工，2017，43（8）：26-29.

[90] 煤制天然气的优势与发展.https://www.sohu.com/a/54419697_216851.2014-01-14.

[91] 郭树才，胡浩权.煤化工工艺学 [M].北京：化学工业出版社，2012.

[92] 周芳，姜波.煤制天然气工艺流程优化探讨 [J].化工设计，2016，26（3）.

[93] 肖钢，侯建国，宋鹏飞.煤制天然气技术 [M].武汉：武汉大学出版社，2017.

[94] 宋鹏飞."双碳"背景下煤制天然气与 LNG 产业及可再生能源协同发展路径的思考 [J].油气与新能源，2022，34（2）：88-93.

[95] 王毅，冉令慧，葛建文，等.国家标准《煤制合成天然气》修订解读 [J].煤化工，2022，50（6）：11-15.

[96] 舟丹.我国现代煤化工发展居世界前列 [J].中外能源，2023，28（4）：73-73.

[97] 庄金娟，鲁坤.煤制天然气技术发展现状及前景展望 [J].内蒙古科技与经济，2022，（24）：104-106.

[98] 杨益.典型煤气化技术介绍及选择要点分析 [J].山西化工，2022，42（5）：21-22+28.

[99] 张胜利，焦洪桥，杨靖华，等.碳中和背景下现代煤化工产业生态链布局和创新发展路径 [J].中国煤炭，2022，48（8）：7-13.

[100] 吕玉丽.我国煤制天然气行业的发展环境、政策及应用条件分

析 [J]. 山西化工，2023，43（7）：20-22.

[101] 舟丹."十四五"现代煤化工五项主要任务 [J]. 中外能源，2023，28（4）：8-8.

[102] 能源——世界煤炭资源储量及使用情况一览.https：//xueqiu.com/3128420200/216967962.2022-04-25.

[103] 多地 2021 年天然气消费数据出炉，你所关注的省市表现如何？.https：//finance.sina.com.cn/money/future/roll/2022-02-23/doc-imcwipih4966372.shtml.

[104] 余倩.中国煤制天然气产业竞争力分析及合理产能布局研究 [D]. 中国地质大学（北京），2014.

[105] 贾媛.我国煤制天然气项目水风险评估及对策建议 [J]. 煤炭经济研究，2020，40（9）：58-65.

[106] 煤制天然气市场调研 2021 煤制天然气行业前瞻及研究报告.https：//www.chinairn.com/hyzx/20210824/171958390.shtml.2021-08-24.

[107] 崔亚蕾，孙仁金，赵亚南，等.煤制天然气全生命周期碳排放核算研究 [J]. 资源与产业，2018，20（6）：52-60.

[108] 2022 年上半年现代煤化工产业运行情况 [J]. 煤化工，2022，50（4）：107-107.

[109] 霍超.新疆煤炭资源分布特征与勘查开发布局研究 [J]. 中国煤炭，2020，46（10）：16-21.

[110] 葛栋锋，刘学良.新疆煤炭资源种类分布特征 [J]. 内蒙古煤炭经济，2021，（20）：61-63.

[111] 姚云，高进富，董娟.新疆现代煤化工产业发展探析 [J]. 中国能源，2022，44（9）：69-76.

[112] 路文利，王智颖，钱钢.新疆化工产业发展现状及展望 [J]. 化工管理，2022，（11）：101-104.

[113] 新疆煤炭资源现状和新疆煤炭市场情况 [EB/OL].https://coal.in-en.com/html/coal-2626180.shtml.2023-03-23.

[114] 王星朗.新疆煤化工产业发展现状 [J]. 化工管理，2020，（16）：80-81.

[115] 于江艳，李靖.新疆煤炭产量增长产业链延长 [N]. 新疆日报（汉），2023-08-06（001）.

[116] 新疆庆华扛起国家煤制气项目示范大旗.https://www.china5e.

com/news/news-1149052-1.html.2023-03-20.

[117] 中华人民共和国自然资源部 .2020 年全国矿产资源储量统计表 . https://www.mnr.gov.cn/sj/sjfw/kc_19263/kczycltjb/202111/P020211122581854693756.pdf.

[118] 中华人民共和国自然资源部 . 全国矿产资源规划（2016—2020 年）. https: //www.mnr.gov.cn/dt/dzdc/201611/t20161130_2323389.html.

[119] 新疆维吾尔自治区人民政府 . 新疆维吾尔自治区矿产资源总体规划（2021—2025 年）. https://www.xinjiang.gov.cn/xinjiang/c112288/202208/15c9ea4b157744cd99fac1fd08f56c78.shtml.

[120] 仇韪 . 新疆资源型产业与非资源型产业互动发展研究 [D]. 新疆大学，2018.

[121] 牛玉民 . 新疆矿产资源开发利用中的政府管理研究 [D]. 新疆大学，2020.

[122] 国家发展和改革委员会 . 国家发展改革委关于新疆大型煤炭基地建设规划的批复 .https: //www.ndrc.gov.cn/xxgk/zcfb/pifu/201412/t20141231_1316445.html.

[123] 新疆维吾尔自治区人民政府 . 新疆维吾尔自治区矿产资源总体规划（2021—2025 年）. https: //www.xinjiang.gov.cn/xinjiang/gfxwj/202205/b7a693f19c80427ea21ecdabd96f3711.shtml?eqid=bd0cdac70001e52a0000000364896506.

[124] 王辅臣，于广锁，龚欣，等 . 大型煤气化技术的研究与发展 [J]. 化工进展，2009，28（2）：173-180.

[125] 贺永德 . 现代煤化工技术手册 [M]. 北京：化学工业出版社，2004.

[126] 李晓荣 . 淖毛湖煤热解挥发物反应及其对焦油组成和析炭原位调控机制研究 [D]. 太原理工大学，2023.

[127] 郭志航 . 褐煤热解分级转化多联产工艺的关键问题研究 [D]. 浙江大学，2015.

[128] 曹然 . 煤制油技术的竞争力分析 [D]. 中国石油大学（北京），2017.

[129] 陈子瞻 . 煤制油气产业竞争力分析 [D]. 中国地质大学（北京），2016.

[130] 王凯 . 加压煤气化装置——鲁奇碎煤加压气化炉 [J]. 煤炭化工

设计，1980（3）：22-50.

[131] 陈仲波.煤气化的工艺技术对比与选择 [J].化学工程与装备，2011（4）：107-109.

[132] 庄金娟，鲁坤.煤制天然气技术发展现状及前景展望 [J].内蒙古科技与经济，2022，（24）：104-106.

[133] 刘阳.煤制天然气过程全厂能量系统分析与集成研究 [D].华南理工大学，2020.

[134] 李恒冲.煤制天然气的技术经济分析与生命周期评价 [D].华南理工大学，2015.

[135] 国家能源局.煤炭深加工产业示范"十三五"规划 .http://zfxxgk.nea.gov.cn/auto83/201703/W020170303357509200744.pdf.

[136] 刘永健.我国首个大型煤制天然气示范工程的"突围之路" [J].中国石油和化工，2023，02.

[137] 刘真真.中国天然气价格形成机制及价格波动的宏观经济效应研究 [D].新疆财经大学，2021.

[138] 杨学萍.碳中和背景下现代煤化工技术路径探索 [J].化工进展，2022，41（7）：3402-3412.

[139] 崔亚蕾，孙仁金，赵亚南，等.煤制天然气全生命周期碳排放核算研究 [J].资源与产业，2018，20（6）：52-60.

[140] 王思遥.双碳目标下煤炭生产对 CO_2 减排的响应机制及路径研究 [D].中国矿业大学，2022.

[141] 王辅臣.煤气化技术在中国：回顾与展望 [J].洁净煤技术，2021，27（1）：1-33.

[142] 李智，刘涛，张志伟，等.煤化工低碳技术及其与新能源耦合发展的研究进展 [J].中国煤炭，2022，48（8）：66-81.

[143] 王小强，王保群，王博，等.我国长输天然气管道现状及发展趋势 [J].石油规划设计，2018，29（5）：1-6+48.

[144] 陈瑜.世纪工程——西气东输 [J].中国石油企业，2022，（10）：107.

[145] 高振宇，张慧宇，高鹏.2022 年中国油气管道建设新进展 [J].国际石油经济，2023，31（3）.

[146] 董静雅.北疆天然气管网安全运营技术研究 [D].西南石油大学，2014.

[147] 新疆将扩建近 5 000km 天然气管道 [J]. 城市燃气，2023，（8）：11.

[148] "新业集团：积极壮大现代煤化工产业努力打造千亿企业集团". https：//mp.weixin.qq.com/s?__biz=MzIxNDYwMjEyNw==&mid=2247514528 &idx=5&sn=ec7f9df1af9424839b4cb2b0046b945b&chksm=97a7e140a0d068 563701e9f1ae283541648f9d543bb8a32c7a1602dec4ac217710cd15fe23ca&sce ne=27.

[149] 新疆新业集团实现首季"开门红". http：//www.cctv-cmpany.net/ channel30/83276.html.

[150] 程奇兵 . "双碳"背景下我国煤气化技术发展与展望 [J]. 浙江化工，2023，54（7）：38-44.

[151] 栾运加 . 煤气化技术的现状及发展趋势研究 [J]. 化工管理，2023，（16）：75-77.

[152] 刘伦，王文权 . 天然气合成工艺的研究进展 [J]. 四川化工，2020，23（1）：21-24.

[153] 杜彦祥 . 流化床反应系统内 CO 甲烷化气固流动特性数值模拟研究 [D]. 昆明理工大学，2023.

[154] 刘玉玺，卿山，赵明，等 . 甲烷化技术的研究进展 [J]. 应用化工，2021，50（3）：754-758+764.

[155] 马立莉，牟玉强，张志翔，等 . 煤制天然气技术研究进展 [J]. 精细石油化工进展，2019，20（4）：23-25.

[156] 朱向伟 . 基于成本指标的煤制天然气竞争力分析 [J]. 化学工程与装备，2020，（12）：35-36+25.

[157] 温秋红，姜海凤 . 煤制天然气成本与竞争力分析 [J]. 煤炭经济研究，2014，34（4）：36-40.

[158] 王祥喜 . 能源安全新战略引领清洁低碳发展 [J]. 电力设备管理，2020（11）.

[159] 李云鹏 . 完整准确全面理解原料用能扣减政策推动石化化工行业高质量发展 [J]. 中国石油和化工标准与质量，2022（42）.

[160] 王建立，温亮，现代煤化工产业竞争力分析及高质量发展路径研究 [J]. 中国煤炭，2021（47）.

[161] 中华人民共和国自然资源部 . 中国矿产资源报告 2022[R]. 北京：地质出版社，2022.

[162] 国家统计局. 2022 年中国统计年鉴 [M]. 北京：中国统计出版社，2022.

[163] 国家统计局. 中华人民共和国 2022 年国民经济和社会发展统计公报 [R]. 国家统计局，2022.

[164] 杨芊，颜丙磊，杨帅. 现代煤化工"十三五"中期发展情况分析 [J]. 中国煤炭，2019（45）.

[165] 杨芊，杨帅，张绍强. 煤炭深加工产业"十四五"发展思路浅析 [J]. 中国煤炭，2020（46）.

[166] 陶怡，王强，田华，等. 现代煤化工项目 CCUS 减排路径问题分析 [J]. 中国煤炭，2023（49）.

[167] 刘鹤珠. 小议煤制天然气的重要性及其发展 [J]. 科技创业家，2011（11）.

[168] 中国产业信息网. 煤制天然气项目具有的战略意义和经济效益. http//www.chyxx.com/industry/201511/356563.htm.

[169] 毕青苗，陈希路，徐现祥，等. 行政审批改革与企业进入 [J]. 经济研究，2018（2）.

[170] BP.bp Statistical Review of World Energy[R]，2022.

[171] 张明. 煤制合成天然气技术与应用 [M]. 北京：化学工业出版社，2017.

[172] 吕玉丽. 我国煤制天然气行业的发展环境、政策及应用条件分析 [J]. 山西化工，2023，43（7）：20-22.

[173] 国家能源局石油天然气司. 中国天然气发展报告 [R]. 北京：石油工业出版社，2023.

[174] 国家统计局. 2022 中国统计年鉴 [M]. 北京：中国统计出版社，2022.

[175] 赵泽秀，张忠平. 石油天然气与煤制天然气生产区别和优势 [J]. 煤炭加工与综合利用，2014（6）：9-15.

[176] 宋鹏飞. "双碳"背景下煤制天然气与 LNG 产业及可再生能源协同发展路径的思考 [J]. 油气与新能源，2022，34（2）：88-93.

[177] 杨芊，杨帅，张绍强. 煤炭深加工产业"十四五"发展思路浅析 [J]. 中国煤炭，2020，46（3）：67-73.

[178] 新疆维吾尔自治区人民政府. 加快新疆大型煤炭供应保障基地建设服务国家能源安全的实施方案 [EB/OL]，2022. https://www.xinjiang.

gov.cn/xinjiang/zcjd/202301/e1f8705e5e7648d3a8fad5ba82581984.shtml.

[179] 国家能源局 . 煤炭深加工产业示范"十三五"规划 [R]，2017.

[180] 中国煤炭工业协会 . 煤炭工业"十四五"结构调整的指导意见 [R]. 2021.

[181] 观研报告网 . 中国页岩气行业发展趋势分析与投资前景预测报告（2023—2030 年）[R].2023.

[182] 易学睿，王强，田华，等 . 我国现代煤化工产业"十四五"发展布局展望 [J]. 现代化工，2022，42（8）：16-21.

[183] 张胜利，焦洪桥，杨靖华，等 . 碳中和背景下现代煤化工产业生态链布局和创新发展路径 [J]. 中国煤炭，2022，48（8）：7-13.

[184] 闫国春，温亮，薛飞 . 现代煤化工产业发展现状、问题与建议 [J]. 中国煤炭，2022，48（8）：1-6.

[185] 刘志学，吕巍，徐会军，等 . 现代煤化工盐结晶技术及政策解析 [M]. 北京：中国石化出版社，2018.

[186] 国家市场监督管理总局 . 综合能耗计算通则（2020）GB/T（2589-2020）.

[187] 张鸿宇，王媛，郝成亮，等 . 双碳约束下煤化工行业节煤降碳减污协同 [J]. 环境科学，2023，44（2）：1120-1127.